Neuer Stuttgarter Kommentar
– Altes Testament 11 –

Neuer Stuttgarter Kommentar
– Altes Testament 11 –

Herausgegeben von
Christoph Dohmen

Stephanie von Dobbeler

Die Bücher 1/2 Makkabäer

Verlag Katholisches Bibelwerk GmbH, Stuttgart

Die Deutsche Bibliothek – CIP-Einheitsaufnahme

Neuer Stuttgarter Kommentar. – Stuttgart: Verl. Kath. Bibelwerk
Altes Testament / hrsg. von Christoph Dohmen.
NE: Dohmen, Christoph [Hrsg.]

11. Dobbeler, Stephanie von: Die Bücher 1, 2 Makkabäer. – 1997

Dobbeler, Stephanie von:
Die Bücher 1, 2 Makkabäer / Stephanie von Dobbeler. –
Stuttgart: Verl. Kath. Bibelwerk, 1997
(Neuer Stuttgarter Kommentar : Altes Testament ; 11)
ISBN 3-460-07111-7

Für Axel

ISBN 3-460-07111-7

Druck: Druckerei Neubert, Bayreuth

Inhaltsverzeichnis

VORWORT 11

DAS ERSTE UND ZWEITE MAKKABÄERBUCH 13

1. Zeitgeschichte 14
   1.1. Die geschichtlichen Ereignisse in Israel von Beginn des 2. Jh. v.Chr. bis zum Aufstand der Makkabäer 14
   1.2. Die Hintergründe des Makkabäeraufstandes 18

2. Jüdische Gruppen zur Zeit der Makkabäer 21
   2.1. Die Jerusalemer Hellenisten 22
   2.2. Die Chassidim / Hasidäer 24
   2.3. Die Essener 26
   2.4. Die Pharisäer 26
   2.5. Die Sadduzäer 28

DAS ERSTE MAKKABÄERBUCH

ERSTER TEIL: EINLEITUNG 35

1. Aufbau des 1. Makkabäerbuches und Textüberlieferung 35

2. »Die Revolution entläßt ihre Kinder«. Das 1. Makkabäerbuch als Appell an die Einheit Israels 37
   2.1. Sprachliche Beobachtungen 41
   2.2. Das Makkabäerreich als neues Davidreich 44

3. Verfasser, Entstehungsort und Entstehungszeit 46

ZWEITER TEIL: KOMMENTAR

I. 1 Makk 1,1 – 2,70: Die Gegenspieler *47*
   1. 1,1-10 Die griechische Herrschaft 48

2. 1,11-15 Die Verräter in Israel ... 51
3. 1,16-28 Zugriff auf den Tempel ... 52
4. 1,29-40 Zugriff auf Jerusalem ... 53
5. 1,41-64 Zugriff auf ganz Israel ... 55
6. 2,1-14 Mattatias und seine Söhne ... 59
7. 2,15-28 Der Beginn des Aufstandes ... 60
8. 2,29-41 Die Sabbatfrage ... 62
9. 2,42-48 Der Widerstand formiert sich ... 63
10. 2,49-70 Testament und Tod des Mattatias ... 63

II. 1 Makk 3,1 – 9,22: Judas Makkabäus ... *65*
1. 3,1-9 Hymnus auf Judas ... 65
2. 3,10-12 Der Kampf gegen Apollonius ... 66
3. 3,13-26 Der Kampf gegen Seron ... 67
4. 3,27 – 4,25 Der Kampf gegen Gorgias ... 68
5. 4,26-35 Der Kampf gegen Lysias ... 76
6. 4,36-61 Reinigung und Wiedereinweihung des Tempels ... 77
7. 5,1-54 Die Heimholung der Diasporajuden ... 83
8. 5,55-68 Die Retter Israels ... 86
9. 6,1-17 Der Tod des Antiochus Epiphanes ... 87
10. 6,18-63 Krieg und Frieden. Der zweite Feldzug des Lysias gegen die Makkabäer und der Friedensschluß . 89
11. 7,1-25 Die Auseinandersetzungen mit Bakchides und Alkimus ... 92
12. 7,26-50 Der Kampf mit Nikanor ... 94
13. 8,1-32 Vertrag mit Rom ... 96
14. 9,1-22 Tod des Judas ... 99

III. 1 Makk 9,23 – 12,51: Jonatan ... 103

1. 9,23-49 Jonatan wird Nachfolger des Judas ... 103
2. 9,50-57 Die Festigung der seleukidischen Macht in Judäa .. 105
3. 9,58-73 Die Schwächung der Hellenisten und Jonatans Friedensschluß mit Bakchides ... 106
4. 10,1-14 Das Bündnisangebot Demetrius' I. ... 107
5. 10,15-21 Jonatan wird Hoherpriester ... 109
6. 10,22-50 Das Scheitern Demetrius' I. ... 111

7. 10,51-66 Jonatan erhält die zivile und militärische Gewalt in Judäa 112
8. 10,67-89 Jonatan besiegt das Heer Demetrius' II. 113
9. 11,1-19 Jonatans Weg zur Macht: Der Untergang des Alexander Balas 115
10. 11,20-37 Jonatans Weg zur Macht: Das Bündnis mit Demetrius II. 116
11. 11,38-53 Jonatans Weg zur Macht: Der Bruch mit Demetrius II. 117
12. 11,54-74 Jonatans Weg zur Macht: Die Hinwendung zu Antiochus VI. 118
13. 12,1-23 Verträge mit Rom und Sparta 121
14. 12,24-34 Nochmaliger Feldzug gegen Demetrius II. . 122
15. 12,35-52 Tryphon nimmt Jonatan gefangen 123

IV. 1 Makk 12,53 – 16,24: Simeon 125
1. 12,53 – 13,11 Simeon wird Nachfolger Jonatans 125
2. 13,12-30 Jonatans Tod 126
3. 13,31-42 Der Beginn einer neuen Ära: Das Jahr 1 der Regierung Simeons 128
4. 13,43 – 14,3 Die endgültige Befreiung Israels 129
5. 14,4-15 Die heilsgeschichtliche Legitimierung der Herrschaft Simeons 131
6. 14,16-24 Die außenpolitische Legitimierung der Herrschaft Simeons 133
7. 14,25-49 Die innenpolitische Legitimierung der Herrschaft Simeons 133
8. 15,1-14 Simeon und Antiochus VII. 136
9. 15,15-24 Römischer Schutzbrief für die Juden 137
10. 15,25-36 Der Bruch mit Antiochus VII. 138
11. 15,37 – 16,10 Simeons Söhne Johanan und Judas besiegen Kendebäus 139
12. 16,11-24 Simeons Tod und der Regierungsantritt des Johannes Hyrkan 141

DAS ZWEITE MAKKABÄERBUCH

ERSTER TEIL: EINLEITUNG 145

1. Aufbau des zweiten Makkabäerbuches und Textüberlieferung ... 145
2. Theologische Schwerpunkte des 2 Makk ... 151
3. Die Anbindung des ägyptischen Diasporajudentums an den Jerusalemer Tempel ... 157
4. Verfasser, Entstehungszeit und Entstehungsort ... 161

ZWEITER TEIL: KOMMENTAR

I. 2 Makk 1,1-9 Ein ‚Festbrief' an die Juden in Ägypten ... 165

II. 2 Makk 1,10 – 2,18 Noch ein ‚Festbrief' an die Juden in Ägypten ... 168

III. 2 Makk 2,19-32 Das Vorwort des Epitomators ... 176

IV. 2 Makk 3,1-40: Die Rettung des Tempels vor dem Zugriff des Heliodor ... 178
1. 3,1-7 Der Verrat des Simeon ... 178
2. 3,8-40 Heliodor im Tempel von Jerusalem ... 179

V. 2 Makk 4,1 – 10,9 Die Schändung des Tempels und seine Wiedereinweihung ... 183
1. 4,1-22 Jason statt Onias ... 183
2. 4,23-29 Menelaus statt Jason ... 186
3. 4,30-50 Ein Portrait des Menelaus ... 186
3.1. 4,30-38 Die Ermordung des Onias ... 187
3.2. 4,39-50 Der Zugriff auf den Tempelschatz ... 188
4. 5,1-26 Die Bestrafung Jerusalems ... 189
4.1. 5,1-4 Die Himmelserscheinung ... 190
4.2. 5,5-10 Der Tod des Jason ... 192
4.3. 5,11-20 Antiochus IV. im Jerusalemer Tempel ... 193
4.4. 5,21-26 Jerusalem in der Hand der Seleukiden ... 194
5. 5,27 Judas Makkabäus ... 195
6. 6,1-11 Das Verbot der jüdischen Religion ... 196
7. 6,12-17 Reflexion des Epitomators ... 198
8. 6,18-31 Das Martyrium des Eleasar ... 198
9. 7,1-42 Das Martyrium der sieben Brüder und ihrer Mutter ... 200

10. 8,1-7 Der Beginn des Aufstands ... 210
11. 8,8-36 »Mit Gottes Hilfe«. Der Sieg des Judas über Nikanor ... 211
12. 9,1-29 Der Tod Antiochus' IV. ... 214
13. 10,1-9 Die Reinigung des Tempels ... 217

VI. 10,10 – 15,36 Die erneute Bedrohung des Tempels und seine Verteidigung ... 221
1. 10,10-38 Die Kämpfe gegen die Idumäer und Timotheus ... 221
2. 11,1-12 Der Feldzug gegen Lysias ... 223
3. 11,13-38 Friede zwischen Juden und Seleukiden ... 225
4. 12,1-9 Judenpogrome in Jafo und Jamnia ... 229
5. 12,10-31 Feldzüge des Judas jenseits des Jordan ... 230
6. 12,32-45 Der Kampf gegen Gorgias und das Sühnopfer für die gefallenen Juden ... 232
7. 13,1-26 »Gottes Sieg«. Der zweite Feldzug gegen Lysias ... 234
8. 14,1-14 Das Machtstreben des Hohenpriesters Alkimus 237
9. 14,15-25 Nikanor und Judas ... 240
10. 14,26-36 Der Bruch zwischen Nikanor und Judas ... 241
11. 14,37-46 Der Freitod des Rasi ... 243
12. 15,1-5 Die Heiligung des Sabbats ... 244
13. 15,6-24 Die Zurüstung der Juden durch Judas ... 245
14. 15,25-36 Nikanors Tod und die Feier des Nikanortages 248
15. 15,37-39 Nachwort des Epitomators ... 250

ANHANG

I. Zur Wirkungsgeschichte der Makkabäerbücher ... 251
1. Martyrium und Auferstehung der Märtyrer ... 252
1.1. Die Rezeption von 2 Makk 6 – 7 ... 252
1.2. Das Motiv von der himmlischen Auferstehung der Märtyrer ... 255
2. Der Freiheitskampf ... 258

II. Zeittafel ... 264

III. Karten 268

IV. Literatur 270

VERZEICHNIS DER EXKURSE

Die Zeitrechnung der Makkabäerbücher, 49 – Die seleukidische Armee, 70 – Die Grundform des jüdischen Tempels, 80 – Die Entwicklung der frühjüdischen Auferstehungsvorstellung, 201 – Das Chanukkafest, 219

Vorwort

Die Geschichte, die die Makkabäerbücher erzählen, ist eine Geschichte der Befreiung aus politischer und religiöser Unterdrückung. Wir können sie nachvollziehen; ähnliches kennen wir aus unserem Jahrhundert.

Die Brutalität und Rücksichtslosigkeit der kämpfenden Makkabäer aber, gepaart mit dem Bewußtsein eines »Gott mit uns«, lassen zurückschrecken; ähnliches kennen wir aus der eigenen Geschichte.

So mögen einige die Makkabäerbücher mit Vorbehalt lesen, ihr Blick geht von der Gegenwart aus zurück in die Vergangenheit. Das ist legitim; für das Verständnis dieser historischen Bücher allerdings nicht ausreichend.

Was sich an Denken und Empfinden in den Makkabäerbüchern offenbart, das enge Verwobensein von religiösem, politischem und persönlichem Bereich, mutet uns fremd an. Aber gerade diese Fremdheit ist die große Chance, sich vorbehaltlos auf die Erzählung einzulassen. Dann nämlich eröffnen sich Persepektiven, die wir in ihrer Tiefe so nicht wahrgenommen hätten: die alles umfassende Prägung des Lebens durch die Nähe Gottes, die Sieg und Niederlage, Lebensfreude und Leid umschließt und über den Tod hinaus Hoffnung gibt.

Zu Beginn der Kommentierung hatte auch ich meine Schwierigkeiten; es schien, als dominierten die Berichte über die Kämpfe der Makkabäer gegen die Seleukiden die gesamte Erzählung. Im Laufe der Bearbeitung aber traten mehr und mehr die theologischen ›Vorzüge‹ hervor, so daß sich mir von daher der Wert und die Bedeutung der Makkabäerbücher erschlossen. Auf dieser Ebene war es dann möglich, ein Verhältnis zu ihnen zu entwickeln. Daß dieses Verhältnis jedoch kein zu enges wurde, dafür haben schon meine beiden Söhne Conrad und Martin gesorgt; ihnen verdanke ich manch fruchtbare Distanz.

Die Entstehung eines Kommentars bedarf der Anregung, der Kritik und der Korrektur. Zu leisten ist dies nicht ohne fachliche Gespräche. Für seine stete Diskussionsbereitschaft danke ich deshalb meinem Mann Axel, dem dieses Buch gewidmet ist.

St. Augustin, im Oktober 1996 Stephanie von Dobbeler

Das Erste und Zweite Makkabäerbuch

»Makkabäerbücher? – Nie wahrgenommen.« Eine häufige Reaktion, wenn es um 1 und 2 Makk geht. Wen wundert es? Die Geschichte, die hier erzählt wird, ist auf den ersten Blick wenig erbaulich. Krieg scheint das beherrschende Thema zu sein, und so erhebt sich die Frage, warum sie Eingang in den biblischen Kanon gefunden hat. Und doch können die Makkabäerbücher auf eine große Wertschätzung in der Alten Kirche zurückblicken. Diese macht sich fest an der in beiden Büchern zum Ausdruck kommenden Glaubenshaltung, dem unbedingten Gottvertrauen und den in 2 Makk berichteten Martyrien.

1 und 2 Makk zählen nicht zum hebräischen Kanon des Alten Testaments, sondern sind – wie 3 Makk, 4 Makk, Tob, Jdt, Bar, Weish, Sir, Zusätze zu Dan und Zusätze zu Est – auch nur in der vom hellenistischen Judentum in Alexandrien gesammelten griechischen Übersetzung des Alten Testaments, der Septuaginta, überliefert. Während also die Septuaginta alle vier Makkabäerbücher aufgenommen hat, übernahm die Vulgata, die lateinische Übersetzung des Alten Testaments, nur 1 und 2 Makk. Der Wertschätzung dieser beiden Bücher in der lateinischen Kirche Rechnung tragend, wurden 1 und 2 Makk 1546 auf dem Konzil von Trient von der katholischen Kirche in den kanonischen Rang erhoben. Seitdem zählen die beiden Makkabäerbücher katholischerseits zu den deuterokanonischen Schriften. Auf protestantischer Seite hingegen gehören sie zu den apokryphen, d.h. nicht dem Kanon zuzurechnenden Schriften (vgl. NSK-AT 27, S. 53ff).

Der Titel ›erstes und zweites Makkabäerbuch‹ ist seit dem 2. Jh. n.Chr. überliefert. Ihren Namen verdanken die Bücher der in ihnen am ausführlichsten beschriebenen Person, Judas Makkabäus. Allerdings läßt sich die Bedeutung des Namens Makkabäus nicht eindeutig erhellen. Am ehesten legt sich die Vermutung nahe, das hebräische *maqqaebaet* = ›Hammer‹ als Ursprung zugrunde zu legen.

Der jüdische Historiker Flavius Josephus bezeichnet die Makkabäerfamilie auch als Hasmonäer, benannt nach ihrem Ahnherrn Hasmon. Beide Bezeichnungen, ›Makkabäer‹ und ›Hasmonäer‹, werden im folgenden synonym gebraucht.

1. Zeitgeschichte

1 und 2 Makk erzählen die Geschichte eines Aufstands. Anders aber als zum Beispiel 1/2 Sam, 1/2 Kön oder 1/2 Chr stellen 1/2 Makk die Geschichte dieses Aufstandes nicht chronologisch in zwei aufeinanderfolgenden Teilbänden dar. Vielmehr berichten beide Bücher über ein und dasselbe, nämlich über den Kampf der Juden gegen die Seleukiden im 2. Jh. v.Chr. unter der Führung der Makkabäer. Von daher erscheint es sinnvoll, in einem den Einzeldarstellungen der Makkabäerbücher vorangestellten Kapitel über die beide Bücher gemeinsam betreffenden zeitgeschichtlichen Ereignisse zu berichten. Als Quellentexte für die Darstellung dienen neben den beiden Makkabäerbüchern das Buch Daniel, welches zur Zeit des Judas Makkabäus geschrieben wurde, und die Berichte des Flavius Josephus über den Makkabäeraufstand, die in seinen Werken ›Bellum Judaicum‹ und ›Antiquitates Judaicae‹ festgehalten sind.

1.1. Die geschichtlichen Ereignisse in Israel von Beginn des 2. Jh. v.Chr. bis zum Aufstand der Makkabäer

Nach langen Jahren ptolemäischer Herrschaft in Palästina ging die Provinz Syrien-Palästina 198 v.Chr. ganz in die Hände des seleukidischen Königs Antiochus III. über. Die kriegerischen Auseinandersetzungen zwischen Ptolemäern und Seleukiden hatten auch in Jerusalem und Juda Spuren der Zerstörung hinterlassen. In einem als authentisch anzusehenden Schreiben an Ptolemais, den neuen Statthalter von Syrien und Phönikien, welches der jüdische Historiker Flavius Josephus überliefert, regelte Antiochus III. die

Rechtsverhältnisse in seiner neuen Provinz und ging dabei auf die besonderen Verhältnisse in Judäa ein. Die Zerstörung des Jerusalemer Tempels und die Verwüstungen im Lande Juda veranlaßten den König, in seinem Erlaß den Juden finanzielle Unterstützung beim Wiederaufbau des Tempels und des zerstörten Jerusalem zuzusichern, indem er Steuererlaß gewährte. Zudem bestätigte der König die ererbte Verfassung der Juden, die Tora, und die Herrschaft der Priester unter der Führung des amtierenden Hohenpriesters Simon II. Mit diesem Schritt gelang es Antiochus III. zunächst, die jüdische Bevölkerung seleukidenfreundlich zu stimmen.

Der Umschwung ließ allerdings nicht lange auf sich warten. Er bereitete sich auf zwei Ebenen vor, auf der außenpolitischen und auf der innerjüdischen: Antiochus III. unterlag 190 v.Chr. bei Magnesia in der entscheidenden Schlacht gegen die mit den in Ägypten herrschenden Ptolemäern verbündeten Römer und mußte sich dem römischen Friedensdiktat von Apameia 188 v.Chr. beugen. Dabei verlor er seinen gesamten Besitz in Kleinasien, seine Kriegselefanten und seine Flotte; außerdem mußte er hohe Reparationszahlungen leisten. Dies hatte zur Folge, daß Antiochus III. begann, Tempelschätze zu konfiszieren, um den Forderungen Roms nachkommen zu können. Bei dem Versuch, einen Bel-Tempel in Susa zu plündern, wurde Antiochus III. von der aufgebrachten Bevölkerung getötet. Unter Seleukus IV. Philopator (187-175 v.Chr.), Sohn Antiochus III. und dessen Nachfolger auf dem seleukidischen Thron, versuchte Seleukus‹ Kanzler Heliodor, den Tempelschatz in Jerusalem einzuziehen.

Innerjüdisch stellte sich die Lage folgendermaßen dar: In Jerusalem gab es zur Zeit des Hohenpriesters Simeon II. (ca. 200-190 v.Chr.) zwei der jüdischen Oberschicht angehörende Gruppen, die gegeneinander agierten, die Tobiaden und die Oniaden. Ihnen gemeinsam war, daß beide für den Hellenismus aufgeschlossen waren, sie unterschieden sich jedoch deutlich in ihrer politischen Ausrichtung. Während die Tobiaden proseleukidisch orientiert waren, waren die Oniaden proptolemäisch. Beiden ging es um den Gewinn bzw. um den Erhalt von Macht in Jerusalem. In der wechselhaften Geschichte um das Hohepriesteramt zwischen 190 und 163 v. Chr. schlägt sich der Machtkampf nieder, den für eine begrenzte Zeit die Tobiaden für sich entscheiden konnten.

Die Veränderung der außenpolitischen Machtkonstellation beeinflußte auch die Verhältnisse in Jerusalem. Nach dem Regierungsantritt Antiochus IV. Epiphanes, der 175 v.Chr. Nachfolger seines ermordeten Bruders Seleukus wurde, entstand in der Jerusalemer Tempelpriesterschaft ein erbitterter Machtkampf. Nach dem Tod des Hohenpriesters Simon II. um 190 v.Chr. war sein Sohn Onias III. Hoherpriester geworden. Anders als sein überaus mächtiger und geschickt taktierender Vater konnte Onias III. sich wohl nicht so gut in den wirtschaftlichen, religiösen und politischen Verstrickungen behaupten. Deshalb gelang es seinem Bruder Jason, sich mit einer großen Summe Geldes bei Antiochus IV. das Hohepriesteramt zu erkaufen. Dieser setzte ihn noch im Jahr 175 v.Chr. in sein Amt ein. De iure konnte niemand Antiochus etwas anhaben, da es das Recht des Herrschers war, den Hohenpriester zu ernennen, zu bestätigen oder abzusetzten. Das finanzielle Angebot Jasons und der hinter ihm stehenden Gruppe kam Antiochus bei der chronischen Finanznot des seleukidischen Staates gelegen. De facto aber empfanden diejenigen Juden, die sich strikt an der Tora orientierten, die Einsetzung Jasons zu Lebzeiten eines noch amtierenden Hohenpriesters als Eingriff in die Autonomie des jüdischen Tempelstaates.

Jason und die hinter ihm stehende Gruppe, die sogenannten Hellenisten, verfolgten ein eindeutiges Ziel, nämlich die Umwandlung Jerusalems in eine griechische Polis. Ein erster Schritt in diese Richtung war das mit 150 Talenten unterlegte Gesuch an Antiochus IV., in Jerusalem ein Gymnasion und ein Ephebeion, also eine Sportschule und einen Übungsplatz, in der Nähe des Tempels errichten zu dürfen. Gymnasion und Ephebeion dienten der körperlichen und geistigen Ertüchtigung der Jugend und waren das herausragende Merkmal griechischer Kultur. Antiochus IV. gab nur zu gerne dem Gesuch statt. Nicht nur die zusätzliche finanzielle Zuwendung kam ihm gelegen. Das Vordringen hellenistischer Denk- und Lebensweise in Judäa band die jüdische Bevölkerung stärker an das seleukidische Großreich, und die Gefahr einer Vereinnahmung durch das benachbarte Ägypten konnte gemildert werden. Auch Jason und die Hellenisten verbanden mit der Umwandlung Jerusalems in eine griechische Polis noch weitere Ziele: Die Ausbreitung der hellenistischen Zivilisation und Sitte konnte nun ungehindert fortschreiten, so daß Jerusalem den wirtschaftlichen und kulturellen Anschluß an die nichtjüdische Umwelt erhielt. Der Einfluß der konservativen, an der alten Ordnung, der Tora, orientierten Kreise konnte zurückgedrängt werden, indem den toratreuen Juden, die hauptsächlich den unteren Bevölkerungsschichten angehörten, der Zugang zur griechischen Bildung verwehrt wurde und sie somit vom Umwandlungsprozeß ausgeschlossen wurden. Die Ausrichtung an der griechischen Polisordnung setzte die doppelte Funktion, die die Tora inne hatte, außer Kraft. War die Tora bisher diejenige Größe, die sowohl Staatsverfassung als auch religiöse Norm in einem war, versuchten die Hellenisten, sie jetzt allein auf den rein religiösen Aspekt zu reduzieren, und entzogen damit der jüdischen Theokratie als der bisher geltenden Staatsform die rechtliche Grundlage.

Die Reformversuche Jasons währten nicht lange. Etwa drei Jahre nach seiner Ernennung zum Hohenpriester, Ende 172 v.Chr. oder Anfang 171 v.Chr., wurde Jason abgesetzt. Menelaus, der Bruder des in 2 Makk 3,4 erwähnten Tempelbeamten Simeon, erkaufte sich bei Antiochus IV. mit einer Jasons Angebot um 300 Talente übersteigenden Summe die Hohepriesterwürde. Nach dem Zeugnis des Flavius Josephus stand hinter diesem Machtwechsel die Partei der Tobiaden, der es gelang, mit Menelaus erstmalig einen Nichtsadokiden aus der Priestersippe Bilga in das Amt des Hohenpriesters einzusetzen. Die Sadokiden waren eine alte Hohepriesterdynastie, zu er auch die Oniaden zählten. Mit der Amtsübernahme des Menelaus wurden die Oniaden aus den Machtpositionen zu verdrängt.

Der bisherige Hohepriester Jason floh in das Ostjordanland und wechselte die Fronten. Ehemals proseleukidisch schloß er sich jetzt proptolemäischen Kreisen an. Die Flucht des Jason und sein Wechsel in das andere politische Lager hatten für die Hellenisten in Jerusalem Konsequenzen. Durch die ursprünglich proseleukidisch eingestellten Hellenisten ging nun ein Riß. Die Gruppe spaltete sich auf in Anhänger des Jason auf der einen Seite und Anhänger des Menelaus, nämlich die Tobiaden, auf der anderen Seite. Es ist zu vermuten, daß die Anhänger des Jason den Plan der Hellenisierung Jerusalems aufgaben und sich wieder eher den religiös konservativen, an Tempelkult und Tora orientierten Kreisen zuwandten. So verblieb in Jerusalem nur eine Minderheit, die weiter an der Umwandlung der Stadt in eine griechische Polis festhielt.

Schon bald sah Menelaus sich mit dem Problem konfrontiert, daß er die dem König in Aussicht gestellten Tributzahlungen nicht aufbringen konnte. Einziger Ausweg war, sich einiger Teile des Tempelschatzes zu bemächtigen. Während er Antiochus IV. in Antiochien einen Teil der geforderten Summe überbrachte, vergriff sich sein Bruder und Stellvertreter Lysimachus weiter am Tempelschatz. So kam es in Jerusalem durch dieses Handelns im Jahr 170 v.Chr. zu einem Aufruhr, in dessen Verlauf Lysimachus getötet wurde. Um seine Position zu festigen, ließ Menelaus den im Exil lebenden, legitimen Hohenpriester Onias III., der sein Vorgehen heftig kritisierte, durch einen von ihm bestochenen seleukidischen Beamten umbringen. Antiochus IV. war erzürnt wegen dieses Vorfalls, doch bestrafte er nicht Menelaus, sondern ließ den schuldigen Beamten hinrichten. Auch für den Aufruhr in Jerusalem wurde Menelaus nicht zur Rechenschaft gezogen. Durch Bestechung gelang es ihm sogar, den König dahingehend zu beeinflußen, daß dieser die drei Abgesandten der Gerusie in Jerusalem, also des priesterlich-aristokratischen Ältestenrates, die Klage gegen Menelaus bei Antiochus IV. erhoben, hinrichten ließ.

Die Tötung der drei Abgesandten und der Raub des Tempelschatzes brachten Volk und Priesterschaft gegen Menelaus auf.

1.2. Die Hintergründe des Makkabäeraufstandes

Die unsicheren politischen Machtverhältnisse in Ägypten bewogen Antiochus IV., das Land anzugreifen. Ihm gelang es im Sommer 169 v.Chr., das Land bis auf Alexandrien zu erobern. In dieser Zeit entstanden Gerüchte, Antiochus IV. sei im Krieg gefallen. Daraufhin überfiel der abgesetzte Hohepriester Jason mit etwa 1000 Mann Jerusalem, um die Herrschaft zurückzuerlangen. Um sich zu retten, mußte Menelaus in die Burg von Jerusalem fliehen. Aufgrund der Ereignisse in Jerusalem sah Antiochus IV. sich gezwungen, aus Ägypten abzuziehen. Noch bevor er im Herbst 169 v.Chr. in der Stadt eintraf, mußte Jason Jerusalem verlassen; sein Eroberungsplan war fehlgeschlagen. Jason floh nach Sparta und starb dort. Antiochus IV. übte grausame Rache an der Jerusalemer Bevölkerung und plünderte den Tempel. Er ließ aus dem Tempel die Leuchter, die heiligen Kultgeräte, den Rauchopferaltar und den Schaubrottisch fortschleppen. Der Tempel war verödet, Opferhandlungen nicht mehr möglich.

Im Frühjahr 168 v.Chr. unternahm Antiochus IV. einen weiteren Feldzug nach Ägypten, doch scheiterten seine politischen Pläne an der Großmacht Rom, die als Verbündete der Ptolemäer seinem Handeln Einhalt gebot.

Obwohl Antiochus IV. zur Unterstützung des Menelaus und seiner Anhänger einen seleukidischen Staatskommissar namens Philippus in Jerusalem zurückgelassen hatte, kam die Stadt nicht zur Ruhe. Deshalb schickte er Anfang 167 v.Chr. Appollonius, der die Söldnertruppen aus Mysien in Kleinasien anführte, mit einem Heer nach Jerusalem. Appollonius behandelte die Stadt nach Kriegsrecht, ließ sie schleifen und errichtete in der Nähe des Tempels eine befestigte Militärsiedlung, die sogenannte Akra, in der nichtjüdische Bewohner angesiedelt wurden – eine Taktik, die angewandt wurde, um die Befriedung rebellischer Gebiete zu erreichen. Für Antiochus IV. war die Akra die militärische Demonstration seleukidischer Macht in einem besetzten Land. Für die frommen Juden stellten die Akra und ihre nichtjüdischen Bewohner eine Provokation dar: In unmittelbarer Nähe zum Tempel lebten Heiden nach ihren eigenen Gesetzen und kultischen Praktiken. Dies bedeutete eine Mißachtung der Heiligkeit Jerusalems und eine Verunreinigung des Landes. Die Folge davon war, daß die am Gesetz festhaltenden Juden in ihrer Opposition gegen Antiochus IV. und gegen den mit dem König zusammenarbeitenden Menelaus gestärkt wurden.

In den Augen der gesetzestreuen Juden erreichte die Entwicklung ihren Höhepunkt, als Antiochus IV. im Herbst 167 v.Chr. Dekrete erließ, die die Ausübung der jüdischen Religion radikal einschränkten: Zunächst befahl er im ganzen Reich, »alle sollen zu einem einzigen Volk werden, und jeder solle seine Eigenart aufgeben« (1 Makk 1,41f). Speziell für Jerusalem und Judäa bestimmte er, »man solle eine Lebensform übernehmen, die dem Land fremd war. Brand-, Schlacht- und Trankopfer im Heiligtum seien einzustellen, Sabbate und Feste zu entweihen, das Heiligtum und die Heiligen zu schänden. Man solle stattdessen Altäre und Heiligtümer und Tempel für die fremden Götter errichten sowie Schweine und andere unreine Tiere opfern. Ihre Söhne dürften sie nicht mehr beschneiden, vielmehr sollten sie sich mit jeder denkbaren Unreinheit und

Schande beflecken. So sollte das Gesetz in Vergessenheit geraten, und alle seine Vorschriften sollten hinfällig werden. Wer aber des Königs Anordnung nicht befolge, müsse sterben« (1 Makk 1,44-50). Im ganzen Land wurden Beamte eingesetzt, die die Befolgung der königlichen Anordnungen überwachten und bei Verstößen entsprechend handelten.

‚Gekrönt‹ wurden die seleukidischen Maßnahmen durch die Errichtung des »unheilvollen Greuels« (1 Makk 1,54; Dan 11,31), eines heidnischen Aufsatzes auf den Brandopferaltar im Tempel im Dezember 167 v.Chr. Damit war in den Augen der Seleukiden, aber auch in denen der radikalen Hellenisten, die nach wie vor eine Umwandlung Jerusalems in eine griechische Polis anstrebten, das Ende des Glaubens Israels an den einen Gott eingeläutet und die Weichen gestellt für die Ausbreitung und Verwurzelung polytheistischer Kulte aus der syrisch-kanaanäischen und griechischen Umwelt. Im umgewandelten jüdischen Tempel wurde jetzt der ›höchste Himmelsgott‹ verehrt, der entweder mit dem Baal-Schamin der Phönizier oder dem Zeus Olympios der Griechen identifiziert werden konnte.

Die harten staatlichen Verfügungen ließen viele Juden vom Gesetz abfallen, gleichzeitig aber wuchs unter den verbliebenen Gesetzestreuen der Unmut, der sich zum aktiven Widerstand ausweitete und damit den Beginn des Makkabäeraufstandes bedeutete. Die Gründe, die zur Eskalation der Ereignisse Ende 167 v.Chr. führten – Aufstellung des unheilvollen Greuels, aktiver Widerstand der Frommen -, sind schwer zu beurteilen. Sie sind sicherlich in der engen Verbindung von jüdischem Hellenisierungsbestrebungen und königlich verordneter Religionsverfolgung zu sehen. Die entscheidende Frage allerdings ist, bei welcher der beiden Seiten die eigentliche Initiative lag. Hier gehen die Meinungen der Forscher auseinander: V. Tcherikover vertritt die Auffassung, daß die Maßnahmen Antiochus IV. ihre Ursache im rebellischen Verhalten der Juden anläßlich der Vorgehensweise des Appollonius hatten. Die von Appollonius durchgeführte Errichtung der Akra und die Öffnung des Tempels für Heiden provozierte bei den frommen Juden einen Aufstand. Die Religionsverfolgung des Königs sei also wirkliche Verfolgung im Sinne einer Strafe für den vorangegangenen Aufstand gewesen.

Anders hingegen E. Bickermann und mit ihm M. Hengel und K. Bringmann, die die Ursache für die äußere Eskalation bei den Hellenisten in Jerusalem, also bei Menelaus und den Tobiaden, annehmen. Verschiedene Argumente stützen ihre These: Die Religionsverfolgung ist territorial begrenzt, 2 Makk nennt dezidiert Menelaus als den Urheber, die Edikte des Antiochus IV. weisen eine genaue Kenntnis der jüdischen Religion auf – alles Hinweise, die auf die extremen jüdischen Hellenisten als Initiatoren deuten.

Weder die eine noch die andere Sichtweise allein kann den Grund für die Entstehung des Makkabäeraufstandes ausreichend beleuchten, vielmehr sind innerjüdische Auseinandersetzungen *und* politische Maßnahmen der Seleukiden gemeinsam dafür verantwortlich. Das Vorgehen des Menelaus und seiner Anhänger führte zu Spaltungen in der Jerusalemer Führungsschicht. Die ›gemäßigten‹ Hellenisten machten den Radikalkurs des Menelaus, der letztlich auf eine Abschaffung des jüdischen Kultus zielte, nicht mehr mit und wandten sich den gesetzestreuen Juden zu, um mit ihnen gemeinsame Front gegen den Hohenpriester zu machen. Diese Entwicklung verband sich mit der Frage nach der Loyalität zum Seleukidenherrscher. Antiochus IV., dessen dynastische Position im Reich nicht völlig unumstritten war und der durch das Eingreifen Roms während seines Kampfes um Ägypten innen- wie außenpolitisch gebeutelt war, forderte nun, judäischerseits unterstützt von den extremen Jerusalemer Hellenisten, einen eindeutigen Loyalitätsbeweis seiner Untertanen in der seleukidischen Grenzprovinz Koilesyrien und Phönizien, zu der Judäa zählte: Das am Monatstag seiner Geburt vollzogene Opfer für den König sollte Beweis der Zustimmung zum Herrscher sein. Eine derartige Verbindung grundverschiedener Bestrebungen war aller Wahrscheinlichkeit nach die historische Voraussetzung für den Aufstand der Makkabäer.

2. Jüdische Gruppen zur Zeit der Makkabäer

Abgesehen von der kleinen Minderheit der Hellenisten um Menelaus, die Nutznießer der seleukidischen Maßnahmen waren, hatte das Religionsedikt die übrige jüdische Bevölkerung gegen sich mobilisiert. Die Opposition war allerdings kein homogenes

Ganzes. Vielmehr setzte sie sich aus unterschiedlichen sozialen Schichten und verschiedenen religiösen Richtungen zusammen. Der gemeinsame Nenner war das Aufbegehren gegen den König und den Hohenpriester mit dem Ziel, die alte jüdische Ordnung wiederherzustellen. Die dabei jeweils leitenden Motive waren unterschiedlicher Natur: Die Priesterklasse strebte die Wiedereinsetzung ihrer alten Rechte an, den Frommen ging es um die Wiederherstellung der strikten Toraobservanz, die durch die Seleukiden Enteigneten wollten ihren Besitz wieder zurückerlangen, die Bauern, Händler und Handwerker wünschten die Restituierung des Tempels, da sie durch diesen materielle Absicherung gewährt sahen. Allein diese kurze Skizze zeigt die breite Vielfalt der Gruppen und Interessen, die sich aufgrund des gemeinsamen Ziels – zunächst – miteinander vereinbaren ließen. Zu einem besseren Verständnis der Auseinandersetzung, über die die Makkabäerbücher berichten, erscheint es sinnvoll, im folgenden kurz die wichtigsten jüdischen Gruppen, die in diese Kämpfe verwickelt waren, vorzustellen.

2.1. Die Jerusalemer Hellenisten

Die Öffnung zum Hellenismus hin war in der Jerusalemer Oberschicht verbreitet, unabhängig davon, welcher ›politischen‹ Richtung man angehörte. Die Übernahme griechischer Denk- und Lebensweise bedeutete für viele hellenistisch orientierte Juden keine Infragestellung ihrer Kultur und Religion. Vielmehr machte gerade die Besonderheit des Hellenismus das Miteinander zweier sehr unterschiedlicher Kulturen möglich, da der Hellenismus nicht einfach Infiltration griechischer Denkweise war, sondern die Begegnung des Griechentums mit dem Orient eine Kulturmischung bedeutete, die Entstehung eines völlig neuen Denkens und Empfindens. Dabei ging es nicht nur um die Faszination, die der Hellenismus zweifellos auf die Intellektuellen ausübte; diese Entwicklung zog vielmehr ganz handfeste soziale Umwälzungen nach sich: Die Öffnung zum Hellenismus war zugleich auch der Zugang zu einem höheren sozialen Status. Beispiel dafür ist die romanhafte Erzählung über den Tobiaden Josef und seine Söhne – überliefert in den Jüdischen Altertümern des Flavius Josephus –, die den kometenhaften Aufstieg einer vom hellenistischen Geist geprägten, ›bürgerlichen‹ jüdischen Familie zu Macht und Reichtum schildert. Der uneingeschränkte Rückhalt der Tobiaden zunächst am ptolemäischen, später am seleukidischen Hof machte sie zu ernsthaften Konkurrenten des in Jerusalem herrschenden Priesteradels, der Oniaden. Die Tobiaden verkörperten in den Augen vieler hellenistisch orientierter Juden wirtschaftlichen Aufstieg und Fortschritt, während die Oniaden als konservativ-rückständig angesehen wurden. So wundert es nicht, daß der Verfasser des Tobiadenromans Josef als den Bringer wirtschaftlichen und kulturellen Fortschritts sieht, der die Juden aus Isolation und Armut befreit, da in seinen Augen allein die wirtschaftliche, politische und kulturelle Öffnung zur hellenistischen Umwelt hin die Lage des jüdischen Volkes zu verbessern vermag.

Das in 1 Makk 1,11 vorstellte Programm der Hellenisten greift genau diesen Gedanken auf: »Wir wollen einen Bund mit den fremden Völkern schließen, die rings um uns herum leben; denn seit wir uns von ihnen abgesondert haben, geht es uns schlecht«. Der angestrebte ›Bundesschluß‹ hatte weitreichende Konsequenzen. Durch die Errichtung des Gymnasions versuchten die Hellenisten, Jerusalem nach dem Beispiel einer griechischen Polis umzustrukturieren. Dadurch konnten die Hellenisten die Isolation, in die sich die Juden durch ihre Absonderung selbst hineinmanövriert hatten, aufbrechen und dem Volk zu mehr wirtschaftlichem Wohlstand verhelfen. Allerdings bedeutete das Vorgehen der Hellenisten zugleich Abfall vom Bund Gottes mit Israel, Auflösung Israels als Volk Gottes und sein Aufgehen in einem Völkergemisch.

Wie wir bereits sahen, war die Gruppe der Hellenisten keine einheitliche Größe. Ihre Mitglieder gehörten zwar alle der jüdischen Oberschicht an, doch zählten zu ihr sowohl Angehörige des Priesteradels – wahrscheinlich auch die später als ›Sadduzäer‹ bezeichnete Gruppe – als auch Mitglieder des Geldadels so z.B. die Tobiaden. Die Vorgänge um die Amtsenthebung des Jason und die Einsetzung des Menelaus als Hoherpriester haben wohl zur Spaltung der Hellenisten geführt. Ein Teil der Reformfreudigen, nämlich diejenigen, die der Priesterschaft entstammten, wird sich wieder den konservativeren Kreisen zugewandt haben, da sie wohl nicht bereit waren, einen Nichtsadokiden als Hohenpriester zu akzeptieren und ihnen die Konfiszierung der Tempelgüter zu weit ging. Übrig blieben dann Menelaus und die ihn stützenden Tobiaden, die mit allen Mitteln versuchten, die hellenistische Reform durchzusetzen.

2.2. Die Chassidim / Hasidäer

Am Anfang des 1 Makk wird eine Gruppe von »tapferen Männern aus Israel« genannt, »die alle dem Gesetz treu ergeben waren« (1 Makk 2,42), die Hasidäer bzw. Chassidim – nach dem griechischen asidaioi = Fromme als Übersetzung des hebräischen chassidim –, die sich den Makkabäern im Kampf gegen die Seleukiden anschlossen. Diese Gruppe der jüdischen Frommen erscheint bereits in den Makkabäerbüchern als feste Größe, so daß anzunehmen ist, daß sie schon existierte, bevor die Makkabäer in Erscheinung traten.

Die Damaskusschrift, eine aus der Qumrangemeinde stammende Textrolle, gibt in ihrer Einleitung Auskunft darüber, daß zwischen 175-170 v.Chr. zur Zeit der Hochblüte der Hellenisierung in Jerusalem unter den amtierenden Hohenpriestern Jason und Menelaus die Sammlung der »Wurzel der Pflanzung« erfolgt sei. Dahinter verbirgt sich vermutlich die Sammlung der Chassidim.

Im Tempelraub des Menalaus wird der eigentliche Grund für die Entstehung der Chassidim liegen, da eine derartige Schändung des Tempels für die frommen Juden nicht tragbar war. In den Augen der Frommen war der Griff nach dem Tempelschatz ein Sakrileg, weil er einen Angriff gegen die göttliche Ordnung darstellte. Angesichts ihrer Verpflichtung zur strikten Heiligung der Tora und angesichts der Verfehlungen des Hohenpriesters war die Absonderung von der Hierokratie für die Chassidim die einzige Chance, die Einhaltung des Gesetzes zu wahren. Das Festhalten an der Tora war gleichzeitig ein Festhalten an dem Bewußtsein, Volk Gottes und somit keines anderen Volk zu sein. Im Gegensatz zu Menelaus und seinen Anhängern, die mit ihrem Hellenisierungsstreben die Existenz Israels aufs Spiel setzten, ging es den Chassidim um die Bewahrung der eigenen Identität, die sich im Bekenntnis zu Jahwe als dem einen Gott und im Festhalten an Bund und Gesetz manifestierte.

Die Nachrichten über die Chassidim sind recht spärlich, doch läßt sich einiges aus den Makkabäerbüchern, den Qumrantexten und den frühen apokalyptischen Texten wie dem Danielbuch, der im äthiopischen Henoch überlieferten Tiervision und Zehnwochenapokalypse eruieren. Fest steht, daß die Chassidim prophetisch-apokalyptischen Vorstellungen anhingen. Dies hatte Folgen für ihre Heilserwartung: Die Gegenwart sahen sie gekennzeichnet durch den totalen Abfall von den Geboten Gottes, als Unheilszeit. In Kürze aber wurde die Wende erwartet. Die Chassidim erhofften den Anbruch der eschatologischen Zeit und die Wiederherstellung der religiösen Ordnung. Zunächst hatten sie wohl wenig mit dem Aufstand der Makkabäer zu tun, doch zeigt die Tiervision des äthiopischen Henoch, die noch vor dem Tod des Judas Makkabäus verfaßt worden ist, daß sich die Chassidim schließlich doch den Makkabäern anschlossen, weil beide die Restituierung von Tempel und Tora erreichen wollten und weil in ihren Augen mit dem Widerstand des Judas Makkabäus der endzeitliche Rachekrieg der auserwählten Gerechten gegen Gottes Feinde begann.

Kampfmäßig waren sie nicht unerfahren, denn sonst würden die Makkabäerbücher sie nicht als »tapfere Männer« (1 Makk 2,42) und ›Aufrührer‹ (2 Makk 14,6) bezeichnen.

Da in den Augen der Chassidim das Hellenisierungsansinnen der Jerualemer Oberschicht und das Verhalten der beiden Hohenpriester Sünde war, setzten sie sich vom Jerusalemer Tempel ab und gingen vermutlich in die Höhlen der Wüste Juda, wie sich aus 1 Makk 2,29f.31.41. schließen läßt.

Die Tora wurde bei ihnen so streng beachtet, daß sie es sogar, wie 1 Makk 2,32-38 berichtet, ablehnten, sich am Sabbat zu verteidigen, und stattdessen den Tod in Kauf nahmen.

Die Allianz zwischen Makkabäern und Chassidim dauerte nicht lange. Sobald Judas Makkabäus es erreicht hatte, die Religionsfreiheit wiederherzustellen, willigten die Chassidim in den Frieden ein. Mit Ernennung des Sadokiden Alkimus zum Hohenpriester im Frühjahr 161 v.Chr. waren nach Meinung der Chassidim die äußeren Rahmenbedingungen zur Wiederrichtung von Tempel und Tora gegeben. Mehr wollten sie nicht erreichen. Die eigentliche Wende zum Besseren war aus der Sicht der Chassidim sowieso nicht durch Menschen herbeizuführen. Was bleibt ist allein die Hoffnung auf das Handeln Gottes – eine Vorstellung, die die Nähe der Chassidim zum apokalyptischen Denken veranschaulicht. Deshalb unterstützten sie auch nicht die weiteren Kämpfe der Makkabäer; in Dan 11,34a zeigt sich sogar eine chassidische Geringschätzung der Makkabäer.

In den Folgejahren entstanden aus den Chassidim die Gruppen der Essener und der Pharisäer, doch besagte die ›gemeinsame Wurzel‹ nicht, daß beide Gruppen viel miteinander zu tun hatten. Dafür nahmen sie zu unterschiedliche Entwicklungen.

2.3. Die Essener

Die Essener, eine uns vor allem aus Qumran, der Siedlung am Toten Meer bekannte Gruppe, entstanden wohl zwischen 160 – 150 v.Chr. aus den Chassidim. Sie waren eine Gruppe von strenggläubigen, am Gesetz und am priesterlichen Ideal orientierter Juden. Ihre Gründergestalt, die in den Qumranschriften als ›Lehrer der Gerechtigkeit‹ betitelt wird, entstammte aller Wahrscheinlichkeit nach sadokidischen Kreisen. Kurz nach der Ernennung der Makkabäers Jonatan zum Hohenpriester 152 v.Chr. vollzogen die Essener unter dem Lehrer der Gerechtigkeit die endgültige Abspaltung von der Jerusalemer Kultgemeinde. Ein Teil von ihnen lebte am Toten Meer in einer mönchsähnlichen, völlig abgeschlossenen Gemeinschaft, die sich aus Laien und einer sadokidischen Führungsgruppe zusammensetzte. Anlaß für den Bruch war, daß sich der Nichtsadokide Jonatan das Hohepriesteramt aus ihrer Sicht widerrechtlich vom seleukidischen König hat übertragen lassen. Jonatan wird in den Qumranschriften mithin nur noch als Frevelpriester bezeichnet.

Die Qumrantexte geben davon Zeugnis, daß die Essener die eschatologische Hoffnung der Chassidim teilten und daß sie daran festhielten, obwohl sich die Erfüllung dieser Erwartung zu verzögern schien.

2.4. Die Pharisäer

Der Ursprung der pharisäischen Bewegung wird in frühmakkabäischer Zeit zu suchen sein. Die Notiz in JosAnt XIII 10,5-6 beweist jedenfalls die Existenz dieser Gruppe für das 2. vorchristliche Jahrhundert. Obwohl die Phariäser aus den Chassidim hervorgegangen waren, teilten sie – anders als die Essener – eine wesentliche Vorstellung der Chassidim nicht, nämlich die apokalyptische Naherwartung. Die Erfahrung hatte gezeigt, daß sich die akute Naherwartung der Chassidim nicht erfüllt hatte. Dieser setzten die Pharisäer einen Gesetzespragmatismus entgegen, der es ermöglichte, ein am Gesetz orientiertes Leben in Einklang zu bringen mit den Bedingungen einer fortdauernden Weltzeit.

Aus der Frühzeit der pharisäischen Bewegung sind keine Schriften erhalten, so daß die aus dem NT und Flavius Josephus bekannte griechische Bezeichnung pharisaios nicht unbedingt eine Eigenbezeichnung der Pharisäer gewesen sein muß. Das hebräisch-aramäische Äquivalent parush / perushim zum griechischen Begriff pharisaioi ist nirgendwo als Gruppenbegriff überliefert; übersetzt bedeutet es ›die Abgesonderten‹. Möglicherweise war die Bezeichnung pharisaioi bzw. perushim eine von Außenstehenden für die Gruppe der Pharisäer verwandte, da die Pharisäer sich u.a. aufgrund ihrer Gesetzesvorstellung vom übrigen jüdischen Volk absonderten.

Die Besonderheiten des Pharisäismus liegen vor allem in zwei Dingen:

1. Der Pharisäismus war eine Laienbewegung. Innerhalb der Gruppe hatten Priester nicht qua Stand die Vorherrschaft, vielmehr wurde die Gruppe von Laien geführt, was sich an ihrer korporativen Gliederung, die kein sakrales Vorbild hat, aufzeigen läßt. Genaueres über die Organisationsform der Pharisäer in vorchristlicher Zeit läßt sich nicht sagen, da hierfür die textlichen Belege fehlen. Man wird aber davon ausgehen können, daß sie sich in Verbänden zusammengeschloßen haben – die Notiz bei Josephus (JosAnt XIII 13,5; 15,5 und JosBell I 5,2-3), die von einem organisierten und heftigen Widerstand der Pharisäer gegen den Hasmonäer Alexander Jannai (103-76 v.Chr.) berichtet, erlaubt diesen Rückschluß, daß dies nur von einer geschlossenen und durchorganisierten Gruppe erfolgt sein kann.

Spätere rabbinische Quellen zeigen, daß diese Verbände als Genossenschaften (hebr. chabura) bezeichnet wurden, deren Mitglieder Genossen (hebr. chaberim) hießen. Im pharisäischen Verständnis gelten als chaberim diejenigen, die die Verbandssatzung, die chaberuth, der pharisäischen Genossenschaften übernommen haben. Zwei Hauptmerkmale kennzeichnen die chaberuth: Jedes Mitglied der Genossenschaft ist verpflichtet zur regelmäßigen

Abgabe des Zehnten und ihm wird auferlegt, das Gesetz im Alltag zu verwirklichen.

2. Das eigentliche Merkmal der pharisäischen Genossenschaften liegt aber in ihrer besonderen Gesetzesauffassung. Ziel der Pharisäer war eine Verwirklichung des am Tempel praktizierten priesterlichen Gesetzes im Alltag zum Zweck der Heiligung des Volkes. Das war aber nur dann zu erreichen, wenn das Gesetz von pharisäischen Weisen und Schriftgelehrten für den Alltag ausgelegt wurde. Eine Folge dieser Praxis war, daß sich neben das im Pentateuch niedergeschriebene Priestergesetz, die Tora, religionsgesetzliche Sammlungen, die mündliche Tora, stellten, die nahezu diesselbe Autorität beanspruchten wie die schriftliche Tora.

Der Konflikt mit den sadokidisch ausgerichteten Kreisen, die allein die Autorität der schriftlichen Tora gelten ließen, also mit den Sadduzäern und den Frommen in Qumran, war vorprogammiert. Für sich entschieden haben diesen Konflikt letztlich die Pharisäer. Mit ihrer Lehre von einer dem schriftlichen Gesetz gleichwertigen mündlichen Tradition konnten sie sich kritischen Fragen öffnen und neue Antworten geben. So entzogen sie sich der Gefahr der Erstarrung, der diejenigen zu erliegen drohten, die allein an der schriftlichen Tora festhielten.

Die Nähe der Pharisäer zur chassidischen Frömmigkeit kommt auch in der Auferstehungshoffnung zum Ausdruck. Ähnlich wie chassidisch geprägte frühjüdische Texte erwarten die Pharisäer eine leibliche Auferstehung der Toten.

2.5. Die Sadduzäer

Über die Entstehung und die Zusammensetzung der Sadduzäer gibt es keine genauen Nachrichten. Der griechische Begriff saddoukaioi = ›Sadduzäer‹ wird erstmalig bei Flavius Josephus erwähnt. Abgeleitet ist dieser Begriff von den aus dem AT bekannten Sadokiden, die sich auf Sadok, einen führenden Priester aus der Umgebung Davids (2 Sam 15,24.27.29.35), zurückführen. Sadok selbst war nach der Übernahme der Macht durch Salomo Oberpriester in Jerusalem (vgl. 1 Kön 1,32). Seitdem bildeten die Nachkommen Sadoks, die Sadokiden, die Jerusalemer Tempeldynastie, die den Dienst am Tempel tat und den Hohenpriester stellte.

Interessant ist die Frage, wie die Gruppe der Sadduzäer, die der Jerusalemer Priesterschaft angehörte und vor, während und nach der makkabäischen Erhebung den Dienst am Tempel versah, es schaffte, die religiösen und politischen Umwälzungen zu überleben. Einen Hinweis können wir folgenden Entwicklungen entnehmen:

Zur Zeit des Hellenisierungsvorhabens Jasons und während der Herrschaft des makkabäischen Hohenpriesters Jonatan kam es zu Spaltungen innerhalb der Sadokiden: Weil Jason den amtierenden Hohenpriester Onias IV. aus seinem Amt verdrängte, gründete dieser einen jüdischen Tempel im ägyptischen Leontopolis, so daß sadokidische Tradition in Ägypten fortlebte. Ebenfalls aus Protest gegen die Einsetzung eines Nichtsadokiden (des Hasmonäers Jonatan) zum Hohenpriester vollzogen die Essener unter der Leitung des Lehrers der Gerechtigkeit den endgültigen Bruch mit dem Jerusalemer Tempel. Da sich ein Teil ihrer Mitglieder aus sadokidischen Kreisen rekrutierte, lebte auch am Toten Meer priesterliche Tradition weiter fort. Die noch in Jerusalem verbliebenen Sadokiden dürften mit den bei Josephus erwähnten Sadduzäern gleichzusetzen sein. Interessant ist ihre Rolle kurz vor der makkabäischen Erhebung und zur Zeit der Hasmonäerherrschaft. Obwohl genaue textliche Zeugnisse fehlen, wird man wohl davon auszugehen haben, daß die Sadduzäer, also der in Jerusalem herrschende Priesteradel, das Hellenisierungsstreben des Hohenpriesters Jason und seiner Anhänger stützte oder zumindest tolerierte; 1 Makk 1,11 aber auch Dan 11,23 scheinen dieser Vermutung recht zu geben. Über die Motive läßt sich dabei wenig sagen, es scheint aber eine gewisse Offenheit für die beginnende Hellenisierung dagewesen zu sein, wie es in der jüdischen Oberschicht durchgängig usus war. Möglicherweise spielte der Gedanke des Machterhalts mit eine Rolle, doch war m.E. das Interesse der Sadduzäer primär darauf gerichtet, ihre eigentliche Aufgabe, die Einhaltung des Priestergesetzes und den Dienst am Tempel, wahrzunehmen und dafür auch widrige Umstände in Kauf zu nehmen. Die Sadduzäer nur als politische Partei – in Opposition zur religiösen Partei der Pharisäer – zu sehen, wird der Komplexität jüdischen Denkens nicht gerecht, da hier eher mit der modernen Kategorie der Polarisierung gearbeitet wird. Denn so ›politisch‹ diese Gruppe in unseren Augen gedacht oder gehandelt haben mag, so darf nie vergessen werden, daß bei fast allen Gruppen der frühjüdischen Zeit der Erhalt oder die Wiedererrichtung der Herrschaft Gottes in Israel das Motiv war, welches Denken und Handeln bestimmte.

So weit wie möglich werden die Sadduzäer zur Zeit der makkabäischen Erhebung darum bemüht gewesen sein, den Tempeldienst aufrecht zu erhalten. Daß es noch Priester gab, die das Sagen hatten, zeigt 1 Makk 4,42; 14,28.41.

Die Zusammenarbeit zwischen Sadduzäern und Makkabäern ergab sich aufgrund der gemeinsamen Interessenlage. Die Absicht der Makkabäer, ein dem davidisch-salomonischen Königreich nachgestaltetes Israel zu schaffen, konnte nur dann in die Tat umgesetzt werden, wenn für die Restituierung Israels auch die äußeren Umstände stimmten, und dabei ging es vor allem um die territorialpolitische Sicherheit. In dieser Ansicht gingen Makkabäer und Sadduzäer konform, so daß beide Seiten aufgrund des gemeinsamen Zieles jeweils negative Gegebenheiten mit in Kauf nahmen. Die Sadduzäer akzeptierten, daß ein Nichtsadokide Hoherpriester war, und die Makkabäer arbeiteten mit einer Gruppe zusammen, deren Ansehen seit der Religionsverfolgung Antiochus IV. gelitten hatte, da die Sadduzäer der beginnenden Hellenisierung nicht ablehnend gegenüber gestanden haben.

Von ihrer Lehre her gesehen, waren die Sadduzäer die Vertreter der offiziellen Theologie der Jerusalemer Hierokratie. Drei entscheidende Merkmale lassen sich hierzu nennen:

Nach Auffassung der Sadduzäer handelt Gott nicht innergeschichtlich. Allein der Mensch mit seinem freien Willen ist verantwortlich für den Lauf der Geschichte, für gut und böse, Heil und Unheil. Aufgrund dieser Auffassung ist es verständlich, daß die Sadduzäer das strikt apokalyptische Denken bestimmter Kreise von Frommen, die davon ausgingen, daß allein Gott den Lauf der Geschichte aufhalten und ändern kann, ablehnten und versuchten, durch strikte Gesetzesobservanz und Kultpraxis Heil innergeschichtlich zu verwirklichen.

Dazu paßt auch, daß sie die u.a. bei den Pharisäern vertretene Vorstellung von der Auferstehung der Toten ablehnten. Nach Meinung der Sadduzäer gehen Körper und Seele des Verstorbenen zugrunde. Heil gibt es für sie nicht im Jenseits, sondern im Diesseits.

Ein besonderes Kennzeichen der Sadduzäer gerade im Gegenüber zu den Pharisäern besteht darin, daß sie das mündliche Gesetz ablehnten und strikt an der schriftlichen Tora festhielten. Während es den Pharisäern möglich war, die zum Teil starren Vorschriften des mosaischen Gesetzes für den Alltag auszulegen, meinten die Sadduzäer, daß allein die Ausrichtung an der priesterlichen Tradition und das Festhalten an der schriftlichen Tora das rechte Gesetzesverständnis auswies.

DAS ERSTE MAKKABÄERBUCH

ERSTER TEIL

Einleitung

1. Aufbau des ersten Makkabäerbuches und Textüberlieferung

Im ersten Überblick erschließt sich der Aufbau des 1 Makk noch nicht, denn es hat zunächst den Anschein, als wäre die Schilderung der Schlachten zwischen Makkabäern und Seleukiden das alleinige kompositorische Mittel des Verfassers. Erst ein genaueres Hinsehen läßt die eigentliche Konzeption des Buches erkennen: Es geht nicht nur um eine Darstellung der Geschichte der Makkabäer. Vielmehr liegt dem Verfasser daran, die Geschichte der Makkabäer *und* die Geschichte Israels als Volk Gottes als untrennbar miteinander verbunden darzustellen. Das Buch gliedert sich in vier Teile, und jeder Teil baut nicht nur auf dem anderen auf, sondern überbietet ihn zugleich.

Nach einem kurzen Überblick, der bei Alexander dem Großen einsetzt und über die Verteilung seines Reiches auf die Diadochen und deren Nachfolger berichtet (1,1-9), schildert der *erste Hauptteil* die Grundlage des Konflikts. Kap. 1 berichtet von den Taten Antiochus IV.: Plünderung des Tempels, Besetzung Jerusalems, Verbot der jüdischen Religion (1,10-64). Dem nahezu antithetisch gegenübergestellt wird der Beginn des makkabäischen Widerstands unter dem Priester Mattatias, dem Vater des Judas Makkabäus. In seinem Testament beschwört Mattatias seine Söhne, für das Gesetz, den Bund und das Volk bis zum Tod zu kämpfen (2,1-70).

Judas Makkabäus ist die zentrale Figur des *zweiten Hauptteils*. Ihm gelingt es nicht nur, in vielen Kämpfen den Seleukiden schwer zuzusetzen; entscheidender für die Existenz Israels ist die Wiedereinweihung des Tempels, welche im jährlichen Tempelweihfest, dem Chanukkafest, bis heute gefeiert wird. Somit wird unter Judas

Makkabäus ein Grundziel der Makkabäer, die Restituierung des Tempelkultes, bereits erreicht (3,1 – 9,22).

Der *dritte Hauptteil* (9,23 – 12,52) schildert, wie es Judas‹ Bruder Jonatan, der nach dessen Tod die Führung übernimmt, gelingt, die Position der Makkabäer innen- und außenpolitisch zu festigen. Die Makkabäer werden mehr und mehr zu einem Machtfaktor, mit dem die Seleukiden zu rechnen haben. Der seleukidische König Alexander Balas verleiht Jonatan die Hohepriesterwürde und ernennt ihn zum Befehlshaber und Statthalter. Allerdings wird Jonatan einige Jahre später vom seleukidischen Feldherrn Tryphon ermordet, da dieser dessen wachsende Macht fürchtet.

Nachfolger wird sein Bruder Simeon, von dem der *vierte Hauptteil* berichtet (13,1 – 16,22). Ihm gelingt es, Jerusalem von der seleukidischen Besatzung zu befreien, so daß nun keine Fremden mehr in der Stadt sind. Die hohe Wertschätzung Simeons schlägt sich nicht nur in dem Loblied nieder (14,4-15), welches Simeons Taten preist und seine Regierungszeit als endzeitliche Friedenszeit beschreibt. Sie kommt auch in der Bezeichnung Simeons als »Hoherpriester, Befehlshaber und Fürst der Juden« (13,42; 14,47), die durch das Volk in einem öffentlichen Akt bestätigt wird, zum Ausdruck. Diese Titelverleihung bedeutet einen großen Schritt hin zur Autonomie Israels. Mit seinen Söhnen Judas und Mattatias wird Simeon bei einem Besuch in Jericho von seinem Schwiegersohn Ptolemais, der selbst nach der Herrschaft strebt, ermordet. Übrig bleibt nur noch sein Sohn Johanan.

Das Buch endet mit der Einsetzung Johanans, der gewöhnlich unter dem Namen Johannes Hyrkan bekannt ist, zum Hohenpriester (16,23f).

Ursprünglich war 1 Makk in hebräischer Sprache abgefaßt. Dies bezeugen nicht nur zahlreiche Hebraismen und fehlerhafte Übersetzungen im griechischen Text des 1 Makk. Auch die Kirchenväter Origenes und Hieronymus kannten noch das verlorengegangene hebräische Original. Die Überlieferung des 1 Makk basiert auf den Übersetzungen ins Griechische, Lateinische, Syrische, Arabische und Armenische, wobei der griechischen Textüberlieferung das größte Gewicht zukommt, zumal sie die älteste ist. Auch die Einheitsübersetzung geht auf die griechische Textausgabe, wie sie in der Septuaginta überliefert ist, zurück.

1 Makk ist eine in sich geschlossene, aus einer Hand gefertigte Schrift. Dies zeigt sich nicht nur im klaren Aufbau des Buches, sondern auch in der Gestaltung der Berichte über die drei Makkabäerherrscher Judas, Jonatan und Simeon: Ein wiederkehrendes Element ist die Notiz über das Bündnis der Makkabäer mit Rom. Jeweils auf dem Höhepunkt ihrer Macht verbünden sich Judas, Jonatan und Simeon mit der Weltmacht Rom (8,1-32; 12,1-23; 14,16-24; 15,15-24). Auch die Rahmenhandlungen weisen wiederkehrende Elemente auf. Zu Beginn jedes Herrschaftsantritts werden die Anführer von den Anhängern bzw. vom Volk bestätigt (3,2; 9,28-30; 13,7-9), als Reaktion auf ihren Tod berichtet 1 Makk, daß es Aufstände gab, entweder durch Abtrünnige aus Israel oder durch fremde Völker oder sogar durch Mitglieder der eigenen Familie (9,23; 12,53; 16,11-13.17).

Wie allerdings 16,23f deutlich macht, schreibt der Verfasser des Buches die Geschichte der Makkabäer aus einer gewissen historischen Distanz, so daß wir davon ausgehen können, daß der Verfasser seine Informationen aus unterschiedlichen Quellen schöpft. Zur Darstellung der Ereignisse um Judas, Jonatan und Simeon greift er vermutlich auf eine bereits vorhandene Judasvita sowie auf Jahrbücher der Hohenpriester Jonatan und Simeon zurück – daß es solche gab, läßt sich aus 16,24 schließen. Die in 1 Makk vorhandenen Briefe und Urkunden stammen möglicherweise aus einem Jerusalemer Archiv. Hinzu kommt, daß der Verfasser für die Ereignisse aus der seleukidischen Geschichte eine seleukidische Quelle benutzt.

2. »Die Revolution entläßt ihre Kinder«. Das erste Makkabäerbuch als Appell an die Einheit Israels

1 Makk liest sich wie eine Hofgeschichte der Makkabäer. Es ist eine stilisierte Geschichte, die eindeutig auf einen Höhepunkt zusteuert, nämlich die Beschreibung der Regierungszeit Simeons, des letzten der Makkabäerbrüder. In leuchtenden Farben wird diese Regierungszeit geschildert. »Friede«, »Jubel«, »Freude« und »Glück« herrschen in Israel – Begriffe, die häufig im Zusammenhang mit alttestamentlichen Heilszeitschilderungen verwandt werden –, die Gefangenen sind nach Israel zurückgekehrt, die Feinde aus dem Land getrieben. Die Tora ist wieder in Geltung und der Tempel

prächtig ausgebaut (14,4-15). In den Augen des Verfassers hat mit Simeons Herrschaft die Heilszeit begonnen. Aber nicht nur das. Besonderen Wert legt der Verfasser darauf, daß Simeon in allen drei Ämtern, dem des Befehlshabers, dem des Fürsten und dem des Hohenpriesters vom ganzen Volk bestätigt wird, wie 14,23-49 ausführlich beschreibt. Es hat den Anschein, als sollten mit der idealisierenden Beschreibung der Herrschaft Simeons als Heilszeit und mit dem Bericht über die Akklamation des ganzen Volkes Maßstäbe für die Gegenwart und Zukunft, speziell auch für die Regierungsphase seines Sohnes Johannes Hyrkan, gesetzt werden: Dies bedeutete, daß eine Prolongierung des goldenen Zeitalters unter Simeon in Gegenwart und Zukunft sowohl die Einheit des Volkes Israel (Stichwort: »das ganze Volk«, 14,46) als auch eine Orientierung Hyrkans an Simeons Regierungsstil voraussetze – möglicherweise steckt hinter diesem Anspruch eine versteckte Kritik an der Herrschaft Hyrkans, zu dessen Zeit das 1 Makk geschrieben worden ist.

Die bisherigen Beobachtungen zeigen, daß der Verfasser des 1 Makk nicht nur Hofchronist war, sondern mit der positiven Darstellung der Makkabäer, besonders der Regierungszeit Simeons, ein weitergehendes Ziel verfolgte, das von theologischem Interesse ist: Es ging ihm um die dauerhafte Restituierung Israels auf der Grundlage von Gesetz und Tempel. Insofern enthält 1 Makk den eindeutigen Appell, die Einheit Israels zu bewahren. Dieser war nötig geworden, weil am Übergang zur zweiten Generation der Makkabäer, d.h. mit der Machtübernahme Hyrkans, die anfängliche Einheit der unterschiedlichen Gruppen Israels in der antiseleukidischen Front mehr und mehr zu bröckeln begann – »die Revolution entließ ihre Kinder«.

So hatten sich die Chassidim bereits nach der Einsetzung des aus ihrer Sicht legitimen Hohenpriesters Alkimus (161-159 v.Chr.) aus dem aktiven antiseleukidischen Widerstand zurückgezogen. Dabei spielte es für sie offenbar keine Rolle, daß Alkimus, der Nachfolger des verachteten Nichtsadokiden Menelaus, eindeutig auf der Seite der Seleukiden stand und allein daran interessiert war, seine Machtposition in Jerusalem auszubauen. Daß auch Alkimus sich nicht scheute, den Tempel zu schänden und gesetzestreue Juden umzubringen, wie sich in 1 Makk 7,5-25 nachlesen läßt, war für die Chassidim anscheinend kein Anlaß, wieder in die Opposition zu gehen; wichtig war für sie nur, daß er aaronitischer Abstammung war. Damit und mit dem Wiederaufbau des Tempels waren in den Augen der Chassidim die Rahmenbedingungen für ein Leben nach der Tora und die Ausübung des Kultes wiederhergestellt. Verständlich ist ihr Verhalten nur vor dem Hintergrund ihres strikt apokalyptischen Denkens, das von den Menschen bzw. von der geschichtlichen Entwicklung nichts, von Gott aber alles erwartet. Nicht durch menschliche Taten wird die Heilszeit hereinbrechen, sie kann nur von Gott herbeigeführt werden. Aus der Sicht der Chassidim ließ sich der erreichte ›Ist-Zustand‹, nämlich daß Torabefolgung und Kultpraxis wieder möglich waren, als ›Erwartungs-Zustand‹ bezeichnen, getragen von der Hoffnung auf die bald durch Gott heraufgeführte Heilszeit.

Hatten sich die Chassidim also bereits sehr früh aus der antiseleukidischen Front zurückgezogen, so wurden die Essener als eine Folgegruppe der Chassidim zu einer regelrechten antimakkabäischen Opposition, als der Makkabäer Jonatan als Nichtsadokide den Hohenpriesterstuhl okkupierte. Sie zogen sich aus Jerusalem zurück. Mit dem Tod Jonatans wird ihre Opposition nicht geendet haben, da Simeon und Hyrkan nach Auffassung der Essener ebenfalls illegitime Hohepriester waren.

Aufgrund eines Berichts bei Flavius Josephus (JosAnt XIII 10,5-6) wissen wir, daß auch die zweite Folgegruppe der Chassidim, die Pharisäer, schließlich in Opposition zu den Makkabäern gingen. Josephus berichtet, daß die Pharisäer Hyrkan aufforderten, das Hohepriesteramt niederzulegen und sich damit zu begnügen, Fürst der Juden zu sein. Die Tatsache, daß nach wie vor ein Nichtsadokide Hoherpriester war, führte also zu weiteren Polarisierungen innerhalb Israels. Während die Pharisäer in Opposition zu Hyrkan gingen, standen die Sadduzäer – laut Josephus – weiterhin auf seiner Seite. Zwei Gründe mögen ausschlaggebend dafür gewesen sein, daß sich die Pharisäer erst zur Zeit Hyrkans gegen das Herrscherhaus gestellt haben. Der Übergang der Macht in die zweite Generation zog vermutlich auch einen Wandel im Herrschaftsverständnis und in der Herrschaftsausübung nach sich. In der ersten Generation der Makkabäer war der Sinn ihrer Herrschaft, die Wiedereinsetzung von Tempel und Tora, die Befreiung Israels von der Fremdherrschaft und die Zusammenführung des Volkes aus der Diaspora nach Jerusalem, noch deutlich zu erkennen. In der zweiten Generation schwand das einstige Ziel immer mehr aus dem Blickfeld. Jetzt ging es primär um Machtverfestigung und Machterhalt. Die hasmonäischen Fürsten nahmen mehr und mehr den Habitus hellenistischer Potentaten an; dies rief böse Erinnerungen wach. So sahen die Pharisäer das Hohepriesteramt der Hasmonäer durch nichts mehr legitimiert; damit brach auch hier der Konflikt aus.

Ein zweiter Anlaß mag die sich verschärfende Auseinandersetzung zwischen Pharisäern und Sadduzäern gewesen sein, die sich an der Unterstützung der Makkabäer seitens der Sadduzäer festmachte. Die ursprünglich theologischen Verschiedenheiten zwischen Sadduzäern und Pharisäern, die vor allem die unterschiedliche Gesetzesauffassung betrafen, sich aber vermutlich nie zu einem gravierenden Konflikt ausgewachsen hätten, wurden jetzt auf eine andere Ebene gehoben. Die Pharisäer sahen sich, zusammen mit allen anderen Gruppen, die die Makkabäer unterstützten, in ein politisches Geschehen involviert, das sie so nicht mittragen konnten. Spätestens seit Simeon war die volle Restituierung von Tempel und Tora erreicht, so daß sich auch aus der Sicht der Pharisäer Israel wieder als Volk Gottes konstituiert hatte. Doch war für sie die Wiederherstellung Israels nicht unabdingbar verbunden mit der Wiederherstellung eines territorialen Gebietes. Die Pharisäer hingen nicht an der Idee des Nationalstaates, sondern sahen Israel dort verwirklicht, wo das Leben der Juden geprägt war von der rechten Befolgung der Tora. Dies ist einer der Gründe, warum die Pharisäer nach der endgültigen Zerstörung des jüdischen Tempels und des jüdischen Staates durch die Römer die jüdische Gruppe waren, die in der Zerstreuung weiterbestand. Für die Makkabäer und die sie unterstützenden Sadduzäer hingegen war die Restituierung von Tempel und Tora nur durch eine Absicherung Israels als territorialpolitische Größe denkbar. Das Interesse der Sadduzäer an der Wiedererrichtung eines Nationalstaates, an dessen Fortbestand sowie am Erhalt der eigenen Macht ging sogar so weit, daß sie, die doch die eigentlichen Anwärter auf den Hohenpriesterstuhl waren, dieses Privileg den Hasmonäern überließen – für die Pharisäer ein unverzeihliches Sakrileg, das den Konflikt mit den Sadduzäern und in Folge mit den Makkabäern ausbrechen ließ.

Die Situation war insofern brisant, als nach einer erfolgreichen außenpolitischen Befreiung aus der seleukidischen Umklammerung nun ein innerer Erosionsprozeß das Erreichte infragezustellen schien. Diese Krise galt es um Israels willen zu überwinden. Der Verfasser des 1 Makk sah als einzigen Weg aus dieser Krise die Stabilisierung der Makkabäerherrschaft und versuchte, das in sich gespaltenene Israel wieder hinter die Makkabäer zu bringen, indem er motivierend an das ›Glück der ersten Tage‹ erinnerte, als Israel unter dem Druck von außen zur Einheit wurde und die unterschiedlichen Gruppen alle an einem Strang zogen. Dabei verschwieg er m.E. bewußt die bereits unter Judas Makkabäus und Jonatan aufgekommene Opposition, um den gemeinsamen Feind, die Seleukiden und die mit ihnen paktierenden radikalen Hellenisten, besonders plastisch erscheinen zu lassen, denn Schwarzweißmalerei ist eingängiger als eine differenzierte Darstellung.

Insofern ist 1 Makk mehr als eine einfache Hofgeschichte. Denn die gepriesene Makkabäerherrschaft ist sozusagen nur das Vehikel zum Erreichen des eigentlich anvisierten Ziels, nämlich angesichts der zunehmenden inneren Zersplitterung den Versuch zu machen, die auseinanderdriftenden Gruppierungen wieder zusammenzubinden, dadurch die Herrschaft der Hasmonäer zu festigen und so die Restituierung Israels auf der Basis von Tora und Tempel dauerhaft zu sichern. Daß das Erreichen dieses Ziels letztlich Gott zu verdanken sein wird, macht 1 Makk immer wieder deutlich (z.B. 1 Makk 4,30). Die Bittgebete um Beistand in der Bedrängnis, Lob und Dank der Makkabäer und des Volkes nach erfolgter Hilfe halten beim Leser im Gedächtnis, daß die Rettung Israels Tat Gottes ist und Gott sich der Makkabäer als sein Werkzeug bedient.

2.1. Sprachliche Beobachtungen

Interessant hinsichtlich der theologischen Bedeutung des 1 Makk ist eine Untersuchung von Günther Neuhaus zu den poetischen Stücken im 1 Makk, die im folgenden kurz skizziert wird. Neuhaus geht von 15 poetischen Stücken aus, die er alle der Hand des Verfassers zuschreibt. Dabei unterteilt er die Stücke in verschiedene Gattungen, deren Kern entweder eine Klage (1,25-28.36-40; 2,7a-13; 3,45.50b-53; 4,18.30b-33; 7,17; 9,21), ein Lobpreis (3,3-9a; 14,4-

15) oder eine Paränese (2,49b-68) ist. Da eine ausführliche Deutung der poetischen Stücke im Kommentarteil vorgenommen wird, wollen wir uns hier nur auf einige Aspekte beschränken, die für die Theologie des 1 Makk bedeutsam sind. Es fällt auf, daß der Verfasser die poetischen Stücke an den entscheidenden Punkten der Makkabäergeschichte einfügt, nämlich dort, wo über die schwärzesten Tage der Makkabäer berichtet wird, und dort, wo die Höhepunkte der Makkabäer dargestellt werden, so daß sich vermuten läßt, daß wir in den poetischen Stücken auf theologische Deutekategorien des Verfassers stoßen. Eine genauere Durchsicht der poetischen Stücke läßt erkennen, daß einige Begriffe immer wiederkehren. Dazu zählen die Begriffe *Tempel, Israel, Gesetz* sowie Wendungen, mit denen die Gegner Israels bezeichnet werden.

Der *Tempel* bzw. das Heiligtum, wie die Einheitsübersetzung wechselweise schreibt, ist geschändet (1,37; 2,8) und verwüstet (1,39; 3,45.51; 4,38). Dem entspricht in 14,15 die Erzählung vom prachtvollen Ausbau des Tempels durch Simeon, der vom Verfasser als Wiedergutmachung des dem Heiligtum angetanen Unrechts angesehen wird.

Sehr häufig spricht der Verfasser von *Israel* oder als Synonym vom *Haus Jakobs*. Wer damit gemeint ist, kann in 3,8c; 4,31a und 14,11b unschwer abgelesen werden: Israel sind alle diejenigen, die auf der Seite der Makkabäer stehen.

Der Begriff *Gesetz* findet sich in der Paränese (2,49b-68) insgesamt fünfmal (VV. 50.58.64.67.68) und einmal im Preisgedicht auf Simeon (14,14). Alle Textstellen machen deutlich, daß es einzig darum gehen muß, für das Gesetz zu kämpfen, und daß das Gesetz Entscheidungskriterium für die Zugehörigkeit zu den Makkabäern ist.

Dem korrespondiert die Verwendung des Begriffs *Gesetzlose* zur Bezeichnung der Gegner der Makkabäer (2,44; 3,5.6; 14,14). Daneben werden die Gegner auch als *Fremde* (1,38; 3,7.45), als *Heiden* (2,10.12; 3,45.52), als *Sünder* (2,44) und als *Frevler* (2,44) bezeichnet. Eine genauere Benennung der makkabäischen Gegner erhalten wir nicht; es wird nur klar, daß alle benutzen Wendungen den Personenkreis bezeichnen, der entschieden feindlich den Makkabäern gegenüber gesinnt ist.

Welche Schlußfolgerungen lassen sich daraus ziehen? Auffällig ist, daß nur im Lobpreis über Simeon in 14,4-15 die Begriffe Tempel, Israel, Gesetz und die verschiedenen Wendungen bezüglich der makkabäischen Gegner gemeinsam auftauchen, während in den anderen poetischen Stücken *Gesetz* und *Tempel* nie zusammenstehen. Das Gesetz ist einzig in der Paränese 2,49b-68 Thema, dafür aber dort umso ausführlicher. Möglicherweise soll die getrennte Hervorhebung von Tempel und Gesetz dem Leser des 1 Makk vor Augen führen, wie schmachvoll die Schändung des Heiligtums einerseits und das Verbot der Tora andererseits waren, um dann den Einsatz Simeons für das Gesetz und den prachtvollen Ausbau des Tempels (14,14f) als Kontrapunkt zu zeichnen und so deutlich zu machen, daß dank des Kampfes der Makkabäer, der seinen Abschluß unter Simeon findet, die entscheidenden Lebensadern Israels, Tempel und Tora, wieder pulsieren und nun in Israel Jubel und Freude herrschen (14,11).

Durch die auch in dieser sprachlichen Gestaltung zum Ausdruck kommende theologische Konzentration auf Tempel und Tora als Säulen Israels und durch die Verknüpfung mit dem Kampf der Makkabäer versucht der Verfasser, die in die antimakkabäische Opposition abgewanderten Gruppen wieder zu integrieren, indem er deutlich macht, daß deren Ziele nur mit den Makkabäern zu erreichen sind und jede Opposition gegen das hasmonäische Herrscherhaus den ureigensten Interessen der Chassidim, Essener und Pharisäer zuwiderläuft.

Eine weitere Beobachtung ist von Interesse. Durch das gesamte Makkabäerbuch zieht sich eine Sammlung von immer wiederkehrenden, zusammengehörenden bzw. aufeinanderbezogenen Begriffen. Diese Begriffssammlungen drehen sich um zwei Pole:

Auf der einen Seite haben wir Mattatias und seine Nachfahren. Sie werden mit ganz bestimmten Termini belegt, sie sind *Retter, Richter, Hoherpriester, Befehlshaber, Statthalter* und *Führer*, und sie erhalten *Ruhm.* Dank ihrer Hilfe gibt es für die Israeliten *Leben, Glück, Freiheit, Frieden, Freude, Wohl, Ruhe* und *Jubel.* Jetzt ist es wieder möglich, das *Gesetz zu halten*, zum *Bund zu stehen* und im *Tempel zu opfern.* Alle verwandten Begriffe spiegeln eine bestimmte Sichtweise der Makkabäer, da sie allesamt positiv belegt sind.

Auf der anderen Seite stehen die seleukidischen Könige und die fremden Völker sowie die *Verräter aus Israel, ruchlose Männer, Gesetzlose, Abtrünnige, Abgefallene, Übeltäter, Feinde des eigenen*

Volkes, die über Israel nur *Unheil* bringen und die in letzter Konsequenz die *Vernichtung Israels* anstreben. Ihr Verhalten ruft *Gottes Zorn* hervor, das Schicksal wendet sich. Die, die den Tod bringen wollten, werden jetzt selbst vernichtet.

Zusammen mit der Komposition des 1 Makk, dem dreigliedrigen, ziemlich parallelen Aufbau der vier Hauptteile des Buches – Kampf des Mattatias, Tod des Mattatias, Kampf des Judas, Bündnis mit Rom, Tod des Judas, Kampf des Jonatan, Bündnis mit Rom, Jonatans Tod, Kampf des Simeon, Bündnis mit Rom, Simeons Tod – machen die Begriffreihen, die den Taten der Makkabäer und den daraus für Israel erwachsenden Folgen zugeordnet werden, deutlich, daß nur die makkabäischen Herrscher in Israel für Kontinuität sorgen und daß weder äußere noch innere Feinde den Sieg der Makkabäer letztlich gefährden können, da Gott, der Retter Israels, die Makkabäer damit beauftragt hat, Israel zu retten.

2.2. *Das Makkabäerreich als neues Davidreich*

Dem Ziel, welches der Verfasser von 1 Makk verfolgt, nämlich die Stabilisierung der Makkabäerherrschaft und die dauerhafte Restituierung Israels auf der Basis von Tora und Tempel, dient auch die Stilisierung seines Berichts in Anlehnung an die alttestamentlichen Erzählungen vom Aufstieg Davids, der Konsolidierung seiner Macht und der Weitergabe der Macht an seinen Sohn Salomo, wie sie in 1/2 Sam und 1/2 Kön berichtet werden. Interessant sind hierbei vor allem folgende Motive:

- Wie David vor Saul flieht und sich mit seiner Familie, in die unzugänglichen Berge zurückzieht (1 Sam 19,8-24; 21,11 – 22,5), so gehen auch Mattatias, seine Söhne und seine Anhänger auf der Flucht vor Antiochus IV. in die Berge (1 Makk 2,28.39).
- David rettet Israel aus der Hand der Philister (2 Sam 3,18), Judas aus der Hand der Seleukiden (1 Makk 4,25.30ff; 5,62).
- Wie David haben sich auch die Makkabäer in der Phase der Konsolidierung gegenüber innerjüdischem Widerstand zu behaupten (2 Sam 5,1-5; 15,1-19.44; 1 Makk 6,21; 7,5; 9,23.73; 10,14.61; 16,11-17).
- Dem Bau und der Einweihung des ersten Tempels durch Salomo (1 Kön 5,15 – 8,60) entsprechen Wiederaufbau und Einweihung des zweiten Tempels durch Judas (1 Makk 4,36-61).

- David und Salomo üben neben ihrem königlichen Amt nahezu priesterliche Funktionen aus: Von beiden wird berichtet, daß sie Opfer darbringen und das Volk segnen, David anläßlich der Unterbringung der Lade im heiligen Zelt (2 Sam 6,14-19), Salomo bei der Einweihung des Tempels (1 Kön 8,14-66). Auch bei den Makkabäern finden wir die Verbindung von Königtum und Hohempriesteramt, die sie seit Jonatan in Personalunion ausüben.
- Es zeigt sich eine gewisse Nähe des ›theologischen Programms‹ der Makkabäer (Restituierung Israels auf der Grundlage von Tempel und Tora) zu der in 1 Kön 9,1-9 überlieferten Verheißung an Salomo, die den Bestand der Königsherrschaft von der Einhaltung der Gebote und Rechtsvorschriften abhängig macht; dies bot sich als eine Deutekategorie an sowohl für den Niedergang Israels unter hellenistischem Einfluß als auch für die Wiederherstellung eines eigenen israelitischen Königtums unter den Makkabäern.
- Die Herrschaft Simeons wird in Anlehnung an die Herrschaft Salomos beschrieben. Beide werden durch Begriffe wie »Frieden« (1 Kön 5,4; 1 Makk 14,8.11) oder Wendungen wie »unter dem Weinstock und Feigenbaum sitzen« (1 Kön 5,5; 1 Makk 14,12) oder auch durch die Feststellung, daß alle genug zu essen haben (1 Kön 4,20; 1 Makk 14,8.10) als Heilszeiten gekennzeichnet.
- Nicht zuletzt deutet auch die formale Ähnlichkeit der Schlußwendungen in 1 Kön 11,41 und 1 Makk 16,24, die fast identischen Wortlaut aufweisen, darauf, daß in 1 Makk eine Anlehnung an die David/Salomo-Zeit gesucht wird.

Der Verfasser des 1 Makk schreibt die Geschichte der Makkabäer also nicht als eine ›ganz neue‹. Vielmehr werden durch die Anklänge an die David/Salomo-Zeit, die für zeitgenössische Hörer kaum zu überhören waren, Beziehungen gestiftet, die weniger als eine Identifizierung und mehr als ein reiner historischer Vergleich in unserem modernen Sinne sind. Indem der Verfasser zur Beschreibung der Geschichte der Makkabäer auf das Repertoire der biblischen David/Salomo-Geschichte zurückgreift, interpretiert er zugleich die Geschichte, die er beschreibt. Da sich die Makkabäer – nicht aus dem Hause David stammend – nicht auf die Natansweissagung aus 2 Sam 7 zur Legitimierung ihrer Macht berufen konnten, mußte der Versuch unternommen werden, andere Bezüge zu der für Israels Königtum konstitutiven Zeit des Anfangs zu schaffen. Mit anderen Worten: Der Verfasser parallelisiert nicht unhistorisch Vorgänge, zwischen denen Jahrhunderte liegen, sondern er erschließt sich und seinen Lesern die Bedeutsamkeit der von ihm erlebten Geschichte vor dem Hintergrund der David/Salomo-Zeit, die als ideale Zeit des Anfangs in Israel immer zugleich auch Ausdruck und Fluchtpunkt von Hoffnung war.

Diese Vorgehensweise des Verfassers gipfelt zweifelsohne in der Schilderung der Regierung Simeons als einer Heilszeit nach dem Vorbild der Herrschaft Salomos. Dadurch wird – zumindest aus der Sicht unseres Verfassers – die Frage, ob die Makkabäer der Unterstützung wert sind, nahezu obsolet.

3. Verfasser, Entstehungsort und Entstehungszeit

Die guten Kenntnisse der seleukidischen und der makkabäischen Geschichte lassen darauf schließen, daß der Autor gebildet war und Zugang zu Geschichtsquellen hatte, die er in seinem Buch verarbeiten konnte. Die betont positive Darstellung der Makkabäerherrschaft weist darauf, daß wir es bei unserem Verfasser mit einer Person zu tun haben, die in enger Verbindung zum Hasmonäerhaus gestanden, vermutlich sogar am Hof der Hasmonäer gewirkt hat. Dies erklärt auch sein umfangreiches Wissen. Vermutlich hat er die in Jerusalem vorhandenen Archive einsehen können.

Das theologische Konzept seines Werkes zeigt, daß er sich der biblischen Tradition verpflichtet weiß. Innerhalb der Forschung gehen die Meinungen in der Frage auseinander, welcher möglichen jüdischen Gruppe er zuzuordnen sei. Die einen sehen in ihm einen Vertreter der Sadduzäer, die anderen weisen ihn den Pharisäern zu. Meines Erachtens aber reichen die Hinweise, die wir dem Buch entnehmen können, nicht für eine eindeutige Zuordnung aus.

Entstanden ist das 1 Makk wohl in Jerusalem. Da es nur über die Ereignisse bis zum Regierungsantritt Johannes Hyrkans berichtet, kann man vermuten, daß es in seiner Regierungszeit (134-104 v.Chr.), vermutlich relativ bald nach seiner Machtübernahme geschrieben wurde, um Israel auch in der zweiten Generation der Makkabäer auf das Hasmonäerhaus zu verpflichten.

ZWEITER TEIL

Kommentar

I. 1 Makk 1,1 – 2,70: Die Gegenspieler

Die beiden ersten Kapitel des 1 Makk bilden das Fundament, auf dem die Berichte der folgenden 14 Kapitel aufbauen.

Kap. 1 erzählt das Vorgehen des Seleukidenkönigs Antiochus IV. sowie der mit ihm zusammenarbeitenden Reformjuden. Ihre Maßnahmen bedeuten die Vernichtung Israels, denn sie treffen mit Tempel und Tora Israels Lebensnerv.

Auf die Provokation des Seleukidenkönigs folgt umgehend die Reaktion der Toratreuen. Kap. 2 berichtet vom Aufstand des Mattatias und seiner Familie. Das Kapitel hat programmatischen Charakter, da hier Methode und Ziel der Gegenbewegung formuliert werden. In guerillaähnlichen Kämpfen setzen sich Mattatias und seine Anhänger für die Erhaltung des Gesetzes und das Überleben Israels ein.

Kap. 1 und 2 stehen sich also antithetisch gegenüber, und auf den ersten Blick hat es den Anschein, als ob nur Antiochus IV. und Mattatias die Opponenten seien. Doch läßt sich anhand von zwei Beobachtungen zeigen, daß als die eigentlichen Kontrahenten des Mattatias die Abtrünnigen in Israel gesehen werden, die es auszuschalten gilt, damit Israel wieder ein Volk wird. Zum einen stehen sich die Abschnitte über das Auftreten der Verräter in Israel (1,11-15) und über das Auftreten des Mattatias und seiner Söhne (2,1-14) – beide eingeleitet mit der Wendung »in jenen Tagen« (die EÜ variiert hier gegen den griechischen Text) – antithetisch gegenüber: Jene fallen vom Gesetz ab und schließen sich den fremden Völkern an, diese beklagen das gotteslästerliche Treiben in Jerusalem und die Zerstörung von Tempel und Stadt.

Zum anderen wird am Gesetz, das, wie wir sahen, für 1 Makk von zentraler theologischer Bedeutung ist, erkennbar, zwischen welchen Gruppen die Front verläuft: Die Abtrünnigen sind die, die das »Gesetz verlassen« haben (1,52), während von Mattatias und seinen Söhnen ihre besondere Gesetzestreue berichtet wird: »Der Himmel bewahre uns davor, das Gesetz und seine Vorschriften zu verlassen« (2,21).

Wenn 1 Makk in den ersten beiden grundlegenden Kapiteln als den eigentlichen Feind der Makkabäer und damit ganz Israels nicht Antiochus IV., sondern die innerisraelitische Opposition hervorhebt, so wirft dies erneut ein Licht auf die Intention seiner Geschichtsdarstellung: Da die Gefahr an der Schwelle zur zweiten Generation der Makkabäerherrscher nicht von außen, sondern von innen kommt, konzentriert sich die Zeichnung der Feinde von vornherein auf die Abtrünnigen aus Israel.

1. *1,1-10* Die griechische Herrschaft (336-175 v.Chr.)

161 Jahre Geschichte in zehn Versen. 1 Makk kommt es nicht auf einen präzisen Geschichtsüberblick an, sondern darauf, zu zeigen, daß sich mit dem Beginn der Herrschaft Alexanders des Großen das Böse in der Welt auszubreiten begann. Wichtige Indizien im Text sind dafür die Wendungen »stolz und überheblich« (V. 3), »großes Unglück über die Erde« (V. 9) und »gottloser Sproß« (V. 10).

Im Jahr 336 v.Chr. bestieg Alexander der Große (356-323 v.Chr.) den mazedonischen Königsthron seines Vaters Philippus, um einige Jahre später über die ganze damals bekannte Welt zu herrschen. Er unterwarf zunächst Griechenland und setzte dann in Kleinasien, Syrien, Phönizien, Ägypten, Mesopotamien und Indien seine Eroberungszüge fort. »Land der Kittäer« (V. 1) wird hier und in 1 Makk 8,5 als Bezeichnung für Mazedonien bzw. Griechenland verwandt. Ursprünglich wurden als Kittäer die Bewohner der zypriotischen Stadt Kition bezeichnet, dann wurde der Begriff ausgeweitet auf alle Zyprioten und später auf alle Griechen.

Die Juden nahmen Anstoß an Alexander, vermutlich besonders an seiner Vergöttlichung, von der wir durch den ihm gewidmeten Tempel im ägyptischen Megapolis wissen und auf die vielleicht die Formulierung »da wurde sein Herz stolz und überheblich« (V.3) anspielt.

In Babylon erkrankte Alexander an Malaria und übertrug kurz vor seinem Tod seinen besten Offizieren die Herrschaft über sein Reich. Aber erst einige Jahre später wurde das Reich aufgrund der Machtkämpfe der Diadochen aufgeteilt in drei voneinander unabhängige Königreiche: Makedonien unter den Antigoniden, Ägypten unter den Ptolemäern und Vorderasien unter den Seleukiden. Mit diesen kam dann »großes Unglück über die Erde« (V. 9). Möglicherweise spielt hier der Verfasser sowohl auf die Kriege zwischen den Ptolemäern und Seleukiden an, in die Judäa allein schon aufgrund seiner Lage immer hineingezogen wurde, als auch auf die sich ausbreitende Hellenisierung.

Entscheidend aber für das Schicksal der Juden war die Machtübernahme Antiochus IV., der den Beinamen Epiphanes trug, was soviel wie ›Erscheinung der Gottheit‹ bedeutet. Gerade er erwies sich aber in den Augen der Juden als »gottloser Sproß« (V. 10). Antiochus IV. war Sohn Antiochus III., der aufgrund seiner Niederlage gegen die Römer in der Schlacht bei Magnesia 190 v.Chr. (vgl. Punkt 1. Zeitgeschichte) nicht nur hohe Reparationszahlungen leisten, sondern auch seinen zweiten Sohn, nämlich Antiochus IV., als Geisel nach Rom geben mußte.

Nach seiner Flucht aus Rom übernahm Antiochus die Macht im Jahr 175 v.Chr. Die im Text vermerkte Jahreszahl 137 enstammt der seleukidischen (griechischen) Zeitrechnung, die mit dem Sieg des Dynastiegründers Seleukus I. über den Antigoniden Demetrius 312 v.Chr. einsetzte. In der folgenden Kommentierung wird die seleukidische Datierung immer direkt in unsere Datierung umgerechnet.

Die Zeitrechnung der Makkabäerbücher

In den beiden Makkabäerbüchern sind die Ereignisse nach der Jahreszählung der seleukidischen Ära datiert.

Die Umrechnung der Daten in unsere Zeitrechnung ist insofern schwierig, als es im Seleukidenreich zwei verschiedenen Jahreszählungen gab. Die babylonische Zählung der seleukidischen Ära beginnt im Frühjahr 311 v.Chr. mit dem Jahr 1, die im Westteil des Seleukidenreiches, also in Antiochien und den makedonischen Kolonien übliche Rechnung beginnt im Herbst

312 v.Chr. mit dem Jahr 1, also ein halbes Jahr später als die babylonische Datierung. Zusätzlich werden im 1 Makk die Jahreszahlen der seleukidischen Ära kombiniert mit Tages- und Monatsangaben des jüdischen Festkalenders (1,54.59; 9,3.54; 10,21; 13,51; 14,27).

Wie läßt sich diese Schwierigkeit lösen? Zunächst läßt sich feststellen, daß auch in den Makkabäerbüchern beide seleukidischen Zeitrechnungen verwandt wurden. Überall dort, wo Ereignisse der seleukidischen Geschichte berichtet werden, begegnen wir der im Westteil des Seleukidenreiches üblichen Datierung, die im Herbst 312 v.Chr. begann. Wo es dagegen um Vorkommnisse geht, die die genuin jüdische Geschichte betreffen, wurde nach der babylonischen Jahreszählung datiert. Die Verwendung von zweierlei Datierungen war für das Judentum nicht fremd, da auch in Israel zwei unterschiedliche Kalender verwandt wurden. So gab es ein Kultjahr, welches mit dem 1. Nisan, dem Beginn des Frühlings, anfing, und es gab ein Wirtschaftsjahr, welches ab dem 1. Tischri, dem Beginn des Herbstes, gezählt wurde. Von daher war für die Verfasser der Makkabäerbücher der Umgang mit den beiden seleukidischen Datierungen nichts Außergewöhnliches. Die Berichte aus der allgemeinen seleukidischen Quelle folgen der westlichen Jahreszählung. Möglicherweise griff man hier auf offizielle Quellen der seleukidischen Geschichtsschreibung zurück, die wohl auch in Jerusalem zugänglich waren. Die Ereignisse der jüdischen Geschichte wurden mit der babylonischen Zählung kombiniert, da diese – wie das jüdische Kultjahr auch – den Beginn des Jahres auf den Frühling legte.

LITERATUR: *K. Bringmann*, Hellenistische Reform und Religionsverfolgung in Judäa. Eine Untersuchung zur jüdisch-hellenistischen Geschichte (175-163 v.Chr.) (Abhandlungen der Akademie der Wissenschaften, Philologisch-historische Klasse; Folge 3, Nr. 132), Göttingen 1983; *R. Hanhart*, Zur Zeitrechnung des I. und II. Makkabäerbuches (ZATW Beiheft 88), Berlin 1964, 49-96; *K.-D. Schunck*, Die Quellen des 1. und 2. Makkabäerbuches, Halle 1954. Zu den Besonderheiten frühjüdischer Zeitrechnung und Kalender vgl. *J. Maier*, Die Qumran-Essener: Die Texte vom Toten Meer III (UTB 1916) München – Basel 1996, S. 52-160.

2. *1,11-15* Die Verräter in Israel

Von der Weltpolitik zu den Ereignissen in Israel. Die mit Alexander dem Großen begonnene und von seinen Amtsnachfolgern forcierte Hellenisierung aller zum Herrschaftsbereich gehörenden Völker hatte auch Auswirkungen auf Israel. Unser Abschnitt beschreibt das Vorgehen der Jerusalemer Hellenisten, die unter der Führung des Hohenpriesters Jason die Verbreitung hellenistischer Denk- und Lebensweise betreiben mit dem Ziel, die Absonderung Israels von den anderen Völkern aufzuheben. Inwieweit das Argument, daß es Israel aufgrund seiner Absonderung schlecht geht (V. 11), auf die wirtschaftliche Lage des Landes zielt, muß offen bleiben.

Dafür wird ganz deutlich das Programm der Hellenisierung beschrieben: Es geht darum, einen »Bund mit den fremden Völkern« (V. 11) zu schließen und nach ihren Gesetzen zu leben (V. 13). Für die Juden hatte das konkrete Auswirkungen. Dazu gehörte u.a. die Errichtung einer Sportschule, des Gymnasions, in Jerusalem. Zur Sportschule zählte eine Palästra, also ein öffentliches Gebäude für Leibesübungen, eine Rennbahn, Säle, Galerien und Bäder. Das Gymnasion diente sowohl der körperlichen wie auch der geistigen Ertüchtigung. Da die Sportler nackt antraten, ließen sich viele hellenistisch gesinnte Juden mittels eines operativen Eingriffs ihre Vorhaut künstlich wiederherstellen, um auch das äußere Zeichen ihrer Absonderung von den fremden Völkern, die Beschneidung, rückgängig zu machen.

Dem »Bund mit den fremden Völkern« (V. 11) korrespondiert der Abfall vom »heiligen Bund« (V. 15). Man kann nur eines, entweder zu Gott gehören und damit Israel sein oder zu den fremden Völkern. Die Orientierung an fremden Völkern zieht für den Verfasser das böse Tun nahezu zwangsläufig nach sich, was sich an den Hellenisten, den »Verrätern am Gesetz« (V. 11), deutlich zeigt (V. 15).

Die Ausgangslage ist damit klar umrissen. Die Situation Israels ist geprägt von großer Gefahr. Diese Gefahr kommt nicht so sehr von außen als vielmehr von innen. Zwar hatten Alexander und seine Nachfahren Unglück über die Erde gebracht, doch das eigentliche Unheil erwächst aus Israel selbst, weil es einige gibt, die vom Gesetz und vom Bund Gottes abfallen und sich vorbehaltlos der fremden Macht anschließen.

3. *1,16-28* Zugriff auf den Tempel

Die Aufteilung des alexandrinischen Großreiches hatte keine Ruhe gebracht. Ptolemäus VI., Herrscher in Ägypten, machte den Seleukiden die Provinz Zölesyrien, ein Gebiet, welches das heutige Israel, Teile Jordaniens und des Libanon umfaßt, streitig. Antiochus IV. sah sich gezwungen zu handeln und zog nach Ägypten, wo er im Sommer 169 v.Chr. die ägyptischen Truppen besiegte. In Memphis krönte er sich selbst zum König von Ägypten, gestattete aber dem gefangengenommenen Ptolemäus VI., als Vasall in Ägypten weiterzuherrschen.

Warum sich Antiochus IV. im Herbst 169 v.Chr. gegen Israel wandte und nach Jerusalem zog, scheint den Verfasser nicht zu interessieren. Ob der König, wie der Bericht in 2 Makk 5,11-13 nahelegen könnte, Rache an abtrünnigen Juden nehmen wollte, läßt sich nicht definitiv klären. Viel entscheidender für den Fortgang der Erzählung sind die VV. 21-28, in denen der Zugriff des Heiden Antiochus auf den Tempel berichtet wird und die theologische Beurteilung dieser Tat durch den Verfasser aufleuchtet.

Menelaus, der von Antiochus IV. 172 v.Chr. anstelle Jasons in das Amt des Hohenpriesters eingesetzt worden war, führte den Seleukidenkönig nach dessen Ankunft in Jerusalem in den Tempel. In den Augen der strenggläubigen Juden war das Betreten des Tempels durch einen Heiden ein Sakrileg. Diese Tat desavouierte also nicht nur Antiochus, sondern vor allem Menelaus, dessen radikalhellenistischer Kurs in dieser Tat eine besondere Spitze erhielt.

Die permanente Finanznot des Seleukidenherrschers – verschärft durch das Ausbleiben der versprochenen Tributzahlungen durch Menelaus – verleiteten Antiochus dazu, den Tempelschatz zu konfiszieren – ein Vorgehen, welches Antiochus bei anderen Heiligtümern seines Reiches ebenfalls praktizierte. Dabei ließ er das Gold abschlagen, mit welchem der Rauchopferaltar ummantelt war – der Altar war nicht aus massivem Gold, wie V. 21 nahezulegen scheint. Ebenso handelt es sich bei den Kronen (V. 22) um goldene Verzierungen, ähnlich dem Schmuck auf der Vorderseite des Tempels. Zusätzlich wird er auch noch jene Gelder mitgenommen haben, die Jerusalemer Bewohner im Tempel deponiert hatten, da sie dort ihren Besitz sicher glaubten (V. 23).

Sprache und Stil der VV. 25-28 fallen aus dem üblichen Erzählzusammenhang heraus, da es sich hier nicht um Prosa, sondern um ein poetisches Stück handelt, in dem der Verfasser die vorangegangenen Ereignisse theologisch reflektiert. Gattungsmäßig sind die Verse als Klagegedicht des Volkes zu bezeichnen. In drei Schritten (V. 25 gibt das Thema an, die VV. 26-27 führen es aus, und V. 28 faßt es zusammen) wird das Geschick Israels beklagt. Die Leitbegriffe »große Trauer« (V. 25), »Totenklage« (V. 27), »trauernd« (V. 27) »Schande« (V. 28) und die Gattung des Klagegedichts legen die Vermutung nahe, daß Antiochus und Menelaus, die Schänder des Heiligtums, hier als die ›Totengräber‹ Israels gekennzeichnet werden. Ihr Tun betrifft nicht nur Jerusalem, sondern hat Auswirkungen auf das »ganze Land Israel« (V. 25) bzw. das »ganze Haus Jakob« (V. 28), also auch auf die noch dem Gesetz treu ergebenen Juden.

4. *1,29-40* Zugriff auf Jerusalem

Das Jahr 168 v.Chr. war für Antiochus nicht mit Erfolg gekrönt. Ein nochmaliger Feldzug gegen Ägypten mit dem Ziel, sich das Land gänzlich einzuverleiben, scheiterte an der Intervention Roms. Antiochus mußte seine Ägyptenpläne aufgeben. Nach 1 Makk 1,29 schickte der Seleukidenkönig 167 v.Chr. einen *archontos phorologias* (wörtlich übersetzt bedeutet dies »Obersteuereinnehmer«) nach Jerusalem, weil er befürchtete, daß die Juden aus seiner Niederlage Kapital schlagen und sich ihm widersetzen könnten. Verwunderlich ist allerdings, daß ein Steuerbeamter mit Truppen ausgestattet und mit der Ausführung von Strafaktionen beauftragt ist. Nach 2 Makk 5,24-26, wo von demselben Ereignis berichtet wird, schickt Antiochus keinen Steuereinnehmer, sondern den seleukidischen Heerführer Apollonius, den Anführer der Mysier, nach Jerusalem. Von daher können wir Rückschlüsse auf den in V. 29 erwähnten *archontos phorologias* ziehen: Es könnte sein, daß sich diese griechische Wendung einer Verlesung des ursprünglich hebräischen Textes in 1 Makk verdankt. Anstelle des hebräischen *sar hammusim*, zu deutsch ›Anführer der Mysier‹, wurde versehentlich *sar hammissim*, zu deutsch ›Obersteuereinnehmer‹, gelesen. Handelt es sich also bei dem ›Beamten‹ aus V. 29 um Apollonius, dann wird einsichtig, warum er mit einem großen Heer nach

Jerusalem kam. Im Auftrag des Königs sollte er nämlich die Stadt in die Knie zwingen, um etwaigen Widerstand im Keim zu ersticken. Mord, Plünderung, Brandschatzung, Schleifen der Stadtmauern und Versklavung der Einwohner (VV. 30-32) waren harte Maßnahmen gegen die Juden. Die Behandlung der Stadt nach Kriegsrecht basierte aber nicht nur auf dem Willen des Antiochus, seine Wut über die Intervention Roms in Ägypten an anderen auszulassen; vielmehr ging es darum, die seleukidische Überlegenheit zu demonstrieren und einen militärischen Stützpunkt in Jerusalem zu errichten. Deshalb bauten sie eine befestigte Burg, die sogenannte Akra, in der Davidsstadt, dem ältesten Stadtteil Jerusalems, der sich südlich an den Tempelbezirk anschloß. In der Akra siedelte sich neben dem Militär auch Zivilbevölkerung an. So wurde die Akra zur seleukidischen Kolonie in Jerusalem. Die heidnischen Besatzer versuchten dadurch, die heiligen Stadt von innen auszuhöhlen. Durch die Lage ihrer Burg hatten sie das Zentrum Jerusalems unter Kontrolle und jederzeit Zugriffsmöglichkeit auf den empfindlichsten Nerv der Juden, den Tempelbezirk.

Das Klagegedicht des Volks (VV. 36-40) hat eine verklammernde Funktion. Es verbindet das, was geschehen ist, mit dem, was geschehen wird. Dabei wird das Vorgehen der Seleukiden rückschauend interpretiert und die Leserichtung für die folgenden Ereignisse vorgegeben. Zwei Grundstränge durchziehen das Klagegedicht. Der Errichtung der Akra korrespondieren die Schändung des Heiligtums und die Verwüstung der Stadt. Als hinterhältig und immerwährende Bedrohung wird der Bau der Seleukidenburg empfunden (V. 36). Die in V. 38b genannten »Ausländer« sind die in der Akra wohnenden Besatzer. Als diese in die Stadt kamen, gingen ihre Bewohner (V. 38), wobei der Verfasser sicher nicht die gesamte Stadtbevölkerung meinte, sondern nur die gesetzestreuen Juden, die sich nicht den Heiden und den mit ihnen kooperierenden Juden beugen wollten, wie 1 Makk 1,52f nahelegt. Welches Ausmaß die Besetzung Jerusalems wirklich erreichen wird, kommt in den VV. 37-39 zum Ausdruck. Jerusalem wird von den Gesetzestreuen verlassen, die Seleukiden werden unschuldiges Blut vergießen, der Tempel wird verwüstet – Anklänge an Jer 52,17; 2 Kön 25,9, wo der wüste Zustand des salomonischen Tempels seit dem Exil beschrieben wird, sind sicher absichtlich – und die jüdischen Feste und Sabbate werden eingestellt. Szenarien, die durch das in 1 Makk 1,45-52.60f Berichtete real werden. Was bleibt, sind »Schande« und »Trauer« (V. 40), Worte, die auch das vorangehende Klagegedicht (VV. 25-28) prägten und die die derzeitige Situation Jerusalems, des Tempels und des Volkes umschreiben.

5. *1,41-64* Zugriff auf ganz Israel

Die Ereignisse steuerten ihrem Höhepunkt zu. Antiochus gab sich mit der Schändung des Tempels und der Besetzung Jerusalems nicht zufrieden. Vielmehr ging es darum, den eigentlichen Lebensnerv Israels, das Gesetz, zu treffen, indem er dessen Abschaffung anstrebte, um somit Israel seiner Identität zu berauben und seine Existenz als Volk Gottes zu vernichten. Die VV. 41-64, die davon erzählen, lassen sich in zwei fast gleichgroße Teile gliedern. Von den Dekreten des Königs berichten die VV. 41-53, die VV. 54-64 von deren Ausführung.

Der erste Teil beinhaltet zwei Erlasse, einen in V. 41, der an das ganze Reich gerichtet ist mit dem Ziel, daß alle Völker zu einem Volk werden sollen, den anderen in den VV. 45-48, der speziell auf die Juden in Judäa abzielt, da in ihm die Ausübung der jüdischen Religion verboten wird. Die Profanhistorie weiß nichts von den Erlassen Antiochus IV. Bekannt sind nur die Bestimmungen seines Vaters Antiochus III., der dem jüdischen Volk zugesichert hatte, nach dem Gesetz des Mose leben zu dürfen. Innerhalb der Forschung wurde deshalb lange darum gerungen, ob den beiden Erlassen des Antiochus überhaupt Historizität zugesprochen werden dürfe. Mittlerweile gehen die meisten Forscher davon aus, daß die Dekrete eine historische Gültigkeit besitzen. Vor dem Hintergrund des aufgekommenen Hellenismus, dessen Charakteristikum der Synkretismus war, also die Vermischung verschiedener Religionen und Kulturen, nicht deren Eleminierung, ist die Vorgehensweise des Antiochus als dem Exponenten des Hellenismus allerdings bemerkenswert. Von daher stellt sich die Frage, welche Motive hinter der Entscheidung des Königs gestanden haben können.

Für die Beantwortung dieser Frage sollten wir uns zwei Tatsachen ins Gedächtnis zurückrufen: Judäa und Jerusalem waren alles andere als befriedet. Antiochus mußte jederzeit mit neuen Unruhen rechnen, und dies, obwohl er mit der Akra einen seleukidischen Stützpunkt in Jerusalem besaß. In Jerusalem hatten die extremen Hellenisten unter Führung des Hohenpriesters Menelaus das Sagen, und diese arbeiteten eng mit den seleukidischen Besatzern zusammen, um ihr Ziel, die vollständige Hellenisierung der heiligen Stadt, zu erreichen. Beides, die Befriedung einer unruhigen Provinz und die strikte Hellenisierung, ließen sich nur verwirklichen, wenn die Opposition, d.h die gesetzestreuen jüdischen Kreise, ausgeschaltet waren. Dazu dienten die beiden königlichen Erlasse. Erlaß 1 (V. 41-43) zielt auf eine Nivellierung der religiösen und kulturellen Eigenständigkeit der Völker des seleukidischen Reiches, zum Zweck der Eingliederung in ein hellenistisch geprägtes Großimperium und fordert als Zeichen der Bereitwilligkeit einen Loylitätsbeweis gegenüber dem seleukidischen König. Der in V. 43 erwähnte Gottesdienst hat vermutlich die Einführung der Verehrung des Zeus Olympios in Verbindung mit dem Herrscherkult, der Antiochus als Gott sah, im Blick. Das vollzogene Opfer war Beweis der Loylität. Erlaß 2 (VV. 45-48) setzt eine genaue Kenntnis des jüdischen Gesetzes voraus, da die vom König verfügten Anordnungen eine Umkehrung der Toravorschriften bedeuteten. Ziel war eine Abschaffung des mosaischen Gesetzes (V. 49). Dem König allein war eine derart detaillierte Kenntnis der Tora nicht zuzutrauen, so daß wir wohl vermuten dürfen, daß er jüdische Berater hatte, die ihm bei der Abfassung des Dekrets behilflich waren. Als Berater in Betracht kämen am ehesten die radikalen Hellenisten, da die Verdrängung der Tora ihren Absichten entgegenkam. Menelaus und seine Anhänger werden erkannt haben, daß die umfassende Umwandlung Jerusalems in eine griechische Polis nur dann möglich sein würde, wenn die Macht von Tempel und Tora endgültig gebrochen war. Gestützt wird diese Vermutung durch folgende Beobachtungen: Ein Blick in das Buch Daniel, welches zur Zeit des Judas Makkabäus verfaßt wurde, zeigt, daß Antiochus IV. mit denen, die vom Bund abgefallen waren, gemeinsame Sache machte (Dan 11,30b). Ein Zusammengehen der Interessen des Königs und derjenigen der Hellenisten war von daher durchaus vorstellbar. Darüber hinaus spiegeln die Anweisungen des Dekrets das Programm der hellenistischen Reformjuden aus 1,11-15 wider.

Die Nichtbeachtung der königlichen Anweisungen wurde mit dem Tod bestraft (V. 50). Folge war, daß alle Völker ihre Loyalität bekundeten und sich dem Erlaß (V. 49f) fügten und viele Juden vom Gesetz abfielen (V. 52). Doch der von Antiochus erzwungenen Einheit beugten sich die Israeliten, also diejenigen, die weiterhin an der Tora festhielten, nicht, »die Israeliten mußten sich vor ihnen verstecken, wo immer sie Zuflucht fanden« (V. 53).

Im Dezember 167 v.Chr. ließ Antiochus IV. auf dem Brandopferaltar des Tempels den »unheilvollen Greuel« aufstellen. Mit dieser Notiz beginnt der Bericht über die Ausführung der königlichen Dekrete (VV. 54-64). Doch blieben die Maßnahmen nicht auf Jerusalem beschränkt. Überall in Judäa wurden Altäre errichtet. Die jüdische Kultzentralisation in Jerusalem wurde aufgehoben, damit in allen Städten Judäas das Loyalitätsopfer für den König möglich wurde (V. 58).

Der Blick des Verfassers des 1 Makk blieb allerdings an Jerusalem haften. Im Zentrum seiner Betrachtung stehen zwei Vorgänge im Tempel: Die Errichtung des »unheilvollen Greuels« und die Darbringung eines Opfers vor dem »unheilvollen Greuel« (V. 59). Beiden Vorgängen korrespondieren Berichte über die Ermordung gesetzestreuer Juden. Der Aufstellung des »unheilvollen Greuels« folgt die Vernichtung aller Buchrollen des Gesetzes, derer die Seleukiden habhaft werden konnten, sowie die Tötung der Toratreuen (V. 56f); dem Opfer vor dem »unheilvollen Greuel« folgt die Hinrichtung derjenigen, die die Beschneidung haben vornehmen lassen (V. 60f). Die berichteten Ereignisse sind nicht nur formal gleich aufgebaut, sie scheinen auch in einer inneren Verbindung miteinander zu stehen. Sie läßt sich aber nur erkennen, wenn zwei Dinge geklärt sind. Wer oder was ist der »unheilvolle Greuel« und welches Opfer ist in V. 59 gemeint?

Der »unheilvolle Greuel« ist ein kleiner Altar, der auf dem jüdischen Brandopferaltar im inneren Vorhof des Tempels errichtet wurde. Aufgrund von 2 Makk 6,1f läßt sich darauf schließen, daß dieser Altar dem Zeus Olympios geweiht war. Der Ausdruck selbst stammt vermutlich aus dem Danielbuch, wo er mehrfach begegnet: Dan 8,13; 9,27; 11,31 und 12,11. Dort zielt der Begriff auf den kanaanäischen Gott Baal-Schamin. Die Verehrung des Baal-Schamin hatte in hellenistischer Zeit Verbreitung gefunden, da er sowohl den universalistischen Tendenzen dieser Zeit entgegenkam – er war ein Gott, der die ganze Welt regierte – als auch den individualistischen –, eine ›persönliche‹ Beziehung von Verehrtem und Verehrer war durchaus möglich. Die synkretistische und polytheistische Ausrichtung des Hellenismus erleichterte eine Ineinssetzung von Zeus Olympios und Baal-Schamin, zumal mit beiden Götternamen die Vorstellung von der Verehrung eines höchsten Himmelsgottes verbunden wurde. Deshalb ist es auch nicht verwunderlich, daß die Wendung »unheilvoller Greuel«, die ursprünglich einen Baal-Schamin-Altar bezeichnete, hier für den Altar des Zeus Olympios verwandt wird.

Auch bei der Frage nach dem darzubringenden Opfer läßt sich am ehesten beantworten, wenn 2 Makk 6,7 hinzugezogen wird. Dort wird davon berichtet, daß die Einwohner Jerusalems genötigt wurden, monatlich am Geburtstag des Königs zu opfern. Die genaue Nennung eines Datums in 1 Makk 1,59 und der Hinweis im vorangehenden Vers, daß die gesetzestreuen Juden »Monat für Monat« aufgespürt und dann getötet wurden, weil sie – und das sei als Erläuterung hinzugefügt – sich weigerten, die Tora zu übertreten, indem sie einem Heiden opferten, stützen die Vermutung, daß in V. 59 das monatliche Opfer für Antiochus als Beweis der Loyalität ihm gegenüber gemeint ist.

Mit Hilfe seiner geschickten Komposition gelingt es dem Verfasser, die eigentliche Absicht des Seleukidenkönigs und der hinter ihm stehenden Hellenisten anschaulich werden zu lassen: Es geht letztlich um die Vernichtung Israels.

Die Aufstellung eines Altars, der dem Zeus Olympios geweiht war, im Jerusalemer Heiligtum war ein Sakrileg und verstieß gegen das oberste Dekaloggebot, keine fremden Götter neben Jahwe, dem Gott Israels, zu haben,und ihnen nicht zu dienen (Ex 20,3-6; Dtn 5,7-9a). Es war der Versuch, das höchste Gebot außer Kraft zu setzen, und folglich war es nur konsequent, alle Torarollen zu vernichten und die gesetzetreuen Israeliten zu töten, um so alles auszulöschen, was die Israeliten innerlich verband, die Verehrung Jahwes und die Einhaltung der Gebote.

Die Verpflichtung zum für alle sichtbaren und nachprüfbaren Opfer für den König im Sinne eines Loyalitätsbeweises machte die Abkehr vom Gott Israels öffentlich. Folglich wurde die Beschneidung als äußeres, sichtbares Zeichen der Zugehörigkeit zum Volk Gottes mit dem Tod bestraft.

Der Zugriff auf zwei Grundmerkmale der Zugehörigkeit zu Israel, auf das Gesetz und die Beschneidung, verfehlte sein Ziel. Es folgte keine große ›Abfallbewegung‹, vielmehr »blieben viele aus Israel stark und fest« (V. 62) und nahmen den gewaltsamen Tod in Kauf. Fazit: Antiochus IV. hatte sein Ziel, alle Völker des Seleukidenreiches zu einem Volk zu machen, nicht erreicht. Mit den von ihm ergriffenen Maßnahmen bewirkte er bei den gesetzestreuen Juden genau das Gegenteil. Die Verfolgung band sie noch enger an die Tora.

In den Augen des Verfassers war diese Zeit der Unterdrückung eine Prüfung des Volkes und wurde interpretiert als Gericht Gottes (V. 64).

6. *2,1-14* Mattatias und seine Söhne

Provokation bewirkt Reaktion. Doch bleibt die Reaktion zunächst im Rahmen des Bekannten. Auf den Bericht über die versuchte Vernichtung Israels folgt, ähnlich wie bei den Erzählungen über die Angriffe auf den Tempel und die Stadt, ein Klagegedicht (VV. 7-13). Aber: Hier steht die Klage nicht direkt im Anschluß an den Angriff auf Israel, vielmehr ist ein Stück dazwischengeschoben (VV. 1-6), in dem den Lesern sechs neue Personen, Mattatias und seine fünf Söhne, vorgestellt werden. Es hat eine doppelte Funktion, nämlich die vorgestellten Personen hervorzuheben und dem folgenden Klagelied eine besondere Note zu geben. Einiges ist an diesen Versen bemerkenswert. War bisher der Verfasser äußerst sparsam mit der Nennung von Namen – in Kap. 1 werden namentlich nur Alexander der Große, Antiochus IV. und der ägyptische Herrscher Ptolemais aufgeführt –, so springen die Leser jetzt eine Fülle von Namen und Spitznamen an: Zuerst wird Mattatias vorgestellt, der aus dem alten Priestergeschlecht des Jojarib stammt (vgl. 1 Chr 24,7; Neh 12,4). Er hatte sich in Modein, 28 km nordwestlich von Jerusalem, niedergelassen. Sein Name bedeutet ›Gabe Jahwes‘. Mattatias‹ Großvater, der in V 1 erwähnte Simeon, war ein Sohn des Hasmon. Von ihm her wurde in der Folgezeit der Name ›Hasmonäer‹ abgeleitet als Bezeichnung für alle Angehörigen dieser Familie. Mattatias hatte fünf Söhne, Johanan, Simeon, Judas, Eleasar und Jonatan, die alle mit ihren Beinamen vorgestellt werden, so daß die Vorstellung einen nahezu persönlichen Charakter bekommt. Die Bedeutung der Beinamen ist nicht immer zu ermitteln. »Gaddi« (V. 2) meint ›mein Glück‹, »Tassi« (V. 3) läßt sich nicht erklären, »Makkabäer« (V. 4) heißt soviel wie ›der Hämmerer‹, »Awaran« (V. 5) bedeutet ›der Blasse‹ und »Apphus« (V. 5) ›der Liebling‘.

Die Besonderheit des Klagegedichtes ist im Vergleich mit den vorhergenden Klagen leicht zu erkennen. Bisher waren die Klagenden nie genannt. Es war nur deutlich, daß diejenigen ihre Stimme erhoben, die unter den Maßnahmen des seleukidischen Königs zu leiden hatten, also die Kreise, die nach wie vor zu Tempel und Tora hielten. Jetzt aber nimmt die Klage Gestalt an in der Person des Mattatias. Er wird zum Kristallisationspunkt der Anklage, so wie er bald darauf zum Kristallistationspunkt des Widerstands wird. Die im Klagellied häufig verwandten Personalpronomen (VV. 7.12.13) machen deutlich, daß der Klagende und seine Söhne direkt in das Geschehen involviert sind. Sie beweinen die Vernichtung des Volkes und die Zerstörung von Stadt und Heiligtum (VV. 7-9) und sehen dadurch ihre Lebensgrundlage zerstört (V. 13). Hier macht sich jemand zum Sprecher des unterdrückten Volkes, und dessen Trauer nimmt nun Gestalt an. Mattatias und seine Söhne lassen die Trauer für alle erlebbar werden, indem sie öffentlich die Trauerriten, das Einreißen des Gewandes vom Hals bis zur Brust und das Tragen eines groben, mantelartigen Umhangs, vollziehen.

Fazit für den Leser: Wer sich über die Taten der Seleukiden und der Reformjuden empört, der weiß von jetzt an, an wen er sich zu halten hat.

7. *2,15-28* Der Beginn des Aufstands

Der Aufstand nahm seinen Anfang in Modein. Dort erschienen königliche Beamte, um die jüdische Bevölkerung zu zwingen, das geforderte Opfer darzubringen. Mattatias und seine Söhne verweigerten das Opfer, weil sie an der Tora festhielten. Mattatias tötete einen Juden, der der Aufforderung zu opfern nachkommen wollte, sowie einen seleukidischen Beamten. Daraufhin flohen er und seine Familie in die Berge.

Für den Verfasser ist diese Schilderung nur der Rahmen, in dem er seinen Lesern in Kurzform das ›Programm‹ der Makkabäer vorstellt: Mattatias und seine Söhne sind die Speerspitzen des Widerstands – V. 17 verweist auf ihre hervorgehobene Stellung in Modein. Doch lassen sie sich nicht mit wunderbaren Versprechungen einfangen. Anders als die Hellenisten, die meinten, mit der Öffnung zu den anderen Völkern hin würde es Israel besser gehen (vgl. 1,11), lehnt Mattatias für sich und seine Familie ab, »Freund des Königs« zu sein (VV. 18-20). (Die Bezeichnung »Freund des Königs« ist ein Ehrentitel. Mit ihm waren besondere Privilegien verbunden wie z.B. das Recht, Purpurkleidung zu tragen, bevorzugten Zugang zum König zu erhalten und mit besonderen Missionen beauftragt zu werden). Ziel der Makkabäer ist vielmehr, beim »Bund unserer Väter« zu bleiben und am Gesetz festzuhalten (V. 21). Das hat zur Folge, daß die Übertretung des Gesetzes »leidenschaftlichen Eifer« und »gerechten Zorn« weckt (V. 24). Nur so lassen sich die Tötung des Juden und des seleukidischen Beamten rechtfertigen, und mit diesem Verhalten steht Mattatias nicht allein, wie der Verweis auf die Tat des Pinhas in V. 26 zeigt. Pinhas war, wie Num 25,6-15 berichtet, ein Sohn des Eleasar und ein Enkel Aarons. Während der Zeit der Wüstenwanderung und der Landnahme spielte er eine bedeutende Rolle. Aufgrund seines »leidenschaftlichen Eifers« (Num 25,11) für das Gesetz verhieß Jahwe ihm und seinem Geschlecht die ewige Priesterschaft. Ein Beispiel für den leidenschaftlichen Gesetzeseifer wird in der genannten Textstelle aus Num erzählt. Pinhas tötete den Israeliten Simri, der trotz Verbots mit einer Moabiterin, also einer Nichtisraelitin, verkehrte und an deren Opferfesten für die moabitischen Götter teilnahm. Folge der Tat Pinhas war, daß Gottes Zorn von Israel abgewandt wurde – die Parallelen zur Tat des Mattatias sind unverkennbar und vom Verfasser beabsichtigt. Dabei geht es nicht nur um eine Rechtfertigung der Handlungsweise des Mattatias, vielmehr wird schon hier im Voraus gerechtfertigt, was später auch auf Widerstand stößt, daß nämlich die Makkabäer das Hohepriesteramt erhalten, obwohl sie nur einer unteren Priesterklasse entstammen. Wenn jedoch die Tat des Mattatias mit der des Pinhas verglichen und dadurch gerechtfertigt wird, dann ist die Übernahme des Hohenpriesteramtes seitens der Makkabäer nur die logische Konsequnez dieses Vergleichs.

Denn wofür Pinhas belohnt wurde, das steht auch den Makkabäern zu. Dem möglichen Protest wird so direkt zu Beginn der Wind aus den Segeln genommen.

Interessant ist, daß die VV. 23-25 sowohl von der Tötung eines Juden als auch eines Seleukiden sprechen. Obwohl es auf den ersten Blick immer den Anschein hat, als würde der Verfasser in den Seleukiden die eigentlichen Gegner der Makkabäer sehen, wird bei genauerer Lektüre immer wieder deutlich, daß sich der makkabäische Widerstand genauso heftig gegen die abtrünnigen Juden richtet. Beide, Seleukiden und Anhänger der Hellenisten, sind die Gegner des makkabäischen Kampfes.

Die VV. 27-28 lassen die Taktik der Makkabäer erkennen. Mattatias sammelt alle, die denken wie er, und entschließt sich zum Partisanenkampf. Die Aufständischen verlassen sie Stadt und gehen in die schwer zugänglichen Berge.

8. *2,29-41* Die Sabbatfrage

»Der Sabbat ist für den Menschen da, nicht der Mensch für den Sabbat« (Mk 2,27). Dieses Wort Jesu kommt unwillkürlich in den Sinn, wenn man den Bericht über die Tötung der gesetzestreuen Juden am Sabbat liest. Der vorliegenden Märtyrerbericht zielt – ähnlich wie die in 2 Makk 6,18-31; 7,1-42 erzählten Martyrien – darauf ab, zu zeigen, daß es gesetzestreue Juden gab, die für ihr Festhalten an der Tora sogar den Tod in Kauf nahmen.

Die Gruppe, von der hier berichtet wird, ist nicht identisch mit den Makkabäern und ihren Anhängern. Diese setzten sich in die Berge ab, jene aber zogen in die Wüste hinunter (V. 29). An einer genaueren Charakterisierung ist der Verfasser nicht interessiert. Möglicherweise handelt es sich um die Chassidim/Hasidäer, die sich zwischen 175-170 v.Chr. von Jerusalem abgesetzt hatten, weil sie den Hellenisten und Hohenpriester Jason nicht akzeptierten. Die strikte Toraobservanz, die jegliche Tätigkeit am Sabbat und somit auch die Verteidigung des eigenen Lebens untersagte, könnte ein Indiz dafür sein.

Mattatias und seine Söhne denken anders. Zwar achten sie die Entscheidung ihrer Brüder in den Höhlen, doch wägen sie ab. Der Erhalt Israels ist wichtiger als die Einhaltung des Sabbatgebots, und so beschließen sie, auch am Sabbat zu kämpfen (VV. 39-41). Die Diskussion um den Sabbat paßt sich gut dem Gesamtkonzept des Verfassers ein. Den Lesern wird deutlich, daß allein die Makkabäer für den Erhalt Israels garantieren.

9. *2,42-48* Der Widerstand formiert sich

Der passive Widerstand der Hasidäer formiert sich zum aktiven – vielleicht hat die Ermordung vieler Toratreuer dazu beigetragen. Sie werden als tapfer und gesetzestreu charakterisiert (V. 42). Hasidäer und weitere zum Widerstand Entschlossene bilden unter der Führung der Makkabäer eine Streitmacht, die erste Erfolge für sich verbuchen kann. Die Gefahr einer synkretistischen Vermischung wird gebannt, indem die fremden Altäre niedergerissen werden und das äußere Zeichen der Zugehörigkeit zu Israel, die Beschneidung, wieder eingeführt wird (V. 45f).

Den Lobpreis über die Erfolge der Makkabäer kleidet der Verfasser in ein poetisches Stück, durchsetzt mit Elementen, die an alttestamentliche Siegeslieder erinnern (VV. 44b.47f). Deutlich treten die Polarisierungen zutage: Die »Sünder« und »Frevler« – gemeint sind damit sowohl die Seleukiden als auch die abtrünnigen Juden – entgehen nicht der Strafe, während den Aufständischen das Glück hold ist.

10. *2,49-70* Testament und Tod des Mattatias

Mattatias war nur ein Jahr lang Führer der Aufständischen. Bereits 166 v.Chr. starb er in Modein und wurde dort begraben, und ganz Israel betrauerte ihn (V. 70). Israel im Sinne des 1 Makk sind all diejenigen, die auf der Seite der Makkabäer stehen. Bevor Mattatias starb, hinterließ er seinen Söhnen sein Vermächtnis. Die VV. 49-68 bilden das längste poetische Stück des 1 Makk; von ihrer Gattung her sind sie als Paränese zu bezeichnen.

Die Paränese beginnt mit der Schilderung des Ist-Zustandes, der gekennzeichnet ist durch »Hochmut«, »Strafe«, »Zusammenbruch« und »Zorn« (V. 49b). Es gibt nur einen Weg, diesem Zustand zu entkommen, nämlich den Einsatz für Gesetz und Bund. Allein sechsmal begegnet der Begriff ›Gesetz‹ (VV. 50.58.64.67.68) und verweist damit auf die besondere Wertigkeit, die ihm in den Augen des Verfassers zukommt.

Die Diktion der Paränese läßt sich leicht erkennen. Mit ihrer eindeutig prohasmonäischen Ausrichtung will der Verfasser von Anfang an die Erbfolge des Makkabäer/Hasmonäerhauses rechtfertigen. Dies gelingt aus zweifache Weise: Zunächst begründet er die Besonderheit der makkabäischen Herrscher gegenüber denen, die deren Machtanspruch infrage stellen, mit dem Verweis darauf, daß sie sich »Ruhm« (VV. 51.64) erworben haben. Als Argumentationshilfe dient ihm der Rückgriff auf das weisheitliche Tun-Ergehen-Schema, welches er an Beispielen aus der israelitischen Heilsgeschichte verdeutlicht. Trotz eindeutiger Rückgriffe auf biblische Textstellen (vgl. u.a. Gen 15,6; 45,9; Num 13,30; 14,24; 25,6-13; Jos 14,13f; 2 Sam 7,13.16; 1 Kön 18,40; 19,10.14; Dan 6,22) werden die Väter aus ihrem geschichtlichen Kontext herausgelöst. Interessant ist die erneute Erwähnung des Pinhas (vgl. 2,26); seine Bezeichnung als »unser Ahnherr« (V. 54) läßt ihn zum Stammvater aller jüdischen Priester, also auch der Makkabäer, werden. Damit ist der Anspruch der Makkabäer auf das Hohepriesteramt erneut legitimiert.

Eine weitere Argumentationshilfe zur Legitimierung der Erbfolge bedient sich der Gestalt Simeons, des Vaters des Johannes Hyrkan: Obwohl er faktisch erst nach Judas Makkabäus und Jonatan als letzter der Mattatiassöhne die Herrschaft antritt, wird er in V. 65 vor Judas Makkabäus genannt. Unter den Mattatiassöhnen erhält nur Simeon wie Pinhas (V. 54a) den Ehrentitel »Vater« (V. 65). Anders als in der Einheitsübersetzung, die Pinhas als »Ahnherrn«, Simeon als »Vater« bezeichnet, bietet der griechische Text bei beiden Personen den Begriff *pater* = Vater. Wie Pinhas zum ›Vater‹ aller Priester wurde, wird Simeon zum ›Vater‹ aller Hasmonäer.

Quintessenz beim Rückgriff auf den Tun-Ergehen-Zusammenhang ist: Wer sich auf die Seite Gottes stellt, den wird dieser nie im Stich lassen (V. 61), wer ihm aber zuwider handelt, der ist des Todes (V. 62f). In V. 62f hat der Verfasser mit Sicherheit Antiochus IV. vor Augen, so daß sich aufgrund dieser beiden Verse schlußfolgern läßt, daß die Paränese nicht ›Orginalton‹ Mattatias ist, sondern vom Autor des 1 Makk komponiert wurde, der bereits auf den Tod Antiochus IV. zurückblickt.

II. 1 Makk 3,1 – 9,22: Judas Makkabäus

Die Widerstandsbewegung hat einen Anführer. Wendig und mutig, taktisch und geschickt gelingt es Judas Zug um Zug, die Seleukiden zu bedrängen. Sein angestrebtes Ziel ist der Wiederaufbau von Tempel und Tora und die Restituierung Israels als Volk Gottes. Dafür schafft Judas die Rahmenbedingungen. Zunächst nur Anführer einer Guerillatruppe setzt er nach und nach alles daran, in Judäa ein schlagkräftiges Heer aufzubauen. Seine Erfolge waren beträchtlich, und seitens der Seleukiden werden die Aktionen der Makkabäer nicht einfach als nebensächlich abgetan, vielmehr schien ihr Aufstand als ernsthafter Angriff gegen die seleukidische Autorität verstanden worden zu sein – warum sonst hätten die Seleukiden mit solcher Vehemenz gegen die Juden vorgehen sollen?

Obwohl Judas gegen Ende seines Lebens einige Mißerfolge hatte – Abfall der Hasidäer (7,13-14), Verlust der Unterstützung vieler seiner Soldaten (9,6) –, dominiert die heroische Darstellung seiner Person, die vor allem in 2 Makk eine besondere Ausprägung erfährt.

Anders als bei seinen Nachfolgern Jonatan und Simeon, die beide das Hohepriesteramt bekleideten, bleibt Judas durch und durch Krieger. So macht er z.B. die Wiedereinweihung des Tempels nicht zu seiner Aufgabe, sondern beauftragt gesetzestreue Priester damit. Allerdings geht auf seine Initiative die alljährliche Feier des Chanukkafestes zurück.

1. *3,1-9* Hymnus auf Judas

Die Wende ist gekommen. Die Zeit des Klagens ist vorbei, Lobpreis ertönt stattdessen. Judas Makkabäus übernimmt nach dem Tod seines Vaters die Führung der Makkabäer, und in einem Preisgedicht werden seine Taten besungen. Die VV. 3-9 nehmen vorweg, was die Erzählung später ausführlicher bietet. Judas wird hier durchgängig positiv dargestellt, und somit wird die Leserichtung für die folgenden Berichte vorgegeben. Mißerfolge des Judas, wie sie in 6,28-50 nachzulesen sind, werden verschwiegen. Das hat seinen Grund. Zunächst ist festzuhalten, daß die Aufbauleistung des Judas beachtlich ist. Er warb Soldaten an und gab dem jüdischen Heer ein Ordnungsgefüge, indem er sein Heer in Tausend-, Hundert-, Fünfzig- und Zehnerschaften (3,55) gliederte. Er baute den Tempel wieder auf, setzte den Kult wieder ein (4,36-61) und erzielte beträchtliche militärischen Erfolge (3,10 – 4,61; 5,1-54; 6,18-63; 7,1-50).

Des weiteren zielt der Hymnus darauf ab, der Person des Judas eine über seine Lebzeiten hinweg dauerhafte Gültigkeit zu verleihen. In den VV. 7c.9a steckt zweifellos das Anliegen des Verfassers, der von Beginn des Auftretens der Makkabäer an die Rechtmäßigkeit ihrer Herrschaft zeigen will.

Nicht alle geschichtlichen Ereignisse spiegeln sich im Preisgedicht wieder, dafür ist es zu kurz. Der Verfasser wählt aus. Er berichtet über die Vernichtung der Sünder (VV. 5.6.8, vgl. 3,24f.58; 4,7.11f.15f.20.22; 5,5.28.38.43f.65.68; 7,45), die Rettung der Diasporajuden (V. 6c; vgl. 5,9-54) und die Auseinandersetzung mit den seleukidischen Königen (V. 7; vgl. 3,27; 6,8.28). Judas erreicht, daß der Zorn Gottes von Israel abgewandt wird. Damit ist der seit dem Abfall der Hellenisten herrschende Zustand des Zorns, wie ihn 1,64 beschreibt, vorbei.

Erstaunlicherweise wird die Restituierung des Jerusalemer Tempels durch Judas nicht erwähnt. Möglicherweise mag dies daran liegen, daß es den Makkabäern um mehr ging als nur um die Restituierung des Tempels. Es ging ihnen letzlich darum, daß davidische Großreich wiederaufleben zu lassen, und dazu waren drei Dinge von entscheidender Bedeutung: die Zurückdrängung der Besatzungsmacht, die Heimholung der Diasporajuden ins gelobte Land und die Abwendung des göttlichen Zorns.

2. *3,10-12* Der Kampf gegen Apollonius

Mit dem Bericht über den Kampf der Makkabäer gegen Apollonius eröffnet der Verfasser eine Reihe von Kriegsberichten (3,10 – 4,35), in denen die Auseinandersetzungen der Makkabäer mit der Besatzungsmacht in Judäa geschildert werden. Apollonius wird ohne nähere Erläuterung eingeführt; vermutlich handelte es sich aber um jenen Apollonius, den Anführer der Mysier, der, nachdem er seine Strafaktion in Jerusalem beendet hatte (1,29-35), Befehlshaber von Samaria wurde, wie Jos Ant XII 7,1 berichtet.

Der Widerstand der Makkabäer zeigte Wirkung. Seitens der Seleukiden wurde er nicht als eine ›Eintagsfliege‹ abgetan, sonst wären wohl kaum Truppen in Samaria gesammelt worden. Da Samaria seit Alexander dem Großen mit Mazedoniern besiedelt war und die Stadt nahe bei Judäa lag, eignete sich der Ort für die Aufstellung einer Streitmacht. Die eigentlichen Samaritaner lebten nicht mehr im hellenisierten Samaria, sondern in der Umgebung der Stadt, vor allem in Shechem.

Vom eigentlichen Kampfesgeschehen erfahren die Leser wenig. Festgehalten wird das Resultat: Judas ›kam, sah und siegte‹. Daß Judas das Schwert des Apollonius an sich nahm, um mit ihm zu kämpfen, scheint von Bedeutung zu sein, da auch der Hymnus 3,3d auf diese Tat anspielt. Vielleicht steht der Gedanke dahinter, den Feind mit den eigenen Waffen zu schlagen.

3. *3,13-26* Der Kampf gegen Seron

Die folgende Erzählung hat zwei Ebenen: eine nüchtern historische, in der von der kriegerischen Auseinandersetzung zwischen Seron und Judas berichtet wird und in dessen Verlauf das Heer des Seron vernichtend geschlagen wird, sowie eine theologische, die den eigentlichen Kern der Erzählung bildet. Sie ist unterteilt in Frage, Antwort und poetischen Schluß.

Die Ausgangslage: Seron war Befehlshaber von Zölesyrien, welches das nördlich an Samarien grenzende syrisch-phönizische Gebiet umfaßte. Sein Feldzug gegen die Makkabäer sollte dem Ziel dienen, sich »einen Namen zu machen und im Reich berühmt zu werden« (V. 14). Dazu sammelte er ein »großes Heer ruchloser Männer« (V. 15). Daß das Vorhaben schiefgehen mußte, deutet im Grunde V. 15 an. Ein Blick in den griechischen Text zeigt, daß das Wort asebes, welches die EÜ mit ›ruchlos‹ wiedergibt, zusätzlich auch mit ›gottlos‹ und ›frevelhat‹ übersetzt werden kann. Der Leser erkennt, daß ein solches Heer kaum gegen die Makkabäer reüssieren konnte.

Die Truppe des Seron war groß, Judas aber hatte nur wenige Männer um sich. Angesichts der Übermacht ergriff die Juden verständlicherweise Furcht, und sie äußerten Judas gegenüber ihre Befürchtungen (V. 17). Judas nahm ihnen ihre Angst, indem er auf die Hilfe des Himmels verwies. Der Ausdruck ›Himmel‹ (VV.

18f.22) ist Umschreibung für ›Gott‘. Diese Ausdrucksweise hatte sich seit der persischen Zeit eingebürgert (vgl. u.a. Esra 1,2; 7,12.21; Neh 1,4-5 Dan 2,19.37.44) und reichte hinein bis in die neutestamentliche Zeit (vgl. Mt 4,17; 5,3.19f u.ö.). Indem Judas auf die Hilfe des Himmels verweist, wird deutlich, daß in diesem Krieg Gott durch die Menschen handelt und der errungene Sieg nicht Ergebnis militärischer Begabung ist, sondern letztlich Gott zu verdanken ist. Die Quintessenz der Ansprache des Judas ist die an weisheitliches Denken erinnernde Aussage, daß Hochmut und Bosheit Tod, Gottvertrauen und Glauben aber Leben bedeuten (VV. 18f.21).

Den Worten folgten Taten. Mit der Taktik des Überraschungsangriffs warfen sich Judas und die Seinen den Feinden, die sich bei Bet-Horon gelagert hatten, entgegen (V. 23). Bet-Horon lag etwa 17 km nordwestlich von Jerusalem an einer Straße, die ins judäische Bergland führte. Es teilte sich auf in eine Unter- und eine Oberstadt, die ungefähr 220 m Höhenunterschied voneinander trennte. Verbunden waren beide Stadtteile mit einem etwa 1 km langen, engen, steinigen Weg, jener im Text erwähnten ›Steige‹ (VV. 16.24). Judas besiegte das Heer des Seron, und die, die entkommen konnten, flohen in das Land der Philister – eine Bezeichnung, die das Küstengebiet am Mittelmeer meinte.

Der Sieg des Judas blieb nicht ohne Folge. Die VV. 25f besingen seinen Ruhm, der bis zu Antiochus IV. vordrang und sich über die ganze Welt verbreitete. Die Verse bilden einen Kontrast zu V. 14, denn nicht Seron machte sich mit seinem gottlosen Heer einen Namen, sondern Judas und die Makkabäer, die auf Gott vertrauten, wurden berühmt und gefürchtet.

4. *3,27 – 4,25* Der Kampf gegen Gorgias

Fans der Asterix und Obelix-Hefte kennen die Landkarte von Gallien, auf der mittels einer Lupe vergrößert das Zentrum des Geschehens, jenes kleine gallische Dorf, in dem Asterix und Obelix wohnen, sowie das benachbarte römische Lager, ins Auge springen. Es wird jedem klar, daß die nun folgende Geschichte hier ihren Mittelpunkt hat.

Ähnlich geht der Autor des 1 Makk vor. Was im großen Seleukidenreich vor sich geht, ist nicht von Interesse. Wie mit einem Vergrößerungsglas holt er die Geschehnisse in Judäa heran und erweckt beim Leser den Eindruck, daß im Zentrum der seleukidischen Politik die Ereignisse in Judäa stehen. Dabei hatte Antiochus IV. nicht nur Probleme mit dem Unabhängigkeitsdrang der Juden; gleichzeitig bereiteten ihm die Freiheitskämpfe der Parther und Armenier im östlichen Teil seines Reiches Schwierigkeiten, so daß er sich genötigt sah, dort militärisch einzugreifen. Er zog Ende 166 v.Chr./ Anfang 165 v.Chr. mit der Hälfte seiner Truppen nach Persien (V. 37). Die andere Hälfte der Truppen und Kriegselefanten ließ er im westlichen Teil seines Landes zurück. Über das Gebiet zwischen Ägypten und dem Eufrat setzte er als Statthalter Lysias ein, der aus königlicher Familie stammte (VV. 32-34). Er wurde damit betraut, in Abwesenheit des Königs die Erziehung seines Sohnes, des späteren Antiochus V., wahrzunehmen und die Aufstandsbewegung der Juden zu unterdrücken (VV. 33f).

Diese historischen Ereignisse spitzt das 1 Makk hinsichtlich der Geschehnisse in Judäa zu, wobei einige Dinge besonders betont werden: Das Interesse Antiochus IV. wird auf die Ereignisse in Judaä gelenkt. Die Siege des Judas sorgten dafür, daß der seleukidische König die Notwendigkeit militärischer Intervention sah. Er zog ein gewaltiges Heer zusammen und zahlte den Sold für ein Jahr im Voraus – ein Hinweis darauf, daß Antiochus mit einer längeren Auseinandersetzung rechnete (V. 27f).

V. 29 macht deutlich, daß das Verbot der jüdischen Religion auch auf die Politik des Antiochus Auswirkungen hat, denn eine unruhige Provinz bringt keine Steuern ein. Die leere Staatskasse und die Verschwendungssucht des Königs, die auch durch andere Quellen bestätigt wird (vgl. Polybios Historiae 28,20.22), werden als Hauptgrund für den Perserfeldzug herangezogen, obwohl auch, wie bereits weiter oben erwähnt, andere Gründe dafür geltend gemacht werden müssen.

Antiochus versuchte noch einmal, zum entscheidenden Schlag gegen die gesetzestreuen Juden auszuholen. Inwieweit der Befehl an Lysias zur vollständigen Ausrottung der Juden (VV. 35f) historisch glaubwürdig ist, muß offen bleiben. Wichtig ist, daß die folgenden Berichte über die Kämpfe der Makkabäer unter dem Verdikt ›Leben oder Tod‹ stehen. Die Existenz Israels steht auf dem Spiel.

Nun wird es ernst. Lysias setzt den Befehl des Königs in die Tat um und beauftragt drei Männer mit der Ausführung der königlichen Anordnung (V. 38). Ptolemäus war Befehlshaber von Zölesyrien und Phönizien, wie 2 Makk 8,8 vermerkt. Gorgias, der das militärische Vorgehen gegen die Juden leitete, wurde später Befehlshaber von Idumäa (2 Makk 12,32). Nikanor, Sohn des Patroklus und ein Freund des Königs (2 Makk 8,9) spielt im 1 Makk nur eine untergeordnete Rolle, er ist dem Gorgias beigegeben, während 2 Makk ihm im Kampf mit den Juden die führende Rolle zukommen läßt und Gorgias zum Gehilfen degradiert (2 Makk 8,9). Ausschlaggebend dafür ist möglicherweise die besondere Stellung, die der Autor des 2 Makk der Errichtung und Feier des Nikanortages zukommen läßt.

Das seleukidische Heer ist riesig. Vierzigtausend Soldaten und siebentausend Reiter ist vielleicht sogar eine historisch zuverlässige Angabe (V. 39). Die Zahl erinnert an die Erzählung aus 1 Chr 19,16-19, in der vom Sieg Davids über die Aramäer berichtet wird. David vernichtete siebentausend aramäische Kriegswagen und vierzigtausend Mann. Hier wie auch in 1 Makk steht der immensen Größe des feindlichen Heeres der kleine Haufen jüdischer Kämpfer gegenüber. David siegte und – das mag im Hinterkopf des Leser schon mitschwingen – die Makkabäer werden aus der Schlacht auch siegreich hervorgehen, obwohl es auf den ersten Blick so scheint, als könnte das seleukidische Heer nicht bezwungen werden. Warum sollten sich sonst die Sklavenhändler den Seleukiden beigesellen (V. 41)?

Ort der Auseinandersetzung war Emmaus. Die Stadt lag etwa 30 km westlich von Jerusalem am Fuß der judäischen Berge. Das Umland bot genügend Platz zum Aufschlagen eines Heerlagers und zum Aufstellen der Truppen.

Die seleukidische Armee

Blau und rot, schwarz und weiß, goldene Knöpfe und Epauletten, Schirmmütze und Handschuhe, gewichste Stiefel und gebürsteter Schnauz, so schaute es aus, das Abbild von einem Soldaten. Eindruck sollte es machen, Macht demonstrieren, Respekt einflößen – heute, im letzten Jahrhundert und vor über zweitausend Jahren. Nichts hat sich geändert.

Auch die seleukidische Armee war darauf aus, durch ihre Ausrüstung und ihre Kleidung die Feinde zu beeindrucken. Schwarz, goldgelb, blau und scharlachrot waren ihre Uniformen und zusammen mit den weißen, goldenen, silbernen und bronzenen Schilden, die in der gleißenden Sonne glänzten, bildete dies ein ins Auge springendes Signal. Manche Truppen hatten lange Piken (Spieße), die teils nach oben, teils nach vorne gestreckt getragen wurden, so daß sie von weitem wirkten wie ein angriffslustiges Stachelschwein. Die große Reiterei und die Kriegselefanten trugen zu dem bunten, schrecklichen Bild bei. Das Kriegsgeschrei und das Getöse der vorrückenden Truppen schüchterte die Feinde ein und gab den angreifenden Truppen Mut.

Das Grundmuster des seleukidischen Truppenaufmarsches sah aus wie folgt: Im Zentrum befand sich die schwere Infanterie. Sie wurde in 16 hintereinanderliegenden Reihen als Phalanx aufgestellt. Die Anzahl der Soldaten in einer Phalanx differierte von 256 als kleinster Einheit bis zu 4096 als größter. Eine Phalanxformation, die insgesamt 40000 Soldaten umfaßte, benötigte zur Aufstellung ein Areal, das 2,5 km breit war.

Auf den Flügeln wurde die Phalanx geschützt von der Kavallerie. Vor die schwere Infanterie wurde meist die leichte Infanterie, bestehend aus Bogenschützen, gestellt, doch konnte das Grundmuster je nach Situation variiert werden. Dies galt auch für die Positionierung der Kriegselefanten, deren Stellung vielfach abhängig war von der Beschaffenheit des Geländes und den taktischen Überlegungen des Oberbefehlshabers.

Hauptangriffswaffe der schweren Infanterie war die ca. 6,3 m lange makedonische Pike, Sarissa genannt, gefertigt aus flexiblem und haltbarem Kornelkirschholz. Ihr Gewicht von 6,7 kg und ihre Länge machten es notwendig, die Sarissa mit beiden Händen zu halten.

Bei der Kavallerie gab es vier Kategorien: die leichte, die halbschwere, schwere und superschwere (gepanzerte). Die leichte Kavallerie war mit Pfeil und Bogen bestückt und wurde zusammen mit der leichten Infanterie vor der Phalanx positioniert; sie hatte Vorkämpferfunktion.

Die Einheiten der halbschweren Kavallerie zeichneten sich dadurch aus, daß sie zwar voll bewaffnet waren, aber keine metallene Rüstung trugen, um Gewicht zu sparen. Sie hatten eine ca. 1m langen Speer, Langschwert und Wurfspieß. Sich selbst und ihr Pferd schützten sie mit einem ovalen Schild. Eingesetzt wurden sie hauptsächlich an den Flanken.

Anders die schwere Kavallerie. Ähnlich der schweren Infanterie waren auch sie mit einem fast 3,5 m langen Speer, Xyston genannt, und einem Kurzschwert ausgestattet. Die Länge des Speers ließ es nicht zu, noch ein Schild zu tragen, so daß die Reiter durch einen Helm und einen metallenen Küraß geschützt waren. Länge und Gewicht des Xyston schränkte die Flexibilität der schweren Kavallerie ein. So war sie eher eine berittene Phalanx denn eine schnelle Eingreiftruppe. Sie war nicht dazu geeignet, die gegnerische Phalanx frontal anzugreifen.

Der Notwendigkeit einer gut geschützten und angriffsfähigen Kavallerie kam Antiochus III. nach. Hier begegnet erstmals das Modell der superschweren, gepanzerten Kavallerie. Reiter wie Pferd waren rundum durch einen Schuppenpanzer geschützt, auf dem Kopf trug der Reiter einen Helm, der auch das Gesicht bedeckte. Einzige Waffe war der Kontos, eine Pike etwas länger als der Xyston der schweren Kavallerie. Aufgrund ihrer Ausrüstung besaß die superschwere Kavallerie gegenüber der schweren mehrere Vorteile. Ihre Rüstung schützte sie optimal vor Geschossen, Speeren und Piken und aufgrund der Länge ihres Kontos waren sie in der Lage, den Feind von etwas größerer Entfernung her anzugreifen.

Wie lief – in groben Zügen – der Angriff auf ein feindliches Heer ab? Zunächst wurden die Bogenschützen und die leichte Kavallerie als Vorkämpfer vorgeschickt, um in die feindliche Phalanx eine Bresche zu schlagen, in die dann die Kavallerie und die leichte Infanterie eindringen konnten. War dies erfolgreich, dann konnte die Phalanx, sofern ihre eigenen Reihen intakt waren, die gegnerische Phalanx überrollen und zermalmen. Die Kavallerie auf den Flanken schützte die eigene Phalanx vor Angriffen, denn die Seite war ihre verwundbare Stelle.

Waren Elefanten vorhanden, wurden sie hauptsächlich zur Verteidigung eingesetzt, indem sie entweder die Rückseite der Phalanx oder aber die Seiten abschirmen sollten. Für eine Offensive wären die Elefanten zu schwerfällig gewesen.

Wenden wir unseren Blick von hier aus auf die in den Makkabäerbüchern beschriebenen kriegerischen Auseinandersetzungen der Juden mit den Seleukiden, dann wird deutlich, daß es die jüdischen Freiheitskämpfer mit einer bestens ausgerüsteten, kampferprobten und taktisch versierten gegnerischen Armee zu tun hatten. Doch dürfen wir nicht dem Klischee verfallen, daß der Makkabäerkampf gegen die Seleukiden wie der Kampf Davids gegen Goliat war. Dies trifft zwar für die ersten Auseinandersetzungen zu, denn in den Anfangsjahren des makkabäischen Aufstandes war die Ausrüstung der jüdischen Kämpfer mehr als mager (vgl. 1 Makk 4,6). Dies änderte sich allerdings seit der Rückkehr nach Jerusalem und der Restituierung des Tempels. Systematisch begann Judas mit dem Aufbau einer schlagkräftigen Truppe, Jonatan und Simeon setzten ihn weiter fort. Die jüdische Armee besaß Kavallerie und Infanterie mit halbschwerer und vermutlich auch schwerer Bewaffnung, und ihre Kriegsführung wandelte sich vom Guerillakampf zum ›professionellen‹ Truppenaufmarsch (vgl. u.a. 10,74-85; 12,41-52; 16,4-10).

LITERATUR: B. Bar-Kochva, Judas Maccabaeus. The Jewish struggle against the Seleucids, Cambridge 1989.

Die Übermacht des feindlichen Heeres schreckte nicht ab. Judas und die Seinen hielten an ihrem Ziel fest, das Volk wieder aufzubauen und das Heiligtum wiederzuerrichten (VV. 43f). Um sich für den Kampf zu rüsten und zu beten, gingen sie nach Mizpa, ungefähr 13 km nördlich von Jerusalem gelegen (VV. 44.46). Das Klagegedicht in V. 45 greift auf das bisher Erlebte zurück und hebt noch einmal die Verwüstung Jerusalems, die Entweihung des Tempels, die Errichtung der Akra und die Trauer des Volkes hervor. Deutlich tritt die ausweglose Situation vor Augen, und dieser Ausweglosigkeit korrespondiert das Verhalten der Israeliten in Mizpa. Im

Wissen darum, daß der Mensch nichts, Gott aber alles vermag, vertrauten sie ganz auf die Hilfe Gottes und gaben sich völlig in seine Hand. Deshalb fasteten sie, trugen Bußgewänder und streuten Staub auf ihr Haupt (V. 47). Deshalb befragten sie die Gesetzesrolle, indem sie das Buch auf's Geratewohl öffneten und hofften, so eine Antwort auf den Ausgang des Kampfes zu bekommen. Deshalb beweinten sie die Schändung des Tempels, denn ohne den Tempel wurde vieles in Israel sinnlos (VV. 49-53): Die priesterlichen Gewänder durften nur im Tempel getragen werden, ebenso konnten die Erstlingsfrüchte und der Zehnte nur dort abgegeben werden. Auch das Nasiräergelübde war eng an den Tempel gebunden. Denn gemäß der Nasiräerregel in Num 6,1-21 konnten Männer und Frauen sich für eine festgelegte Zeit zu ›Nasiräern‹, d.h. zu Geweihten machen. Zeichen ihres Gelübdes waren der Verzicht auf das Scheren des Kopfhaares, auf Wein und andere berauschende Getränke sowie auf die Berührung von Unreinem. Nach Ablauf der festgelegten Frist konnte der Nasiräer von seinem Gelübde nur durch umfangreiche und kostspielige Opfer im Tempel entbunden werden. Sie benannten die drohende Gefahr und hofften auf Gottes Hilfe. Das Blasen der langen metallenen Trompeten gibt der Gebetsversammlung liturgischen Charakter und intensiviert den an Gott gewandten Schrei um Hilfe (V. 54).

Aus dem ungeordneten Haufen der Widerstandskämpfer baute Judas ein Heer auf (V. 55). Dabei ging er nicht willkürlich an's Werk, sondern orientierte sich an der militärischen Tradition seines Volkes. Die Einsetzung von Heerführern und die Unterteilung der Armee in Tausend-, Hundert-, Fünfzig- und Zehnschaften fußte auf den Überlieferungen in Ex 18,21; Num 31,48.52 und 1 Sam 8,12. Die Rekrutierung der Kämpfer erfolgte auf der Basis der Anweisung in Dtn 20,1-9, nach der nur mutige und unbelastete Männer in den Krieg ziehen sollten (V. 56). Nachdem das jüdische Heer südlich von Emmaus sein Lager aufgeschlagen hatten, schwor Judas die Seinen noch einmal auf den bevorstehenden Kampf ein, indem er ihnen vor Augen führte, daß hier alles auf dem Spiel stand, nämlich Untergang oder Überleben Israels (VV. 57-60).

Es gibt einen, der Israel loskauft und rettet. Dieser Satz ist die Quintessenz des Berichts über den Kampf der Makkabäer gegen die seleukidische Armee unter Nikanor und Gorgias, 165 v.Chr. (4,1-

25). Die Seleukiden agierten taktisch sehr geschickt. Gorgias entfernte sich mit fünftausend Soldaten und eintausend Reitern, um das Lager der Makkabäer bei Nacht zu überfallen. Abtrünnige Juden (V. 2) werden ihm den Lagerplatz verraten haben. Im Seleukidenlager blieb Nikanor mit dem Rest der Truppe zurück – er ist zwar im Text nicht genannt, doch wird man davon ausgehen können, daß er die übrige Truppe befehligte. Der Plan des Gorgias wurde vereitelt, denn Judas erfuhr von dessen Vorhaben und holte stattdessen zum Gegenschlag aus, indem er die Seleukiden bei Emmaus angreifen wollte (VV. 3-4).

Die Armee der Seleukiden war gewaltig und ihr Lager gut befestigt – die Zahl von dreitausend jüdischen Kriegern war dagegen verschwindend gering. Wen wundert es, daß angesichts dieser Übermacht die Juden Angst bekamen. Deshalb wandte sich Judas mit der Bitte um Beistand an Gott. Ähnlich wie der Priester in Dtn 20,1-4 spricht auch Judas angesichts der drohenden Übermacht des Feindes Mut zu und verweist auf die Taten Gottes in der Vergangenheit: auf die Befreiung Israels aus Äypten und den Bundesschluß am Sinai. Die Rückerinnerung weist in die Zukunft voraus. Was Gott damals getan hat, wird er auch heute wieder tun, er wird sein Volk retten (VV. 10f).

Über den Kampf der beiden Heere wird nicht viel berichtet; es zählt einzig das Ergebnis. Vor dem Schlachtbeginn bliesen die Juden die Widderhörner, um sich – ähnlich wie in Num 10,9 – bei Gott in Erinnerung zu bringen und die Bitte um Beistand zu intensivieren. Die Makkabäer besiegten die Seleukiden, töteten viele von ihnen und schlugen den Rest in die Flucht. Ins Auge sticht die Klugheit des Judas, der vorausschauend den Angriff des von seiner erfolglosen Mission zurückkehrenden Gorgias erwartete und deshalb seine Leute kampfbereit hielt. Daß es zu keiner kriegerischen Auseinandersetzung kam, vielmehr die Truppen des Gorgias angesichts der Vernichtung des Basislagers und des kampfbereiten makkabäischen Heeres Angst bekamen und flohen, war Glück (VV. 12-22).

Die Beute, die die Juden machten, war groß. Purpurstoffe waren im Altertum Luxusgüter und begehrte Handelsobjekte. Wer Purpurschnecken besaß, aus deren Drüsenabsonderung die Farbe zur Einfärbung der Stoffe gewonnen wurde, war ein reicher Mann bzw. eine reiche Frau (vgl. Apg 16,14).

Der Sieg der Makkabäer wird als Tat Gottes zur Rettung Israels gedeutet, und dem Lobpreis des Judas legt der Verfasser ein Zitat aus Ps 118,1 in den Mund: »Denn er ist gütig, denn seine Huld währet ewig« (V. 24).

5. *4,26-35* Der Kampf gegen Lysias

Der Sieg des Judas brachte Lysias, den Statthalter des westlichen Seleukidenreiches, in eine unangenehme Situation. Er stand bei Antiochus IV. im Wort, die Aufstandsbewegung in Judaä niederzuschlagen. Deshalb traf er im Frühjahr 164 v.Chr. mit einem weitaus größeren Heer als dem des Gorgias und Nikanor in Bet-Zur ein, einer judäischen Grenzbefestigung zu Idumäa hin, 28 km südlich von Jerusalem gelegen nahe der Straße nach Hebron (VV. 26-29).

Angesichts des gewaltigen feindlichen Heeres wandte Judas sich an Gott. Gattungsmäßig ist das Gebet des Judas als Klagegebet des Volkes gestaltet, in dem folgende Elemente begegnen: Der Name Gottes (Retter Israels) wird angerufen (V. 30b), auf die wunderbaren Taten Gottes in der Vergangenheit wird verwiesen (VV. 30b) und daraus die Bitte um Vernichtung der Feinde abgeleitet (VV. 31-33), dem Versprechen, Gott zu loben geht die stillschweigende Gewißheit voraus, daß Gott die Bitte erhören wird (V. 23b). Weil der Autor das Makkabäerreich als neues Davidreich erscheinen lassen will (vgl. Punkt 2.2. der Einleitung zum 1 Makk), beschränkt er sich in diesem Klagelied bei der Auswahl der Taten Gottes in der Vergangenheit allein auf Beispiele aus dem Davidzyklus (1 Sam 14,1-23; 17). Dadurch schafft er einen Vergleich des seleukidischen Heeres mit dem Heer der Philister, dem David und Jonatan gegenüberstanden. Und auch das Verhalten Davids und Jonatans wird mit dem des Judas verglichen. Logischer Schluß: So wie David und Jonatan im Vertrauen auf Gottes rettende Hand die Philister besiegten, wird auch Judas die Seleukiden besiegen. Daß dies eintrifft, zeigen die folgenden VV. 34-35. Nach der ersten Niederlage gab Lysias den Kampf auf und kehrte nach Antiochia zurück, um im Sommer 163 v.Chr. mit einem weitaus größeren Heer nach Judaä zurückzukehren.

6. *4,36-61* Reinigung und Wiedereinweihung des Tempels

Der Bericht über die Reinigung, den Wiederaufbau und die Weihe des Jerusalemer Tempels bildet den Abschluß der kriegerischen Auseinandersetzungen zwischen den Makkabäern und den Seleukiden Apollonius, Seron, Nikanor und Gorgias sowie Lysias. Damit wird in der Darstellung der Makkabäergeschichte ein erster Höhepunkt gezeichnet. Vordergründig wird der Eindruck erweckt, als sei das Ziel der makkabäischen Erhebung erreicht, da der Tempel wieder aufgebaut ist. Ein Blick in den Text aber zeigt, daß die Restituierung des Heiligtums nur ein, wenn auch entscheidender, Schritt ist auf dem Weg der Befreiung Israel aus der Unterdrückung. Nach wie vor blieb die Bedrohung durch die Seleukiden bestehen. Die Aufrüstung des seleukidische Heeres mit dem Ziel, Israel vernichtend zu schlagen, ging trotz der Niederlagen weiter, wie V. 35 zeigt. Außerdem war Jerusalem keine freie Stadt. Die Akra war immer noch Stützpunkt der Seleukiden in unmittelbarer Nähe zum Tempel. Deshalb befahl Judas, die Besatzung der Burg zu belagern, damit die Reinigung und Weihe des Tempels nicht gestört werden konnte (V. 41). Den aufmerksamen Leser mag es in Erstaunen setzen, daß die Seleukiden und die Hellenisten um den Hohenpriester Menelaus der Einweihung des Tempels und der Belagerung der Akra tatenlos zusahen – war doch die bisherige Politik der Seleukiden eher aggressiv als zögerlich im Hinblick auf Sanktionen gegen die makkabäischen Aufrührer. Der Verfasser des 1 Makk blendet Teile der historischen Entwicklung aus, da sie die Diktion seiner Darstellung stören würden. Er erwähnt nicht die Aufhebung des Religionsedikts durch Antiochus IV., die noch vor der Eroberung Jerusalems durch Judas und die Wiederherstellung des Tempelkults erlassen wurde. Da 2 Makk 9 – 11 die Vorgänge ausführlich berichtet, werden im Zuge der Kommentierung dieser Kapitel die historischen Entwicklungen dargestellt. Zu fragen bleibt natürlich, was den Autor des 1 Makk dazu veranlaßt hat, dieses außerordentlich wichtige historische Ereignis nicht zu erwähnen. Von 1 Makk 1,10 her war Antiochus IV. als »gottloser Sproß« charakterisiert. Am Weiterbestand dieses Bildes war der Verfasser interessiert. Antiochus sollte es nicht zukommen, die Restituierung der jüdischen Religion in irgendeiner Weise mitvorbereitet zu haben, dafür wurde sogar die Verschweigung eines wichtigen Tatbestandes in Kauf genommen. Gleichzeitig sollten auf dieser Negativfolie die Taten des Judas – die Siege über die Seleukiden und die Wiedereinweihung des Tempels – umso glanzvoller erscheinen, um deutlich zu machen, daß allein diejenigen, die auf Gottes Beistand und Hilfe vertrauen, die entscheidende Wende herbeizuführen vermögen.

Aufbau und Weihe des Heiligtums werden in epischer Breite erzählt. Zwei Motive lassen sich dafür geltend machen: Es ging darum, die Einführung des Chanukkafestes, also des Tempelweihfestes, welches zur Zeit der Abfassung des 1 Makk bereits jährliche Praxis war, mit der Person des Judas Makkabäus zu verbinden; im Zusammenhang damit ging es zusätzlich darum aufzuzeigen, daß mit dem Aufbau des Tempels Israel wieder einen Ort der Begegnung mit Gott hatte, Gott also bei denen war, die ihm treu geblieben waren.

Der Abschnitt 4,36-61 läßt sich in vier Teile gliedern: Trauer über die Verödung des Heiligtums (VV. 36-40), Reinigung und Wiederaufbau des Tempels (VV. 41-51), Weihe des Tempels (VV. 52-59) und Befestigung des Tempelberges sowie der Stadt Bet-Zur (VV. 60-61). Zentral für den Abschnitt sind zwei einander entgegengesetzte Wortgruppen, die sich aus den Begriffen »reinigen« (VV. 36.41.43.48), »weihen/Weihe« (VV. 36.54.56.59) und »neu/erneuert« (VV. 36.47.49.53.54.57) einerseits und den Begriffen »verödet« (V. 38), »entweiht« (VV. 38.44.54.60) und »unrein« (V. 43) andererseits zusammensetzen. Damit wird der Tenor des Textes klar. Es geht nicht allein um den Wiederaufbau eines zerstörten Gebäudes, sondern um dessen Wiedereinsetzung als Kultstätte.

Aus der Sicht des Verfassers standen die Makkabäer vor dem Problem, wie sie mit dem durch die Aufstellung des »unheilvollen Greuls« (1 Makk 1,54) entweihten Opferaltar umgehen sollten, da die Tora keinerlei Bestimmungen enthielt, was mit den unreinen Altarsteinen geschehen sollte. Wie wurde das Problem gelöst? Zunächst wird die Ausgangslage geschildert: Judas und die Seinen zogen hinauf zum Berg Zion (VV. 36-37), in makkabäischer Zeit ein synonymer Ausdruck für ›Tempelberg‹. Die Schilderung des Zustandes, in dem sich das Heiligtum den Makkabäern präsentierte, kleidet der Autor in poetische Sprache, die sich an den Wortlaut der Klagelieder anlehnt (V. 38). Der Hinweis auf die verbrannten Tore und die mit Unkraut bewachsenen Vorhöfe kann dahingehend interpretiert werden, daß der jüdische Tempel von den Seleukiden und den Hellenisten bewußt umgestaltet wurde: Die Tore, die den Tempel von der Außenwelt abschirmten, wurden entfernt, damit jeder Zutritt zum Heiligtum hatte, und die Höfe wurden mit Bäumen bepflanzt, um sie zu hainartigen Anlagen umzugestalten. Angesichts des trostlosen Anblicks blieb den Makkabäern nichts als die Trauer (VV. 39-40) – das Blasen der Signaltrompeten wird eine ähnliche Funktion haben wie in 3,54. Bei der Reinigung, dem Wiederaufbau und der Weihe des Tempels tritt die Person des Judas, der bisher immer die Leitfigur der Handlung war, merklich in den Hintergrund. Was könnte den Verfasser dazu bewogen haben? Blicken wir zurück auf das in 3,3-6 überlieferte Loblied auf Judas, dann fällt auf, daß in diesem Lied die Restituierung des Tempel nicht als eigene Tat des Judas besungen wird; betont wird dort vielmehr die Rettung aus der Hand der Feinde, die Vertreibung der Sünder und die Befreiung Israels. Judas schaffte demnach die Rahmenbedingungen, innerhalb derer die Restituierung des Kultes möglich war. Judas Stärke lag vor allem in seinem Mut, seinem Organisationstalent (z.B. die Aufstellung einer jüdischen Armee) und seiner Entschlußfreudigkeit, die sich u.a. daran festmachen läßt, daß er die jährliche Feier des Chanukkafestes initiierte (V. 59). Judas war eindeutig Krieger, priesterliche Ambitionen lagen ihm fern. Die Reinigung und den Wiederaufbau des Heiligtums nahmen »untadelige und gesetzestreue Priester« (V. 42) vor, die Judas dazu ausgewählt hatte. Allein die Priester konnten entscheiden, was mit dem entweihten Brandopferaltar geschehen sollte. Wie bereits erwähnt, fehlten dafür Vorschriften aus der Tora, so daß sie den Altar niederreißen ließen und die unreinen Steine an einen passenden Ort gebracht wurden. Die Entscheidung darüber, was mit ihnen geschehen sollte, blieb allein einer religiösen Autorität vorbehalten – in den Augen des Verfassers eines Propheten, da dieser im Namen Gottes sprechen konnte (VV. 44-46).

Für den Wiederaufbau des Altars orientierten sie sich an Ex 20,25 und Dtn 27,5-6. Wie dort vorgeschrieben, verwandten sie für den Bau unbehauene Steine, und der neue Altar sah dann genauso aus wie der alte. Ähnlich verfuhren sie mit dem Tempel selbst. Alles, was zerstört oder verändert war, wurde wieder so hergerichtet, wie es vor der Tempelschändung war.

Die Grundform des jüdischen Tempels

1 Makk beschreibt zwar ausführlich die Schritte der Wiedereinweihung des Tempels, doch bekommen wir keine Vorstellung davon, wie der Tempel ausgesehen hat. Um sich ein ungefähres Bild des Jerusalemer Tempels machen zu können, ist es sinnvoll, die Beschreibung über den Bau und die Ausstattung des ersten Tempels unter Salomo, die in 1 Kön 5 – 7; 2 Chr 2 – 4 in Verbindung mit der Beschreibung des Tempels im »Neuen Jerusalem« nach Ez 40 – 43 überliefert ist, hinzuzuziehen.

Dieser Tempel war ein Langhausbau, der aus drei hintereinander liegenden Teilen bestand, einem Vorhof, dem Hauptheiligtum, auch das Heilige genannt und dem Allerheiligsten. Der Tempel hatte eine Ost-West-Orientierung, wobei der Vorhof nach Osten ausgerichtet war. Zedernholz und behauener Stein bildeten die Fundamente des Gebäudes.

Der Vorhof war eine Halle von 10 Ellen Länge – eine Elle mißt ca. 45 cm – und je 20 Ellen Breite und Höhe. Das Eingangstor, flankiert von zwei freistehenden Säulen, lag auf der Breitseite und maß 14 Ellen. Die Funktion der Vorhalle bestand darin, die profanen und die heiligen Teile des Tempels voneinander abzugrenzen. Vom Vorhof aus führte ein 10 Ellen breites Tor aus Zypressenholz in das Hauptheiligtum; es war der weitaus größte Raum des Tempels, 40 Ellen lang, 20 Ellen breit und 30 Ellen hoch. Durch vergitterte Fenster war es schwach erleuchtet. Es diente dem Gottesdienst. Vom Hauptheiligtum aus führten Stufen zu einer 6 Ellen breiten Eingangstür, die den Weg zum dritten Teil des Tempels, dem Allerheiligsten, freigab. Es maß in jeder Richtung 20 Ellen, war fensterlos, und sein Boden lag höher als die anderen Räume des Tempels. Das Allerheiligste war der Wohnort Gottes und dazu bestimmt, die Bundeslade und die Cherubim aufzunehmen. Anstelle eines Kultbildes bildeten die Cherubim mit ihren Flügeln einen »leeren Thron«, um die unsichtbare Gegenwart

Gottes anzuzeigen, was durch die Bundeslade, die dann als »Fußschemel« aufgefaßt werden konnte, unterstützt wurde. Wahrscheinlich war das Allerheiligste zum Haupheiligtum hin mit einem Vorhang oder einer dünnen Mauer abgetrennt. Der gesamte Tempel war, abgesehen vom Vorhof und der Eingangsfront, von 15 Ellen hohen Seitengebäuden umrahmt, die dazu dienten, die Geräte für die Opferriten oder Weihegeschenke unterzubringen. Der Tempel stand in der Mitte eines Hofes, der der innere Vorhof hieß.

Ausgestattet war der Tempel mit zwei Altären: Einem kleineren, der mit Blattgold belegt war. Er befand sich im Hauptheiligtum vor dem Eingang zum Allerheiligsten und diente dem Weihrauchopfer; und einem größeren, aus Bronze bestehend. Dieser wurde für das Brandopfer benutzt. Er stand im inneren Vorhof vor der Fassade des Tempels, war 10 Ellen hoch und in Stufen gebaut.

586 v.Chr. wurde der salomonische Tempel bei der Belagerung und Zerstörung Jerusalems durch die Babylonier niedergebrannt; die Oberschicht Jerusalems und Judas ging ins babylonische Exil. Als der Perserkönig Kyrus Babylon eroberte, erlaubte er den Juden, ihren Tempel wieder aufzubauen. 515 v.Chr. konnte die Wiederherstellung des Jerusalemer Tempel beendet und der Tempel erneut geweiht werden (vgl. Esra 3 – 6). Dieser Tempel wird vermutlich kleiner gewesen sein als der salomonische, in der Grundform aber identisch. Bis zum prächtigen Neubau des Tempels unter Herodes dem Großen ab 20 v.Chr. wird in Jerusalem und somit auch unter den Makkabäern der zweite, kleinere Tempel das religiöse Leben der Juden bestimmt haben.

LITERATUR: *G. Cornfeld / G.J. Botterweck*, Die Bibel und ihre Welt. Eine Enzyklopädie zur Heiligen Schrift, Bd. 2, Bergisch-Gladbach 1969, 1411-1421; *Th. A. Busnik*, Der Tempel von Jerusalem. Von Salomo bis Herodes. Eine archäologische Studie unter Berücksichtigung des westsemitischen Tempelbaus, Bd. 2: Von Ezechiel bis Middot, Leiden 1980; *O. Keel*, Die Welt der altorientalischen Bildsymbolik, Göttingen, 5. Aufl. 1996, Kap. III.

Die von Antiochus IV. gestohlenen Kultgeräte (vgl. 1,21-23) wurden neu gefertigt, und der Tempel mit allem versehen, was zum vollständigen Kultbetrieb notwendig war (VV. 49-51).

Auf den Tag genau drei Jahre nach der Schändung des Tempels durch Antiochus IV. wurde das Jerusalemer Heiligtum im Dezember 164 v.Chr. neu geweiht. Gemäß der Vorschrift aus Ex 29,38-42 begann man mit dem vorgeschriebenen Morgenopfer, der Darbringung eines einjährigen Lammes, auf dem Brandopferaltar, zum Zeichen dafür, daß Gott wieder unter den Israeliten wohnt (Ex 29,45). Die Weihe selbst wurde in eine Dankliturgie gekleidet: Das Volk betete und pries Gott, es brachte Brandopfer, Heil- und Dankopfer dar, und die Vorderseite des Tempels wurde mit Kränzen geschmückt (VV. 55-57). Begleitet wurde die Weihe von Liedern, Zither- und Harfenspiel sowie dem Schlagen der Zimbeln, einem beckenähnlichen Instrument (V. 54). Die auf die Initiative des Judas zurückgehende Feier des Chanukkafestes – übersetzt: des Festes der Einweihung – wird bis heute im Judentum praktiziert. Doch nicht nur das alljährlich gefeierte Fest erinnert an die Wiedereinweihung des Tempels, auch der achtarmige Chanukkaleuchter, der in vielen jüdischen Haushalten steht, soll daran erinnern. Jeden Tag des achttägigen Chanukkafestes wird daran ein neues Licht entzündet, und so gedenkt man acht Tage lang des Wiederaufleuchtens des Altarfeuers und der Menora im neugeweihten Tempel. Weitere Einzelheiten zum Chanukkafest finden sich in dem Exkurs ›Das Chanukkafest‹ im Kommentarteil zum 2 Makk.

Entgegen der bisherigen Praxis des Autors, an den Höhepunkten der Darstellung der makkabäischen Geschichte poetische Stücke einzufügen, fehlt ein solches am Ende des Berichts über die Wiedereinweihung des Tempels. Doch bedarf der Bericht keines solchen, da die Einführung des Chanukkafestes die nationale Bedeutung dieses Ereignisses genug betont.

Mit der Restituierung des Tempels gab es wieder ein religiöses Zentrum, welches nach innen hin gefestigt wurde durch die Aufnahme des Kultbetriebs und die Feier des jährlichen Chanukkafestes, nach außen hin dadurch, daß Judas den Zionsberg und die Grenzstadt Bet-Zur – den Ort, an dem sich Lysias festgesetzt hatte – befestigen und bewachen ließ (VV. 60-61).

7. *5,1-54* Die Heimholung der Diasporajuden

Vielleicht hätte nun Frieden einkehren können. Jerusalem war – bis auf die Akra – im Besitz der Makkabäer, die Juden hatten wieder ein Kultzentrum; die ursprünglichen Ziele der Widerstandsbewegung waren erreicht, doch gaben sich die Makkabäer mit diesen ›Nahzielen‹ nicht zufrieden. Mittlerweile war Größeres anvisiert. Theologisch gewendet, ging es um die Wiederherstellung des davidisch-salomonischen Großreiches, pragmatisch gewendet, ging es schlichtweg um die Konsolidierung und den Erhalt von Macht. Deshalb begann Judas, den Tempelberg und die wichtige Festung Bet-Zur zu befestigen (4,60f), und deshalb setze er alles daran, die Diasporajuden nach Judäa zu holen.

Die VV. 1-2 schildern den Anlaß für die Heimholung der Diasporajuden. Die Wiederaufrichtung des Zion rief den Zorn der um Judäa herum lebenden Heiden hervor, so daß die unter den Heiden lebenden Juden Pogromen ausgesetzt waren. Die Verfolgung der Diasporajuden veranlaßte Judas, gegen die Peiniger vorzugehen. Er besiegte die Edomiter, in V. 3 »Nachkommen Esaus« genannt, die Beoniter, Halbnomaden ohne festes Territorium, und die Ammoniter, die, wie 2 Sam 10,6-14; Neh 2,10 ausweisen, zu den Erzfeinden Israels zählten (VV. 3-8). Ihr Oberbefehlshaber Timotheus tritt in Kap. 5 noch häufiger in Erscheinung. Er befehligte die Truppen in Ammon und Gilead (vgl. VV. 9.11) sowie die dort stationierten seleukidischen Soldaten.

Die jüdische Bevölkerung aus Gilead, dem mittleren Teil des Ostjordanlandes, und die aus Galiläa baten Judas mittels Brief und Boten um Hilfe gegen die Verfolger (VV. 9-20). Der in den VV. 10b-13 überlieferte Brieftext könnte historisch sein. Möglicherweise war er, wie andere Dokumente auch, in den Jerusalemer Archiven aufbewahrt worden, die der Verfasser des 1 Makk für die Abfassung seines Buches sicher benutzt haben wird. Die Situation war brenzlig: Der bereits genannte Timotheus bedrängte die in die Festung Datema geflüchteten Juden. Wenn keine Rettung von außen kam, dann drohte den jüdischen Männern der Tod, ihren Frauen und Kindern die Gefangennahme (V. 13). Parallel dazu wurden auch die galiläischen Juden stark bedrängt. Judas sah sich zu einem Zweifrontenkrieg genötigt, den er jedoch nicht ohne Beratung mit der großen Volksversammlung vom Zaun brechen wollte (V. 16). Er selber zog mit seinem Bruder Jonatan und achttausend Kriegern nach Gilead; Simeon machte sich mit dreitausend auf den Weg nach Galiläa. Während seiner Abwesenheit beauftragte Judas Josef und Asarja mit der Leitung des Volkes. Zu ihrem Schutz ließ er den Rest des jüdischen Heeres in Judäa und schärfte seinen Vertretern ein, sich auf keinen Fall während seiner Abwesenheit in Kämpfe mit fremden Völkern einzulassen, denn bei drei und mehr Fronten war das Überleben Israels mit Sicherheit gefährdet.

Die folgenden VV. 21-54 berichten über die Bestrafungsaktionen Simeons und Judas'. (Aufgrund der Fülle der genannten Orte, die Judas und die Seinen berühren, wird im Zuge der Kommentierung der VV. 21-54 darauf verzichtet, jeweils die genaue Lokalisierung zu verzeichnen. Für Interessierte empfiehlt es sich aber, in die im Anhang befindliche Karte zu sehen; dort sind fast alle genannten Orte eingezeichnet.) Nur kurz wird die kriegerische Auseinandersetzung des Simeon mit den fremden Völkern in Galiläa erzählt (VV. 21-23). Entscheidend sind dabei drei Punkte: Simeon und den Seinen wird kein Haar gekrümmt, die Heiden werden vernichtend geschlagen und die Diasporajuden nach Judäa zurückgebracht.

Weit ausführlicher werden die Kriege des Judas in Gilead dargestellt. Dabei ist nicht nur der Ausgang der Kämpfe von Interesse – Judas ist überall der Sieger. Viel interessanter sind die Einblicke, die der Text in die Taktik der makkabäischen Kriegsführung gibt. Zunächst machte sich Judas die Freundschaft der Nabatäer zunutze (V. 25ff). Diese lebten im südlichen Ostjordanland. Die Hauptstadt ihres Reiches war Petra. Zur Zeit der Seleukidenherrschaft war ihr Einfluß so groß, daß sie die Karawanenstraßen von Südarabien nach Kleinasien und Europa beherrschten. Von den Nabatäern erfuhr Judas die Aufenhaltsorte der gefangenen Juden, so daß er nun in der Lage war, ganz zielgerichtet die Befreiung der Gefangenen anzugehen. Sein Erfolg hing vor allem an seiner Unberechenbarkeit, wie die VV. 28.29.38-43 zeigen. »Überraschend« (V. 28) machte er kehrt und eroberte die Stadt Bosora, und »noch in der gleichen Nacht« (V. 29) zog er zur Festung Datema, in die sich die verfolgten Juden geflüchtet hatten. Dort traf er auf den bereits in V. 11 erwähnten Timotheus, der mit einem gewaltigen Heer versuchte, die Festung zu stürmen. Dank des göttlichen Beistandes

(V. 33) gelang es den Makkabäern, das feindliche Heer zu besiegen. Den Siegen der Makkabäer folgte umgehend der Vollzug des Bannes an den Besiegten. Die gesamte männliche Bevölkrung wurde getötet, die Stadt geplündert und niedergebrannt (VV. 28.35.44.51). Dies war nicht nur Strafe, dies war Ausrottung der Bedrohung und Abschreckung für andere Feinde.

Die in den VV. 37-44 erzählte Episode über einen erneuten Kampf der Makkabäer mit Timotheus zielt im Großkontext der Heimholung der Diasporajuden und der Bestrafung ihrer Peiniger auf eine ganz besondere Pointe – unter anderem deutlich daran zu erkennen, daß die einleitende Wendung »nach diesen Ereignisen« (V. 37) den folgenden Bericht vom vorhergehenden abtrennt. Worum geht es? Timotheus sammelte ein neues Heer, um noch einmal den Makkabäern entgegenzutreten. Als Lager- und Sammelplatz wählte er einen Ort, der sich für eine kriegerische Auseinandersetzung eignete und der die Chance auf einen Sieg bot. Der Ort Rafon lag an einem Nebenfluß des Jarmuk. Timotheus hatte gegenüber von Rafon auf der Westseite des Wadi sein Lager aufgeschlagen. Möglicherweise war dort mehr Platz, ein großes Heer aufzustellen, als in der Schlucht, in der Rafon selbst lag. Der Aufmarsch eines so großen Heeres blieb den Makkabäern nicht verborgen, und durch Spione kundschafteten sie die Lage aus (V. 38). Die Späher berichteten, daß die Feinde kampfbereit wären, und so sah Judas die einzige Chance auf einen Sieg darin, Timotheus zuvorzukommen und ihn sofort anzugreifen. Seine Taktik ging auf, und er besiegte die feindlichen Truppen, die in das Heiligtum von Karnajim flüchteten (VV. 39b-43). In Karnajim wurde seit langem die Göttin Astarte verehrt; 2 Makk 12,26 allerdings schreibt das dortige Heiligtum der syrischen Göttin Atargatis zu. Doch kann man vermuten, daß im Lauf der Zeit beide Göttinnengestalten miteinander verschmolzen wurden. Die Flucht der feindlichen Soldaten in den Tempel mochte mit der Hoffnung verbunden gewesen sein, Judas und die Seinen würden auch einen heidnischen Tempel als Ort des Asyls respektieren, doch wurde ihre Hoffnung getäuscht (V. 44). Zwei Aspekte treten in diesem Bericht besonders hervor: Timotheus, auch Oberbefehlshaber der seleukidischen Truppen in Gilead, wird besiegt. Damit erleiden die seleukidischen Truppen in nichtjudäischem Territorium eine empfindliche Schlappe, und es wird deutlich, daß die

Seleukiden mit den Makkabäern auch außerhalb Judäas als Gegner zu rechnen haben. Des weiteren verfahren die Makkabäer mit dem heidnischen Tempel genauso, wie sie es an ihrem Jerusalemer Heiligtum erfahren haben. Sie töten die Anhänger der Astarte/Atargatis und zerstören deren Tempel. Doch geht es hier nicht nur um ein ›Auge um Auge, Zahn um Zahn‘. Mit der Zerstörung des heidnischen Tempels wird der Exklusivanspruch Gottes und zugleich die monotheistische Ausrichtung des Judentums dokumentiert.

Die Rückführung der Israeliten aus Gilead war nicht ohne Gefahr. Da sich die Familien mit ihrer gesamten Habe auf den Weg machten (V. 45), wird der Zug entsprechend lang und schwerfällig gewesen sein. Vor allem mußten die Israeliten damit rechnen, daß sie weiterhin feindlichen Attacken ausgesetzt waren. Die Verweigerung der Bewohner Efrons, ihnen den Durchzug durch ihr Land zu gewähren, kann mit der Angst vor der ›Brutalität‹ der Makkabäer zusammenhängen (V. 48) – vielleicht war ihnen der Ruf vorausgeeilt, daß sie alles dem Erdboden gleich machten, was sich ihnen in den Weg stellte. Die Folge war, daß Efron von den Juden belagert und gestürmt wurde, die gesamte männliche Bevölkerung erschlagen und die Stadt zerstört und geplündert wurde (VV. 49-51). Der lange Weg zehrte an den Kräften der Israeliten, und nur mit Durchhalteparolen konnten sie Judäa erreichen. Der Lohn für die gefahrvolle und entbehrungsreiche Strecke war der Zug zum Berg Zion unter Jubel und Freude, wo man Gott opferte und dankte für die wohlbehaltene Heimkehr (VV. 52-53).

8. *5,55-68* Die Retter Israels

Die Makkabäer sind »aus dem Geschlecht derer, die mit der Rettung Israels beauftragt waren« (V. 62). Dieser Satz ist die Kernaussage der VV. 55-68; in ihm steckt die Legitimation der gesamten hasmonäischen Dynastie! Alle Erfolge der Makkabäer beruhen nicht auf ihrem kämpferischen Können oder ihrer besonderen Taktik. Sie reüssieren deshalb, weil sie von Gott dazu auserwählt worden sind, Israel zu retten. Ein Blick in den griechischen Urtext des 1 Makk macht die göttliche Beauftragung zur Rettung Israels deutlich. Dort heißt es nämlich, daß den Makkabäern die Rettung *gegeben wurde*. Die passivische Formulierung ›gegeben wurde‹ ist als passivum divinum zu verstehen und besagt, daß Gott derjenige ist, der mit der Rettung beauftragt. Zudem setzt die Wahl des griechischen Wortes *›soteria‹*, welches die EÜ mit ›Rettung‹ übersetzt, eine weitaus größere Bedeutungsdimension frei, als die deutsche Übersetzung erahnen läßt. Es geht nicht einfach nur um die Errettung aus jedweder Form von Not. Der Begriff *soteria* meint häufig auch das eschatologische Heil. Gerade in den jüngeren Schriften des AT (Jdt, Weish, Sir) läßt sich dieses Verständnis nachweisen. Nehmen wir dieses auch für 1 Makk 5,62 an, dann fällt auf das Geschlecht der Makkabäer ein besonderes Licht. Denn wenn sie dazu beauftragt sind, Israel das eschatologische Heil zu bringen, dann ist verständlich, warum sie siegreich aus den bisherigen Kriegen hervorgingen, und dann ist es selbstverständlich, daß das jüdische Volk die Makkabäer voll unterstützt.

Die kurze Notiz in den VV. 56-61 dient als Negativfolie. Sie führt den Lesern des 1 Makk vor Augen, was geschieht, wenn man sich anmaßt, ähnliches erreichen zu wollen wie die Makkabäer, ohne von Gott dazu beauftragt zu sein.

Die besondere Erwählung des Judas und seiner Brüder schien es zu rechtfertigen, daß Judas nach Süden vorstieß und einen Eroberungsfeldzug gegen die Heiden unternahm, ohne daß er von bedrängten Glaubensgenossen zu Hilfe gerufen worden war (VV. 65-68). Hierin steckt ein weiterer Hinweis darauf, daß sich die Politik der Makkabäer zu wandeln begann, indem sie von der reinen Verteidigung und Befreiung der Diasporajuden übergingen zu aggressivem Expansionskrieg.

9. *6,1-17* Der Tod des Antiochus Epiphanes

Der große Widersacher ist tot. Nach der Wiedereinweihung des Tempels, der Rückführung der Diasporajuden und der Legitimation der makkabäischen Herrschaft erscheint der Tod des Kontrahenten Antiochus, interpretiert als Bestrafung des Übeltäters (V. 13), als weiterer Höhepunkt der Makkabäergeschichte. Doch entspricht der hier skizzierte Ablauf der Ereignisse nicht den historischen Tatsachen, vielmehr stellt er eine gezielte Komposition des Verfassers dar, denn Antiochus IV. starb Ende 164 v.Chr. *vor* dem Wiederaufbau des Jerusalemer Tempels. Belegt wird dies durch die seleukidische Königsliste BM 35603, die die Regierungsjahre aller seleukidischen Regenten, die über Babylon herrschten, aufgelistet hat. Außerdem weisen der Bericht von der Wiedereinweihung des Tempels und vom Tod des Antiochus in 2 Makk 9 – 11 genau die umgekehrte Reihenfolge auf.

Die Staatskasse war leer, und um sie wieder aufzufüllen, war Antiochus IV. nach Persien (vgl. 3,31) gezogen. Doch sein Versuch, einen Tempel in Elymais zu plündern, schlug fehl (VV. 1-4). Eine persische Stadt mit Namen Elymais gibt es nicht. Eventuell ist dieser Name die griechische Form von Elam und meint das Gebiet um die alte persische Residenzstadt Susa. Der von Antiochus anvisierte Tempel war laut 2 Makk 1,13 der Göttin Nanäa zugeeignet. Er könnte identisch sein mit dem bei Polybios und Strabo für diese Gegend erwähnten Artemistempel, zumal bei den Griechen die Göttin Nanäa mit Artemis identifiziert wurde.

Der Mißerfolg der Persienexpedition aber ist nichts gegen das Scheitern der seleukidischen Politik in Judäa – so zumindest will es der Verfasser den Lesern plausibel machen. Antiochus erfuhr in Persien von der Niederlage des Lysias und der Wiederrichtung des Jerusalemer Tempels (VV. 5-7). Diese Nachricht warf ihn auf das Krankenlager und war aus der Sicht des 1 Makk verantwortlich für seinen Tod (VV. 8-10.16). Realistisch betrachtet muß man allerdings sagen, daß das Scheitern der seleukidischen Pläne in Judäa für den König eines so riesigen Reiches kaum ein derartiges Gewicht erlangt haben wird, daß er darüber krank geworden wäre.

Welche Krankheit ihn nun wirklich befallen hatte und warum, läßt sich nicht mehr feststellen, da es darüber unterschiedliche Auskünfte gibt. Während JosAnt XII,9,1 den massiven Ärger über die Niederlage als Ursache angibt und 2 Makk 9,5 von quälenden Schmerzen in den Eingeweiden spricht, schildert 1 Makk 6,8f depressive Anfälle als Reaktion auf die Nachricht. Festzuhalten bleibt nur die Tatsache, daß er schwer erkrankte. Kurz vor seinem Tod regelte Antiochus IV. – ähnlich wie Alexander der Große (vgl. 1,5-6) – seine Nachfolge. Nicht Lysias, der in Abwesenheit des seleukidischen Königs die Vormundschaft über dessen Sohn Antiochus V. übernommen hatte, wurde die Herrschaft übergeben, sondern einem Freund des Königs, Philippus, den Antiochus IV. damit beauftragte, die königlichen Insignien (V. 15) an seinen damals zwölfjährigen Sohn weiterzugeben und dessen Erziehung bis zu seinem Regierungsantritt zu übernehmen (VV. 14f). Zweifellos erwuchs hier, wie die folgenden Ereignisse zeigen werden, dem Lysias ein scharfer Konkurrent. Lysias reagierte auf die Nachricht vom Tod des Königs mit der Einsetzung Antiochus V. zum Herrscher (Ende 164/Anfang 163 v.Chr.) und gab ihm den Beinamen Eupator, was so viel heißt wie ›von edlem Vater‹ und auf die Popularität Antiochus IV. anspielen sollte.

Die Einsicht in sein Fehlverhalten hinsichtlich der Juden und des Jerusalemer Tempels, die Antiochus zu einem regelrechten Schuldbekenntnis veranlaßten (VV. 12f), ist sicherlich nicht historisch, sondern interpretatio iudaica: Wer sich gegen Gott stellt, ist des Todes. Diese Ausage ist die Grunderkenntnis, die dem Leser des Schuldbekenntnisses vermittelt werden soll. Was an Historischem bleibt, ist nicht viel: Antiochus hielt sich in Persien auf und wurde dort von einer tödlichen Krankheit erfaßt. Kurz vor seinem Tod regelte er seine Nachfolge.

10. *6,18-63* Krieg und Frieden. Der zweite Feldzug des Lysias gegen die Makkabäer und der Friedenschluß

Jetzt hätte eigentlich Frieden einkehren können. Israels größter Widersacher war tot, doch war die Gefahr für Israel nicht gebannt. Die Vorgeschichte des Lysiasfeldzugs zeigt, daß Gefahr für das Volk nicht nur von den Seleukiden drohte, sondern genauso von den immer noch aktiven Reformjuden.

Trotz der Wiederinbesitznahme des Jerusalemer Tempels war die Situation in der Stadt noch nicht so, wie sie von den Makkabäern gewünscht war. Nach wie vor war die Akra der seleukidische Stützpunkt in Jerusalem und stellte für die gesetzestreuen Juden eine Bedrohung dar. Zudem bot sie den abtrünnigen Juden Unterkunft und Schutz. Deshalb begann Judas im Frühsommer 163 v.Chr. mit der Belagerung der Akra. Der junge König Antiochus V. wird um Hilfe gerufen – nicht, wie anzunehmen wäre, von den seleukidischen Soldaten, sondern von den Reformjuden, die Judas dem König gegenüber der Rebellion anklagen (VV. 21-17). Die Aktion des Judas war sicherlich der auslösende Faktor für den Entschluß zum zweiten Feldzug gegen die Juden im Frühjahr 162 v.Chr. Doch wird auch ein weiterer Grund eine gewichtige Rolle gespielt haben: Lysias mußte mit einer Auseinandersetzung mit seinem Kontrahenten Philippus rechnen, und von daher war es wichtig, das unruhige Palästina zu befrieden, um keinen Zweifrontenkrieg führen zu müssen. Auf seinem Marsch gegen die Juden nahm er den jungen König Antiochus V. mit, sicher auch, um ihn dauerhaft unter Kontrolle zu haben.

Die Aussicht auf eine Auseinandersetzung mit Philippus erklärt, warum ein sehr großes Heer rekrutiert wurde (VV. 29f). Das seleukidische Heer zog zunächst nach Bet-Zur und begann mit der Belagerung der von Judas befestigten Stadt. Angesichts des ungleichgewichtigen Kräfteverhältnisses stand zu erwarten, daß Bet-Zur sich nicht halten konnte. Ein Verlust dieser wichtigen Grenzstadt bedeutete für Judas allerdings eine empfindliche Schwächung seiner Position. Deshalb brach er die Belagerung der Akra ab und zog Richtung Bet-Zur. Ungefähr 10 km vor Bet-Zur schlug er in den Höhen von Bet-Sacharja ein befestigtes Lager auf (VV. 31-41). Entgegen bisheriger Berichterstattung schildert der Autor detalliert die Zusammensetzung und Aufstellung der feindlichen Armee, denn diesmal hat die Art und Weise, wie der Feind erscheint, starken Einfluß auf die Kampfbereitschaft der jüdischen Truppe und den Ausgang der Auseinandersetzung. Lysias ließ für's erste von Bet-Zur ab und zog Richtung Bet-Sacharja. Erstmals ließ sich Judas auf einen Kampf in der Ebene, d.h. in einem breiten Tal nahe bei Bet-Sacharja, ein. Traute er sich aufgrund der gewonnenen Stärke und Erfahrung seiner Truppe eine derartige Kriegsform zu? Lysias wagte einen Angriff, indem er als Vorhut die Kriegselefanten in die Schlacht schickte. Diese erlitt große Verluste. Besonders erwähnt wird die Tat des Eleasar, der glaubte, beim Anblick eines stattlich ausgerüsteten Elefanten das Reittier des Königs vor sich zu haben und ganz nach makkabäischer Taktik versuchte, direkt zu Beginn des Kampfes den feindlichen Führer auszuschalten, um so die Moral der Truppe zu schwächen. Doch Eleasar irrte sich, und seine Tat war umsonst (VV. 42-46).

Die Überlegenheit der Seleukiden ließ Judas den Rückzug antreten; er schaffte es, Jerusalem zu erreichen, wurde aber dort von den königlichen Truppen eingeschlossen. Daraufhin verbarrikadierte er sich im Tempel. Gleichzeitig kapitulierte Bet-Zur, da den dortigen

Verteidigern aufgrund der Einhaltung des Sabbatjahres die Nahrungsmittel ausgegangen waren. Nach Ex 23,10f und Lev 25,2-7 sollte das Land in jedem 7. Jahr, genannt Sabbatjahr, ruhen. Während des Sabbatjahres wurde weder das Land bearbeitet noch abgeerntet. Das Sabbatjahr begann im Herbst und dauerte bis zum Herbst des folgenden Jahres, d.h. konkret für unsere Textstelle vom Herbst 164 v.Chr. bis zum Herbst 163 v.Chr. Die Einhaltung des Sabbatjahres trotz der Kriege mit den Seleukiden und dem Bevölkerungszuwachs in Judäa aufgrund der Rückführung der Diasporajuden zeugte von der strikten Toraobservanz der Makkabäer (vgl. VV. 49-54).

Die Belagerung des Jersualemer Tempels mit den darin verschanzten Juden erreichte ein kritisches Stadium. Die Übermacht der Feinde war groß, die Vorratsräume waren leer, die Belagerung zog sich hin, und die Moral der Verteidiger sank nahezu null. Dann kam die Wende. Im Seleukidenreich hatten sich die politischen Ereignisse zugespitzt. Lysias‹ Konkurrent Philippus macht Anstalten, die Regierung zu übernehmen. Um seine Macht zu erhalten, mußte sich Lysias dem Philippus entgegenstellen und gen Antiochia ziehen. Damit ihm der Rücken im Süden des Landes frei blieb, überzeugte er Antiochus V., Frieden mit den aufständischen Juden zu schließen und ihnen die freie Ausübung ihrer Religion zuzugestehen. Die politischen Rechte der Seleukiden blieben bei dem Friedensschluß gewahrt, denn sonst hätte Antiochus Eupator kaum auf der Übergabe der Befestigungsanlagen des Tempels bestehen und den Befehl erteilen können, die Mauern der Festung schleifen zu lassen (VV. 61f). Antiochus und Lysias zogen mit ihrem Heer nach Antiochia, wo sich Philippus aufhielt, und nahmen die Stadt mit Gewalt (V. 63). Was aus Philippus wurde, wird nicht berichtet. Nach JosAnt XII 9,7 wird er von Antiochus gefangen genommen und getötet, 2 Makk 9,29 berichtet von dessen Flucht nach Ägypten.

Eigentlich war jetzt das Ziel des makkabäischen Freiheitskampfes erreicht, da durch den Friedensschluß mit den Seleukiden die Religionsfreiheit auch von ›offizieller‹ Seite wiederhergestellt war. Nicht so in den Augen des Verfassers. Bereits V. 62 deutet an, daß die Seleukiden unsichere Vertragspartner sind. Außerdem ist die innerjüdische Opposition noch nicht ausgeschaltet. Wir werden davon auszugehen haben, daß nach dem Friedensschluß weiterhin zwei jüdische Parteien in Judäa existierten, die Reformjuden/Hellenisten, die in der Akra residierten, und die Gesetzestreuen, die in zugesicherter Freiheit den Tempelkult ausüben konnten. Die endgültige Regelung einer friedlichen Koexistenz werden sich Antiochus und Lysias für die Zeit nach der Ausschaltung des Philippus aufgehoben haben; doch sollte es dazu nicht mehr kommen.

11. *7,1-25* Die Auseinandersetzungen mit Bakchides und Alkimus

Nach der Beseitigung des Philippus hatte es zunächst den Anschein, als wäre der Erhalt der Macht für Lysias und Antiochus V. gesichert. Doch der Schein trog. Im Herbst 162 v.Chr. gelang es Demetrius I., dem Sohn des 175 v.Chr. ermordeten Seleukidenkönigs Seleukus IV. Philopator, aus Rom zu fliehen. Dorthin war er als Geisel gebracht worden, nachdem er zugunsten seines Onkels Antiochus IV. Epiphanes auf den Seleukidenthron hatte verzichten müssen. Er landete in Tripolis und nahm den Kampf um die Herrschaft mit seinem Vetter Antiochus V. auf, aus dem er siegreich hervorging. Antiochus und Lysias ließ er daraufhin ermorden (VV. 1-4).

Mit dem Machtwechsel im Seleukidenhaus trat auch in Judäa der innerjüdische Zwist wieder stärker in den Vordergrund. Die Gruppe der Reformjuden – »Gesetzlose und Frevler«, wie V. 5 sie bezeichnet – zogen den neuen König auf ihre Seite und baten um militärische Unterstützung gegen die Makkabäer. Mit Alkimus wird erstmalig im 1 Makk ein Hoherpriester erwähnt. Er stand an der Spitze der Hellenisten. Sein Ziel war die Wiedererlangung des Hohenpriesteramtes, aus dem er von Judas vertrieben worden war, und die Bestrafung der Makkabäer (VV. 5-7). Mit deutlichen Worten charakterisiert der Verfasser Alkimus: Er ist ruchlos (V. 9) und zählt zu den Gesetzlosen und Frevlern (V. 5). Er schwört einen Meineid (V. 15f) und besitzt weder Treue noch Recht (V. 18), ja er ist sogar schlimmer als die Ausländer (V. 23). Dieses Negativbild läßt aufhorchen. Warum erwähnt der Autor des 1 Makk Alkimus überhaupt und beschreibt ihn auf diese Art und Weise, wo er doch seine Amtsvorgänger keines Wortes würdigt? Die Schriftgelehrten und Hasidäer hatten Alkimus als Hohenpriester anerkannt, da er ein Aaronit war (s.u.). Mit der Anerkennung begann die antiseleukidische Front zu bröckeln, und der Einfluß der Makkabäer wurde geschwächt. Durch die Charakterisierung des Alkimus als Gottlosen führt der Verfasser den Lesern vor Augen, daß die Zugehörigkeit zu einer hohen Priesterfamilie noch keine Garantie für eine toragemäße Amtsführung darstellte und demzufolge die Hasidäer und Schriftgelehrten vorschnell dem Alkimus zugestimmt haben. Daß dem so ist, zeigt 7,16, wo von der Ermordung einiger Hasidäer durch Alkimus berichtet wird. Gleichzeitig bereitet der Autor das Terrain vor für das zukünftige Hohepriestertum der Makkabäer, welches sich positiv von der Amtsführung des Alkimus absetzt, so daß der aufmerksame Leser den makkabäischen Hohenpriestern nur zustimmen kann.

Alkimus' Vorgänger im Hohenpriesteramt, Menelaus, war während des zweiten Lysiasfeldzuges in Ungnade gefallen; man gab ihm die Schuld an den erneuten Auseinandersetzungen mit den Juden und ließ ihn töten (vgl. 2 Makk 13,3-7). Es ist zu vermuten, daß hinter der Ermordung des Menelaus eine Taktik des Lysias steckte. Lysias sah, daß eine Beendigung der kriegerischen Auseinandersetzungen nur dann möglich war, wenn er den gesetzestreuen Kreisen in Judäa die Ausübung ihrer Religion gestattete und eine Aufhebung des Religionsverbots Antiochus IV. beim jetzigen König Antiochus V. erwirkte. In diesem Zusammenhang aber war Menelaus als radikaler Befürworter des Religionsverbots nicht mehr haltbar, zumal Lysias sich denken konnte, daß die immer mächtiger werdende Gruppe der Toratreuen Menelaus als Hohenpriester nicht akzeptieren würden. An Stelle des Menelaus setzte Antiochus V. Alkimus als Hohenpriester ein (vg. 2 Makk 14,3.7, JosAnt XII 9,7). Da Alkimus aus der Priesterfamilie des Aaron stammte, also Aaronit war, bestand die Chance, daß er von den Chassidim/Hasidäern, aber auch von den Schriftgelehrten, d.h. von den jüdischen Theologen, als legitimer Hoherpriester anerkannt wurde (VV. 12-14). Ob der Anerkenntnis des Alkimus eine beratende Synode der Schriftgelehrten vorausging, auf der die Frage erörtert wurde, inwieweit es den Seleukiden gestattet sei, Alkimus, der zwar priesterlicher Abstammung, nicht aber Zadokide war, das Hohepriesteramt zu übertragen, obwohl der legitime zadokidische Nachfolger des ermordeten Hohenpriesters Onias III., Onias IV., noch lebte, wird in der Forschung diskutiert, läßt sich aber quellenmäßig nicht belegen. Nach Aussage von 1 Makk 7,12f können wir nur davon ausgegehen, daß Alkimus von den Schriftgelehrten und Hasidäern anerkannt wurde. Judas und die Seinen hingegen lehnten Alkimus nach wie vor ab. V. 6 verweist sogar darauf, daß Alkimus vermutlich recht bald nach seiner Amtseinsetzung von Judas aus Jerusalem vertrieben worden war. Deshalb versuchte er, die Gunst Demetrius‹ I. zu erlangen, um wieder auf seinen Posten zu kommen. Alkimus hatte Erfolg mit der Verklagung der Makkabäer. Demetrius beauftragte Bakchides, den Befehlshaber in Syrien und Palästina (V. 8) zusammen mit Alkimus, den er im Frühling 161 v.Chr. zum Hohenpriester einsetzte, an den Juden Vergeltung zu üben. Die Strategie des Bakchides, zunächst den Makkabäern Frieden anzubieten, um sie dann vernichten zu können, durchschaute Judas als Hinterlist. Die Schriftgelehrten und Hasidim hingegen waren so ›naiv‹, daß sie den Beteuerungen des Alkimus glaubten (V. 15) und mit ihm Frieden schließen wollten. Doch folgte auf ihr Vertrauen nicht Friede, sondern Tod; Alkimus ließ sechzig Fromme hinrichten. Mit einem Zitat aus Ps 79,2b.3 bringt der Verfasser den Schmerz über die Ermordung der Hasidäer zum Ausdruck (V. 17).

Bakchides versuchte unterdessen eine gewaltsame Befriedung Judaäs und schien der Meinung zu sein, daß die Stellung des Alkimus nun genügend gesichert sei, so daß er sich nach Antiochia zurückzog (VV. 19-20). Zunächst hatte es auch den Anschein, als könnte Alkimus seine Stellung verfestigen, doch sehr bald setze ihm die Opposition unter der Führung des Judas zu, so daß er sich erneut an Demetrius mit der Bitte um Hilfe wenden mußte (VV. 21-25).

12. *7,26-50* Der Kampf mit Nikanor

Zur Unterstützung des Alkimus schickte Demetrius seinen Heerführer Nikanor. Dieser war wohl nicht identisch mit dem in 3,38 genannten Feldherrn selben Namens. Sonst hätte Judas ihn kaum freundschaftlich begrüßt. Nach JosAnt XII 10,4 war er ein Gefährte des Demetrius, der mit ihm aus Rom geflohen war.

Die Perikope über die Auseinandersetzung mit Nikanor ist lebhaft gestaltet. Direkte Rede, Gespräch und Gebet begegnen hier häufiger als sonst. Dadurch wird der Leser stärker in das Geschehen eingebunden und die Bedeutung der Perikope unterstrichen.

Nikanor kam in der Absicht, ›Frieden‹ in Judäa herzustellen. Frieden hieß in seinen Augen aber Vernichtung der Aufständischen; warum hätte er sonst ein großes Heer mitführen sollen? Obwohl er zunächst von Judas empfangen wurde, kommt es schon bald bei Kafar-Salama ca. 10 km nordwestlich von Jerusalem zur ersten kriegerischen Auseinandersetzung mit den Juden, da Judas die wahren Absichten des Seleukiden durchschaut hatte. Das Heer des Nikanor erlitt Verluste und mußte sich nach Jerusalem in die seleukidische Burg zurückziehen (VV. 27-32). Seinen Ärger über diesen Mißerfolg ließ Nikanor an den Tempelpriestern und den Ältesten des Volkes aus. In guter Absicht waren diese dem seleukidischen Befehlshaber entgegengegangen, um ihm vom vollzogen Opfer für den König zu berichten. Dies war seit persischer Zeit (vgl. Esra 6,10) Zeichen der Loyalität der Juden mit dem amtierenden Herrscher. Nikanor schien dieses Zeichen nicht auszureichen. Er verunreinigte die Priester, vermutlich indem er sie anspie, was nach Jes 50,6; Ijob 30,10 Zeichen der Verachtung war. Zudem verlangte er die Auslieferung der makkabäischen Truppe im Sinne eines brauchbaren Loyalitätsbeweises. Sollten sie dieser Forderung nicht nachkommen, drohte er, den Tempel in Brand zu setzen. Die Vermessenheit des Nikanor ließ die Priester zu Gott um Vergeltung flehen (VV. 33-38).

Nikanor hatte sich von Jerusalem nach Bet-Horon begeben, um dort ein weiteres seleukidisches Heer in Empfang zu nehmen, welches zur Verstärkung seiner Truppen nach Palästina gekommen war. Mit seinen ihm zur Verfügung stehenden Truppen wollte er den Anmarsch der Verstärkung nach Jerusalem sichern, da das Gebiet zwischen Bet-Horon und Jerusalem gebirgig und unübersichtlich war. Auf dem Rückweg nach Jerusalem wurde er bei Hadascha, 8 km nördlich von Jerusalem gelegen, von Judas und seinen dreitausend Kriegern, die dort ihr Lager aufgeschlagen hatten, überfallen. Im März 160 v.Chr. kam es zur entscheidenden Schlacht. Ähnlich wie die Priester in V. 37f betete auch Judas zu Gott um Bestrafung des Übeltäters; beide Gebete werden beherrscht vom alttestamentlichen Vergeltungsgedanken. Zudem spielte Judas auf die Rettungstat Gottes vor der Schlacht gegen die Assyrer an, die in 2 Kön 19,14-37 berichtet wird (VV. 41f), er verband damit die Hoffnung auf einen Sieg. Das Heer der Seleukiden wurde gänzlich vernichtet. Wer nicht auf dem Schlachtfeld starb, wurde verfolgt und getötet. Das Blasen der Signaltrompeten (V. 45) ist Aufforderung zur generellen Verfolgung der Feinde. Nikanor fiel, einer des öfteren angewandten Taktik der Makkabäer zufolge, direkt zu Beginn der Schlacht, und so war sein führerloses Heer leichter in die Knie zu zwingen. Dem Toten wurden der Kopf und der rechte Arm abgeschlagen und öffentlich in Jerusalem aufgehängt. Mit dieser grausamen Tat demonstrierten die Makkabäer vor allen, Hellenisten, gesetzestreuen Juden und Seleukiden, welche Folge es hat, das Heiligtum zu verspotten (V. 47). Die Einführung des Nikanortages als nationaler Gedenktag (V. 48) war Resultat der Bewertung des siegreichen Kampfes gegen die Seleukiden. Sie stellte eine Provokation des Hohenpriesters und der Hellenisten sowie der Seleukiden dar. Wurde den innerjüdischen Gegner verdeutlicht, welche Folgen der Angriff auf den Tempel haben kann, so mußten die Seleukiden in diesem symbolhaften Akt den Versuch der Juden sehen, sich aus dem seleukidischen Reichsverband herauslösen zu wollen.

13. *8,1-32* Vertrag mit Rom

Kap. 8 offenbart das politische Geschick des Judas und das kompositorische des Autors von 1 Makk.

Mit der Einsetzung des Nikanortages als nationaler Feiertag setzte Judas bewußt ein Signal für die Loslösung aus dem seleukidischen Großreich. Doch war ihm klar, daß das kleine Juda nicht ohne die Rückendeckung einer Großmacht existieren konnte. Nur dann war es möglich, Israel als Nation wiedererstehen zu lassen. Da es nur zwei Imperien gab, die Schutzfunktionen für Juda übernehmen konnten, das eine aber, nämlich das seleukidische Reich, nicht in Betracht kam, blieb allein die Großmacht Rom übrig – das Reich der Ptolemäer fiel aus den Überlegungen heraus, da Ägypten Bündnispartner Roms war. So versuchte Judas, mit Rom ein Bündnis zu schließen.

Den Bericht über das Bündnis teilt der Verfasser in zwei Teile. Im ersten Teil werden die Taten Roms dargestellt, im zweiten Teil folgt der Wortlaut des Vertrags. Geschickt legt der Verfasser die Gründe für den Pakt mit Rom dar, denn: Wie die Seleukiden sind auch die

Römer Heiden, und Judas will ein Bündnis mit Heiden eingehen. Deshalb ist es notwendig, bei den Lesern Überzeugungsarbeit für dieses Tun zu leisten.

Zunächst werden die Römer und ihre Taten vorgestellt. Die Römer waren im Kriegsführen geübt, wohlwollend denen gegenüber, die zu ihnen hielten, und bereit, Freundschaft mit denen zu schließen, die sie darum baten (V. 1). Ihre Staatsform kam der der Juden nahe. Beide Staaten verzichteten auf das Königstum – Krone und Purpurgewänder aus V. 14 stehen symbolhaft für die orientalischen Königshäuser – und wurden von einer Ratsversammlung geleitet. In Jerusalem war es die Gerusie, in Rom der Senat. Er setzte sich aus 300 Senatoren zusammen – die Zahl 320 ist vermutlich Abschreibfehler aus dem hebräischen Original, in Kriegszeiten wurde ein Diktator bestimmt, der die Regierungsgewalt übernahm (VV. 15-16).

Intensiv beschreibt der Verfasser die kriegerischen Erfolge der Römer im 2. Jh. v.Chr. Die Unterwerfung der »Galater« in V. 2 meint den Sieg über die Gallier in Norditalien 190 v.Chr. Die Eroberung Spaniens und damit die Befreiung aus karthagischer Vorherrschaft geschah 206 v.Chr. durch P. Scipio Africanus und 195 v.Chr. durch die Feldzüge des Cato. Die nicht näher benannten Könige in V. 4 meinen vermutlich die karthagischen Heerführer Hannibal und Hasdrubal. 197 v.Chr. wurde Philippus V., König in Mazedonien (Land der Kittäer V. 5), von Quinctius Flamininus bei Kynoskephalai besiegt. Sein Nachfolger Perseus unterlag 168 v.Chr. bei Pydna dem römischen Feldherrn Aemilius Paulus. Mazedonien wurde in vier Republiken aufgeteilt.

Sehr ausführlich widmet sich der Autor den Auseinandersetzungen der Römer mit den Seleukiden und den Griechen, denn diese sind in seinen Augen die Feinde der Juden. Damit liefert er eine Argumtentationshilfe für das Bündnis mit Rom. Weil Rom die äußeren Feinde der Juden (teilweise) besiegt hat, bietet es sich an, mit dieser Großmacht einen Vertrag zu schließen, um bei weiteren Auseinandersetzungen mit den Seleukiden eine Rückendeckung zu haben.

Antiochus III., Vater Antiochus IV. Epiphanes, wurde 190 v.Chr. bei Magnesia von den Römern besiegt und im Friedensvertrag von Apamea 188 v.Chr. zu hohen Reparationszahlungen verpflichtet.

V. 7 berichtet von der Gefangennahme des Antiochus, doch ist dies historisch nicht belegbar. Zwar versuchten die Römer, den seleukidischen König in ihre Gewalt zu bringen, doch konnte dieser sich durch Flucht nach Sardes entziehen. Der Bericht V. 8 über die erzwungene Abtretung der Provinzen Indien, Medien und Lydien ist nicht ganz stimmig. Antiochus hatte Indien niemals in Besitz genommen, und die Provinz Medien blieb immer seleukidisch. Vermutlich handelt es sich hier um Abschreibefehler.

Es entsprach römischer Praxis, treue Vasallen mit Land zu belohnen. So erhielt Eumenes II. von Pergamon dafür, daß er sich den Römern angeschlossen hatte, das dem Antiochus abgenommene Gebiet.

Das harte Vorgehen der Römer kommt insbesondere in der Bestrafungsaktion gegen Griechenland zum Ausdruck (VV. 9-10). Der Autor spielt hier auf das grausame Vorgehen des Konsulus L. Mummius gegen den archäischen Bund 146 v.Chr. an. Mummius zerstörte die Stadt Korinth und verkaufte die Bevölkerung als Sklaven. Hier wird übrigens ein Ereignis aufgegriffen, daß erst nach dem Tod des Judas geschah.

Judas schickte Eupolemos und Jason als Unterhändler nach Rom, um mit Rom einen Freundschafts- und Friedenspakt zu schließen. Diesem Anliegen entsprach der römische Senat (VV. 17-22). Eine genaue Identifizierung der beiden Personen ist nicht möglich. Eupolemos könnte identisch sein mit dem gleichnamigen jüdisch-hellenistischen Geschichtsschreiber, der eine – nicht mehr erhaltene – Judasvita verfaßt hat; Jason könnte entweder ein Sohn des Judasbruders Eleasar sein oder aber ein Sohn des in 2 Makk 6,18-31 erwähnten Märtyrers Eleasar.

VV. 23-28 enthalten den Wortlaut des ›Vertrags‹ zwischen den Römern und dem jüdischen Volk; aller Wahrscheinlickeit nach ein Dokument, welches der Verfasser im Jerusalmer Archiv einsehen konnte. Ein Blick in den griechischen Text gibt Aufschluß über die Art und Weise des ›Vertrags‘. Judas‹ Unterhändler waren mit der Bitte um ›philia kai symmachia‹, d.h. mit der Bitte um Freundschaft und Bundesgenossenschaft nach Rom gekommen. Diese wurde den Juden gewährt. Freundschaft und Bundesgenossenschaft beruhten auf Gegenseitigkeit (VV. 24-28). Wurde einer der beiden Partner in kriegerische Handlungen verstrickt, stand der andere – falls erforderlich – zur Seite. Vom Standpunkt des römischen Rechts aus waren die Freundschafts- und Bundespakte aber keine Verträge im eigentlichen Sinn, da sie für Rom nicht bindend waren. Die Vormachtstellung der Römer kommt auch im Wortlaut des Paktes VV. 26.28 zum Ausdruck: Die Einforderung und die Gewährung von Hilfe ist allein Entscheidung Roms. Diese Form der Bündnisse war diplomatisch sehr geschickt, da es Rom gelang, die umliegenden Völker damit für sich einzunehmen und sich ihre Stärke zunutze zu machen. Rom selbst versprach viel, sicherte sich die Bündnistreue zu, blieb die Bestimmende (vgl. VV. 26.28) und verpflichtete sich, rein rechtlich gesehen, zu nichts. Je nach politischer Lage konnte sich Rom für oder gegen eine Unterstützung entscheiden. Im Blick auf die Lage des jüdischen Staats wird man wohl annehmen können, daß die Römer dem Freundschaftsbündis auch Taten folgen lassen würden, da sie massiv daran interessiert waren, ihren Einfluß in Syrien-Palästina zu stärken.

So könnte es sein, wenn auch nicht nachweisbar, daß dem Schreiben an Demetrius VV. 31-32 Historizität zukommt, da es ganz auf der Linie des abgeschlossenen Vertrags liegt: Rom ist bereit, sich in Judäa zu engagieren.

14. *9,1-22* Tod des Judas

Mit seinem Pakt mit Rom dokumentierte Judas gegenüber Demetrius I. die willentliche Loslösung Israels vom seleukidischen Reich. Dies konnte von Demetrius nicht ungestraft bleiben. Nur wenige Wochen nach dem Feldzug des Nikanor schickte er im Frühjahr 160 v.Chr. erneut Bakchides und mit ihm Alkimus nach Judäa, um Judas in die Knie zu zwingen. Da das 2 Makk mit der Einsetzung des Nikanortages endet, besitzen wir als Quellentexte für die letzte Schlacht des Judas und seinen Tod nur die Überlieferung in 1 Makk und den Bericht des Josephus, JosAnt XII, 11,1. Dabei werden wir im Blick auf die Zuverlässigkeit der geographischen Angaben dem Josephustext den Vorzug gegeben können. Dies gilt insbesondere für die in 1 Makk 9,1-5 geschilderte Ausgangslage. Die dort verwandten Ortsangaben sind teilweise nicht mehr zu lokalisieren oder aber falsch gewählt. So ist es eher wahrscheinlich, daß Bakchides den Weg nach Galiläa nahm, um nach Jerusalem zu kommen, als den Weg nach Gilgal, was bei Jericho lag (V. 2). Berea und Elasa (V. 4f) sind nicht näher zu orten. Folgen wir den Angaben des Jospehus, so ließe sich annehmen, daß Bakchides mit seinen 22.000 Soldaten von Norden her aus der Richtung Galiläa nach Jerusalem zog. Judas hielt sich derweil mit 3.000 Kriegern in der Gophna nahe bei Berzetho auf. Vermutlich erfuhr Bakchides von dessen Aufenthaltsort und wußte von der Vorliebe des Judas, seinen Gegner an engen, unübersichtlichen Engpässen zu überfallen, um so die Entfaltung der gewaltigen Übermacht des seleukidischen Heeres zu unterbinden. Um einem hinterhaltähnlichen Angriff des Judas zuvorzukommen, schwenkte er, ohne überhaupt nach Jerusalem zu ziehen, um und stellte sich Judas entgegen.

Die Kräfteverhältnisse sind ungleich und sie werden noch ungleicher. Bakchides war mit 22.000 Mann gekommen, Judas mit 3.000. Das Erscheinen des Bakchides rief in der Truppe des Judas Panik hervor. Es war keine Chance mehr, einen Überraschungsangriff durchzuführen – die einzige Hoffnung auf Sieg angesichts der feindlichen Übermacht. So entschlossen sich viele zu desertieren (V. 6), um dann, zu einem besseren Zeitpunkt, mit mehr Truppen gegen Bakchides vorzugehen (V. 9). Judas und mit ihm 800 Kämpfer blieben, weil sie keine andere Möglichkeit sahen, Bakchides auf Dauer zu entkommen. Judas wagte den Kampf, erfüllt von dunklen Vorahnungen (V. 10). Wie in vorhergehenden Kämpfen versuchte Judas auch jetzt, seine altbewährte Kampftechnik einzusetzten und den Vorstoß dort zu plazieren, wo er den Führer der feindlichen Truppe vermutete. Seine Taktik war erfolgreich. Der rechte Flügel der Seleukiden wurde vernichtend geschlagen und in Richtung des Berges Hazor abgedrängt – da es ein »Gebirge von Aschdod« nicht gibt, der Berg Hazor aber ganz in der Nähe des Schlachtfeldes von Berzetho lag, wird dieser wohl gemeint sein (VV. 12-15). Intakt geblieben war allerdings der linke Flügel der seleukidischen Truppe, und dieser setze den Juden nach. Es kam zur entscheidenden Schlacht, bei der Judas getötet wurde (VV. 16-18). Die beiden Brüder des Judas, Simeon und Jonatan, blieben unverletzt. Sie ließen sich von Bakchides die Leiche ihres toten Bruders ausliefern. Bakchides war mit Judas nicht so grausam verfahren, wie dieser mit dem toten Nikanor. Doch wird er den Juden den Toten nicht ohne vertragliche Abmachung ausgeliefert haben. Auch aus dem toten

Makkabäerführer ließ sich Kapital schlagen. Die Übergabe des Leichnams war vermutlich gebunden an Verpflichtungen den Seleukiden gegenüber. So brachte nicht nur der Sieg über Judas und dessen Tötung dem Bakchides Ruhm.

Judas wurde im Grab seines Vaters in Modein bestattet, und ganz Israel war in Trauer. Das Leichenklagelied V. 21 mit seinen Prädikationen »Held« und »Retter« drückt die Gesamtbeurteilung des Judas aus. Posthum wird seine Person nur mit seiner erfolgreichen Seite dargestellt. Die Mißerfolge des Judas, seine innenpolitischen Schwierigkeiten mit den Hasidäern sowie seine kriegerischen Niederlagen, als er die Belagerung der Akra abbrechen mußte, weil Lysias und Antiochus V. nach Palästina kamen, als er bei Bet-Sacharja vor der Übermacht der feindlichen Truppen auswich, als Bet-Zur kapitulierte, als er auf dem Zion eingeschlossen wurde, werden bei der Geamtbeurteilung unberücksichtigt gelassen. Sie passen nicht ins Bild des großen Makkabäerführers, mit dem die Befreiung Israels begann. V. 22 schließt den Bericht über Judas ab.

Was hatte Judas erreicht? Innerhalb weniger Jahre hatte Judas Makkabäus es geschafft, aus dem anfänglichen Haufen von Guerilakämpfern eine schlagkräftige Armee aufzubauen. Besonders seit der Wiedereinweihung des Tempels und dem Zugewinn an Territorium in den judäischen Bergen hatte sich der Zweck seiner Kämpfe gewandelt. Jetzt galt es nicht mehr nur, die Religionsfreiheit Israels zu erhalten, sondern hinzugewonnenes Territorium zu sichern. Durch die Rückholung der Diasporajuden wird ein großes Potential an kampfbereiten und vermutlich auch kampferprobten Männern zu Judas' Truppen gestoßen sein. Die Größe der Armee wuchs, die Bewaffnung wurde besser, und es eröffnete sich die Möglichkeit, die Auseinandersetzung mit den Seleukiden in der Ebene zu suchen, so daß auch Judas stärker militärisch-taktisch operieren konnte. Zudem stellte eine gutorganisierte, schlagkräftige Armee eine politisch-strategische Größe dar, mit der in der Folgezeit zu rechnen war.

Von außen betrachtet, hatte Judas den Status Israels vor dem Religionsverbot wiederhergestellt. Israel besaß wieder sein religiöses Zentrum und konnte gemäß der Tora leben. Aber: nach wie vor gab es die Gruppe der Hellenisten, und nach wie vor war Judäa besetztes Land.

Für Israel selbst jedoch hatte Judas viel mehr erreicht. Zunächst hatte er die gesamte antiseleukidische Opposition hinter sich gebracht. Er formierte alle Gesetzestreuen zu einer einheitlichen Front, die in seinen Augen das eigentliche Israel bildete. Außerdem hatte er Israel auf den Weg gebracht zu erkennen, was es eigentlich war. Die Erfolge des Aufstandes, vor allem die Restituierung des jüdischen Kultes gaben Israel wieder das Bewußtsein, Gottes erwähltes Volk zu sein.

III. 1 Makk 9,23 – 12,52: Jonatan

Jonatan besitzt Machtinstinkt. Er ist realistisch und pragmatisch. Wie bei Judas stehen auch bei ihm die Belange Israels im Vordergrund. Doch um seine Ziele zu erreichen, Restituierung Israels, territorialer Zugewinn, Befreiung von der Besatzung insbesondere in Jerusalem, ist er bereit, mit den Seleukiden zusammenzuarbeiten. Die Machtkämpfe der konkurrierenden seleukidischen Thronprätendenten nutzt er geschickt aus, um für Israel das Beste herauszuholen. Seine Stärke ist die Außenpolitik. Er ist eher Diplomat als Kämpfer, und darin unterscheidet er sich deutlich von seinem Bruder Judas. Große Befreiungskämpfe, wie wir sie von Judas kennen, werden unter ihm nicht mehr geführt. Doch erreicht er viel: Er wird vom seleukidischen König zum Hohenpriester, Befehlshaber und Statthalter, d.h. zum weltlichen und geistlichen Führer der Juden, gemacht. Jonatan vergrößert das eigene Herrschaftsgebiet und schafft die Grundlage für den hasmonäischen Staat.

Trotz dieser Erfolge finden sich in den Passagen über Jonatan keine Lobeshymnen, wie wir es von Judas her kennen und bei Simon erleben werden. Vermutlich verzichtete der Autor von 1 Makk darauf, weil er den Pakt Jonatans mit den Seleukiden mißbilligte.

1. *9,23-49* Jonatan wird Nachfolger des Judas

Der Tod des Judas führte zum Wiedererstarken der hellenistischen Gruppe. Mit Hilfe der Seleukiden gewannen sie an Macht, die sie dazu einsetzen, die führerlosen Makkabäer zu verfolgen. In den Augen des Verfassers sind sie die eigentlichen Feinde der Makkabäer; in V. 29 werden sie an erster Stelle genannt, erst dann folgen Bakchides und die Seleukiden. Um den Widerstand erneut schlagkräftig zu machen, wählten die Anhänger des Judas dessen Bruder Jonatan zu ihrem Anführer (VV. 23-31).

Der Neuformierung des Widerstands konnte Bakchides nicht tatenlos zusehen. Seine Hoffnung, mit dem Tod des Judas die Opposition geschwächt zu haben, hatte sich zwar als trügerisch erwiesen, trotzdem trachtete er Jonatan nach dem Leben – vielleicht glaubte er, daß diesmal sein Plan aufginge. Die Macht, die die Hellenisten und Bakchides in Jerusalem hatten, mußte sich seit dem Tod des Judas verfestigt haben. Ein Hinweis dafür ist die Tatsache, daß Jonatan und seine Anhänger in ganz Judäa keinen auf Dauer gesicherten Aufenthaltsort hatten und somit eher das Leben von Freischärlern führen mußten. Darauf deutet die Notiz des Verfassers, Jonatan und die Seinen hätten in die Wüste bei Tekoa, ca. 8 km von Betlehem entfernt, fliehen bzw. sich auch am Jordanufer verstecken müssen (V. 42) – V. 34 ist wahrscheinlich eine versehentliche Doppelschreibung von V. 43. Auch der Versuch des Jonatan, Frauen und Kinder sowie die gesamte schwerfällige Habe unter den Schutz der Nabatäer zu stellen, wird in diese Richtung zu interpretieren sein. Doch schlug der Versuch fehl, da der Troß von den Söhnen Jambris – vermutlich ein arabischer Stamm, der auf den Hochflächen östlich des Toten Meeres im Ort Medeba zuhause war – aufgegriffen wurde.

Jonatan übte grausame Rache, indem er einen Brautzug der Söhne Jambris überfiel und gänzlich aufrieb (VV. 35-42). Möglicherweise waren die Söhne Jambris Kollaborateure des Bakchides. Dafür spräche, daß Bakchides den Rachefeldzug des Jonatan bestrafen will (V. 43).

Die Situation war prekär. Die Makkabäer hielten sich in den Sümpfen des Jordanufers auf und fühlten sich von Bakchides eingeschlossen. Wahrscheinlich blockierte dieser die seichten Flußfurten. Eine Aufstellung zum Kampf, wie dies für die Seleukiden immer günstig war, war hier nicht möglich. Deshalb tobte der Kampf Mann gegen Mann. Obwohl es Sabbat war (V. 43), setzte sich Jonatan über das Gebot der Sabbatruhe hinweg und kämpfte gegen Bakchides. Damit stand er in guter Tradition. Bereits sein Vater Mattatias begründete den Kampf am Sabbat mit dem Argument, daß das Überleben der Makkabäer wichtiger sei als die Einhaltung des Gebots. Der Unterstützung Gottes versicherten sich die Makkabäer, indem sie Gott laut um Hilfe anriefen. Daß der Hilferuf erhört wurde, zeigte der Ausgang der Auseinandersetzung. Die Makkabäer töteten viele seleukidische Soldaten, entzogen sich dann aber dem weiteren Kampf durch Flucht über den Jordan. Aufgrund der hohen Verluste setzte Bakchides wohl nicht nach (VV. 43-49).

Wenn auch der Sieg des Jonatan kein gewaltiger war, wird doch erkennbar, daß Jonatan ganz im Sinne seines Vates Mattatias und seines Bruders Judas agierte. Um die Seinen zu retten, wurde am Sabbat gekämpft, vor der Schlacht wurde Gott um Hilfe angerufen, Jonatan gewann den Kampf. So diente dieser Sieg neben der Wahl des Jonatan als Anführer der Makkabäer als zusätzliche Legitimation seiner Führungsposition.

2. *9,50-57* Die Festigung der seleukidischen Macht in Judäa

Der Erfolg des Jonatan war zu gering, um die seleukidische Machtverfestigung und das Wiedererstarken der Hellenisten zu stören. Nach Jerusalem zurückgekehrt, ließ Bakchides ein Netzwerk von Festungen anlegen, die sich vor allem dort konzentrierten, wo die Makkabäer ihre ursprünglichen Erfolge verzeichneten, im nördlichen Judäa und im südlichen Samaria (VV. 50-52). Gleichzeitg sicherte er sich gegen die Jerusalemer Oberschicht, der auch Hellenisten angehörten, ab, indem er die Söhne ihrer führenden Mitglieder als Geiseln nahm, um jederzeit ein Druckmittel in der Hand zu haben (V. 53).

Der Hohepriester Alkimus hatte seine Position in Jerusalem derart gefestigt, daß er es wagte, im Mai 159 v.Chr. die Mauer des inneren Tempelvorhofes, die den Vorhof der Priester von dem der Gläubigen abtrennte, einzureißen, vermutlich, um den Heiden einen Zutritt zum Tempel zu ermöglichen. Die Tat des Alkimus, darauf weist V. 54b hin, ist nicht nur ein Verstoß gegen das Gesetz, sondern wird als ein Verstoß gegen prophetische Weisungen gewertet. Es waren nämlich die Propheten Haggai und Sacharja, die die Anordnungen zur Ausgestaltung des nach der Rückkehr aus dem babylonischen Exil wiederaufgebauten zweiten Tempels getroffen hatten. Kurz darauf ereilte Alkimus ein Schlaganfall, von dem er sich nicht mehr erholte und bald starb; in den Augen der gesetzestreuen Juden die göttliche Strafe für seinen Frevel.

Nach dem Tod des Alkimus kehrte Bakchides zu Demetrius I. zurück. Wer Nachfolger des Alkimus wurde, wird nicht berichtet. Erst mit der Übernahme des Amtes durch Jonatan 152 v.Chr. erfahren wir wieder etwas. Dazwischen liegen aber 7 Jahre. Blieb der Hohepriesterstuhl die ganzen Jahre vakant? Falsch ist sicherlich die

Annahme des Josephus in JosAnt XII 10,6; 11,2, Judas Makkabäus sei nach dem Tod des Alkimus Hoherpriester geworden. Nach der Chronologie des 1 Makk starb Judas ein Jahr vor Alkimus. Außerdem lassen sich weder in 1 Makk noch in 2 Makk Indizien dafür finden, daß Judas überhaupt Ambitionen auf das Hohepriesteramt gehabt hätte. Nicht beweisbar ist auch die Vermutung, der Gründer der Gemeinde von Qumran, der Lehrer der Gerechtigkeit, sei Nachfolger des Alkimus geworden. Es ist nämlich kaum vorstellbar, daß die Seleukiden einem Hohenpriester zugestimmt hätten, der gegen sie und die Hellenisten war. Wir werden wohl davon ausgehen müssen, daß es tatsächlich eine siebenjährige Sedisvakanz gab. Bakchides war nicht autorisiert, einen Hohenpriester einzusetzen, dies war allein Privileg des Königs. Zudem wird es keinen passenden Kanditaten gegeben haben, der loyal gegen das Königshaus war und von den meisten Juden akzeptiert wurde.

3. *9,58-73* Die Schwächung der Hellenisten und Jonatans Friedensschluß mit Bakchides

In den zwei Jahren, seitdem Bakchides Judäa verlassen hatte, schien die Macht der Makkabäer wieder gewachsen zu sein. Aus welchem Anlaß sonst hätten die Hellenisten Bakchides erneut um Hilfe rufen sollen? Die Gefahr neuer Unruhen vor Augen, setzte sich Bakchides mit seiner Truppe Richtung Judäa in Marsch. Um möglichst schnell agieren zu können, sandte er Boten an seine Verbündeten in Judäa mit der Aufforderung, Jonatan gefangen zu nehmen. Jonatan erfuhr von den Plänen und holte unverzüglich zum Gegenschlag aus. Wissend, wer verantwortlich war, griff er sich fünfzig der Hellenisten und ließ sie töten (VV. 58-61).

Daraufhin verbarrikardierte sich Jonatan in Bet-Basi, am Rand der judäischen Wüste gelegen zwischen Betlehem und Tekoa. Da schon einmal davon berichtet wurde, daß sich Jonatan und die Seinen in der Nähe von Tekoa versteckt hatten (vgl. 9,33), werden wir vermutlich davon ausgehen können, daß sich das Zentrum der makkabäischen Operationen vom nordwestlichen zum südöstlichen Judäa verlagert hatte, sicher auch deshalb, weil Bakchides im Norden Judas einige Festungen hatte anlegen lassen (V. 62).

Die Makkabäer schienen Bet-Basi gut befestigt zu haben, da Bakchides Belagerungsmaschinen, nämlich hölzerne Wurfmaschinen und Belagerungstürme, einsetzen mußte, wollte er die Festung erobern. Anscheinend war das feindliche Heer nicht sonderlich groß, sonst hätte Jonatan nicht ohne weiteres Bet-Basi verlassen können. Sein Bruder Simeon blieb in der Festung zurück, während Jonatan die zahlenmäßige Schwäche der seleukidischen Truppe nutzte, die ganz dazu abgestellt war, die Makkabäerfestung zu belagern, und nicht in der Lage war, das Umland militärisch zu sichern. Jonatan überfiel Beduinenstämme, die die Seleukiden unterstützten. Damit gelang es ihm, die Schwäche der Seleukiden offenbar zu machen. Möglicherweise gewann er dadurch die Unterstützung vieler aus dem Südwesten Judäas (VV. 65-66).

Währenddessen wurde Bakchides von Simeon, der einen Ausfall gewagt hatte, geschlagen. Den Ärger über diesen Fehlschlag ließ Bakchides an den Hellenisten aus, die ihn ins Land geholt hatten. So wurden diese nicht nur von ihrem eigentlichen Feind, Jonatan, dezimiert, sondern zudem auch von ihrem Verbündeten, der aus Rache und Wut viele von ihnen töten ließ. Für das politische Geschick des Jonatan spricht, daß er dem abrückenden Bakchides ein Friedensangebot unterbreitete, dessen konkrete Formulierung zwar nicht bekannt ist. Fest steht aber, daß Jonatan herausgehandelt hatte, die Gefangenen, die Bakchides in Judäa gemacht hatte, frei zu bekommen, und Bakchides versprechen mußte, Judäa in Ruhe zu lassen.

Daraufhin konnte sich Jonatan wieder in den Norden von Judäa wagen. Dort ließ er sich – orientiert am Vorbild der Richtergestalten des alten Israel – in Michmas, 15 km nördlich von Jerusalem gelegen, als Richter nieder. Fünf Jahre war er in Michmas, von 157-152 v.Chr., und nutzte die Zeit der Ruhe, um die innerjüdischen Gegner der Makkabäer zu verfolgen und über seine Anhänger Recht zu sprechen. Doch daß er in Michmas und nicht in Jerusalem lebte, deutet darauf hin, daß er noch nicht in der Lage war, die Macht in Jerusalem zu übernehmen.

4. *10,1-14* Das Bündnisangebot Demetrius' I.

Israels Geschick, das tritt in Kap. 10 unmißverständlich vor Augen, ist eng gekoppelt an die großpolitische Lage. Wir erhalten Einblicke in die Machtkämpfe der seleukidischen Thronanwärter. Jonatan erweist sich als ein geschickt zwischen den Fronten lavierender Taktiker, dem daran gelegen ist, die Macht der Makkabäer zu festigen und für Israel das Bestmögliche herauszuholen. Der Blick des Verfassers bleibt dabei realistisch. Die Wiedererrichtung Israels im Sinne des davididischen Reiches konnte nicht im luftleeren Raum geschehen. Bereits Judas akzeptierte durch sein Bündnis mit Rom die eigentlichen Machtverhältnisse und schuf dadurch die politische Grundlage für die Errichtung einer nationaljüdischen Herrschaft. In weitaus stärkerem Maße begegnet diese Rückkoppelung an eine Großmacht bei Jonatan. Mit dem Blick für die Realpolitik bindet sich Jonatan an denjenigen seleukidischen Thronprätendenten, der auch von den Römern unterstützt wurde, an Alexander Balas.

Die Zeit der Ruhe in Judäa war mit dem Kommen des Alexander Balas vorbei. Alexander behauptete von sich, ein Sohn Antiochus IV.Epiphanes zu sein, und erhob deshalb Anspruch auf den seleukidischen Königsthron. Dabei wurde er unterstützt von den Königen Kappadoziens, Ägyptens und aus Pergamon sowie vom römischen Senat. 153 v.Chr. gelang es ihm, die Hafenstadt Ptolemais zu erobern. Demetrius I. erkannte die mit dem Sieg des Alexander verbundene Gefahr für seine Herrschaft. Um sich möglicher Querelen in Judäa zu entledigen, versuchte er, sich Jonatans als Bündnispartner zu versichern, indem er ihm die Vollmacht gab, Truppen auszuheben, und versprach, die jüdischen Geiseln, die er in der Akra gefangen hielt, freizulassen (VV. 1-6).

Jonatan nutzte die Thronwirren und das dadurch bedingte Angebot des Demetrius aus. Während seines fünfjährigen Aufenhalts in Michmas muß der Einfluß Jonatans derart gestiegen sein, daß der seleukidischen König Wert auf dessen Unterstützung legte. Bestätigt wird das Erstarken Jonatans durch das Zugeständnis, Truppen ausheben zu dürfen. Nun konnte er seinen Aufenthaltsort von Michmas nach Jerusalem verlagern. Sein Zuwachs an Macht wurde nicht von allen mit Freude begrüßt. Die seleukidische Besatzung der Akra und die Hellenisten in Jerusalem erkannten, welche Gefahr dies für sie darstellte. Jonatan war nicht mehr nur ein erfolgreicher Aufrührer, dessen Macht und Einfluß sich aufgrund seiner Opposition zur herrschenden Obrigkeit konstituierte. Vielmehr wurde jetzt sogar seine Politik von offizieller Seite unterstützt. Aus dem Widerstandskämpfer Jonatan war ein ernst zu nehmender politischer Gegner geworden, den der seleukidische Herrscher lieber zum Freund als zum Feind hatte (VV. 7-9). Durch seine Zugeständnisse legalisierte Demetrius die verfolgten Makkabäer mitsamt ihrer militärischen Macht. Daß dadurch der Stand der Reformjuden in Jerusalem geschwächt wurde, liegt auf der Hand.

In Jerualem gab sich Jonatan ganz als rechtmäßiger Herrscher über die Stadt. Dies läßt sich an seiner regen Bautätigkeit ablesen. Laut Aussage der Archäologen muß sie sehr umfangreich gewesen sein. Schwerpunkte waren die Befestigung des Tempelbergs und der Stadtmauern (V. 11).

Anscheinend hatte Jonatan es auch erreicht, daß die seleukidischen Besatzungen der in Judäa errichteten Festungen mit Ausnahme von Bet-Zur abgezogen wurden.

5. *10,15-21* Jonatan wird Hoherpriester

Jonatan als Hoherpriester: Ein Entwicklung, die wahrhaftig nicht zu erwarten war. Bisher hatten sich keine hohenpriesterlichen Ambitionen bei den Makkabäern abgezeichnet. Berichtet wurde hauptsächlich über ihre militärischen Erfolge. Warum ernannte Alexander Balas Jonatan zum religiösen Oberhaupt der Juden?

Demetrius I. war in seinen Zugeständnissen an die Makkabäer schon weit gegangen, Alexander aber versuchte, ihn noch zu übertreffen. Er nannte Jonatan »Bruder«, eine Bezeichnung, die sonst nur Adligen und Fürsten zukam, und gab ihm den Ehrentitel »Freund des Königs« (vgl. 2,18), dem es gebührte, den Purpurmantel zu tragen (V. 20). Das Recht, den Hohenpriester in sein Amt einzusetzen, hatten sich die Seleukiden seit Antiochus IV. zu eigen gemacht. Da Alexander Balas sich als rechtmäßiger Nachfolger auf dem Seleukidenthron begriff, nahm er, obwohl Demetrius I. noch offiziell seleukidischer König war, für sich in Anspruch, den Nichtzadokiden Jonatan in das Hohepriesteramt einsetzen.

Jonatan wechselte die Seiten und nahm das Angebot Alexanders an. Er wurde am Laubhüttenfest des Jahres 152 v.Chr. mit dem hohenpriesterlichen Ornat bekleidet, das in Ex 28; 39 und Sir 45 beschrieben wird. Die Einsetzung Jonatans zum Hohenpriester wird vom Verfasser nicht kommentiert. Auch in der Folgezeit spielt die Tatsache, daß Jonatan das religiöse Oberhaupt der Juden ist, eine untergeordnete Rolle. Die Kombination ›Hoherpriester und Befehlshaber‹ aber scheint für den Verfasser von Bedeutung zu sein, da er in einem Atemzug die Amtseinführung Jonatans als Hoherpriester und die Aufstellung eines Heeres nennt (V. 21). In Personalunion vereinigte Jonatan die religiöse und politische Macht.

Die Annahme des Hohenpriesteramtes aus der Hand des ursprünglichen Feindes war ein Einschnitt in der Geschichte der Makkabäer. Sie signalisierte die Schwerpunktverlagerung der makkabäischen Politik. Die machtpolitischen Ziele des makkabäischen Kampfes wurden jetzt deutlich über die religiösen gestellt. Aus dem Blickwinkel der toratreuen Kreise waren die Makkabäer – wie auch der von ihnen bekämpfte Menelaus – nicht legitimiert, das Hohepriesteramt zu übernehmen. Dies kam nur den Zadokiden, allenfalls dem Aaroniden Alkimus zu, der ja von den Hasidäern anerkannt wurde. Wen wundert es, daß sich gegen Jonatan Widerstand regte? Aus Protest gegen die Amtsübernahme setzte sich eine Gruppe von Frommen, die unter dem Namen ›Essener‹ bekannt wurden, unter der Führung des zadokidischen ›Lehrers der Gerechtigkeit‹ von Jerusalem ab und gründete am Toten Meer die Gemeinde von Qumran. In ihren Augen war Jonatan der ›Frevelpriester‹, der den Jerusalemer Tempel verunreinigt hatte. Neben den religiösen Spannungen gab es aber wohl auch soziale, wie der Qumrankommentar zum Buch Habakuk, 1QpHab 12,6-10, erkennen läßt. Dort heißt es: » Und wenn es heißt: Wegen der Bluttaten an der Stadt und der Gewalttaten am Lande, (so) ist seine Deutung: ›die Stadt‹, das ist Jerusalem, in der der Frevelpriester Abscheulichkeiten begonnen und das Heiligtum verunreinigt hat. Und die ›Gewalttat am Lande‹, das sind die Städte Judas, wo er das Vermögen der ›Armen‹ geraubt hat.« Offenbar war die Macht Jonatans im Land so angewachsen, daß er nahezu uneingeschränkt agieren konnte. Den reichen hellenistischen Familien hatte Jonatan bereits ihr Vermögen abgenommen, wie 1QpHab 8,11 sich deuten läßt. Die im zitierten Qumrantext benannten ›Armen‹ sind deshalb wahrscheinlich mit den gesetzestreuen Bevölkerungsgruppen gleichzusetzen, eventuell sind hier Anhänger des ›Lehrers der Gerechtigkeit‹ gemeint.

Die Einsetzung Jonatans zum Hohenpriester hatte also zur Folge, daß die ursprünglich einheitliche antiseleukidische und antihellenistische Front immer mehr zu bröckeln begann. Jonatan und seine Anhänger mußten damit rechnen, sich einer wachsenden Opposition von ›Frommen‹ gegenüberzusehen.

6. *10,22-50* Das Scheitern Demetrius' I.

Demetrius startete einen letzten, völlig überzogenen Versuch, die Juden auf seine Seite zu ziehen, indem er ihnen immense Versprechungen machte. Interessanterweise ist der Brief, den Demetrius an die Juden sandte, nicht an Jonatan adressiert, sondern an das jüdische Volk (V. 25). Vielleicht hoffte er, mit seinen Versprechungen das jüdische Volk gegen Jonatan umzustimmen. Die von ihm in Aussicht gestellten Geschenke und der Erlaß von vielfältigen Verpflichtungen stachen ins Auge, doch bei genauerem Hinsehen erwiesen sie sich als unrealistisch. Die andauernde Finanznot des seleukidischen Staates ließ den Verzicht auf Steuereinnahmen nicht zu. Der Erlaß der Kopfsteuer, die jedes Land jährlich an den König entrichten mußte und deren Höhe sich nach Bevölkerungszahl und Einnahmequellen richtete, der Erlaß der Salzsteuer, die vermutlich eine allgemeine Verbrauchssteuer war, der Verzicht auf die Zahlung einer obligatorischen Geldgabe als Ehrung für den König anstelle der urspünglichen Lieferung goldener Kränze sowie auf die Ernteerträge, riß ein tiefes Loch in das Staatssäckel (VV. 29-30). Daß Demetrius auch auf die Einnahmen aus dem Jerusalemer Tempel verzichten wollte, um statt dessen die Jerusalemer Tempelpriesterschaft und die Instandhaltung des Tempels und der Stadtmauern in Jerusalem und ganz Judäa finanziell zu unterstützten (VV. 31.40-42.44-45), erscheint unvorstellbar. Außerdem bot er den Juden Ptolemais und Umgebung an, ein Territorium, das sich nicht mehr in seinem Besitz befand, sondern von Alexander Balas erobert worden war (V. 39). Desweiteren stellte er die Freilassung aller jüdischen Kriegsgefangenen in Aussicht (V. 33) sowie die Aufnahme von noch mehr Juden als Söldner in das seleukidische Heer. Es gab immer wieder jüdische Söldner in den hellenistischen Heeren, doch stellte das hohe Kontingent einen weiteren Gunsterweis des Königs dar (VV. 36-37). Die Erweiterung des Asylrechts (V. 43), die speziell auf Zahlungsunfähige und Steuerschuldner ausgerichtet war, ging finanziell auch zu Lasten des Königs.

Eingedenk des bisherigen Unglücks, das Demetrius über das jüdische Volk gebracht hatte (vgl. 7,8-9.26; 8,31-32; 9,1), schenkten Jonatan und das Volk den Versprechungen keinen Glauben und hielten Alexander Balas die Treue. An der entscheidenden Schlacht 150 v.Chr., die Alexander gegen Demetrius führte und in der dieser den Tod fand, nahmen sie nicht teil (VV. 46-50).

7. *10,51-66* Jonatan erhält die zivile und militärische Gewalt in Judäa

Erstaunlich breiten Raum (VV. 51-58) widmet der Autor des 1 Makk dem Anliegen des Alexander Balas, durch Heirat mit der Tochter des ägyptischen Königs Ptolemäus VI. Philometor, Kleopatra Thea, die Freundschaft des ptolemäischen Königs zu gewinnen. Ptolemäus kam dem Wunsch entgegen, und aus den ehemaligen Feinden wurden – so hat es zunächst den Anschein – Freunde. Die Hochzeitsfeier fand zwischen September 151 und Oktober 150 v.Chr. in der Residenzstadt Ptolemais statt. Jonatan wurde in dieses politische Ereignis hineingezogen. Alexander bat ihn, nach Ptolemais zu kommen. Wissend, daß die Existenz Judäas vom Wohlwollen beider Könige abhing, kam Jonatan dem Wunsch nach und nahm wertvolle Gastgeschenke für die Könige und deren Freunde mit (V. 60). Seine Rechnung ging auf. Verräter aus Israel, die ihn bei Alexander verklagen wollten, wurden vom König abgewiesen. Stattdessen ließ Alexander Jonatan öffentlich ehren und in Purpur als Zeichen seiner Freundschaft zu ihm kleiden (VV. 62-63). Wer diese Verräter waren, geht aus dem Text nicht hervor. Sicherlich zählten hellenistische Kreise aus Jerusalem zu ihnen, die mittlerweile merkten, daß ihre Ziele nicht mehr ohne weiteres zu ereichen waren. Eventuell waren auch Sympatisanten der Qumrangemeinde gekommen, denen das Verhalten Jonatans ein Dorn im Auge war.

Entscheidend für die weitere Entwicklung in Judäa aber war die Einsetzung Jonatans zum Befehlshaber und Statthalter (V. 65), die vor dem Hintergrund der Verbindung des Seleukiden- mit dem Ptolemäerreich eine besondere Wertigkeit erhielt. Mit der Ernennung Jonatans zum militärischen und zivilen Oberhaupt Judäas erkannte der seleukidische König erstmals die politische Autorität des Makkabäerführers an.

8. *10,67-89* Jonatan besiegt das Heer Demetrius' II.

Das Seleukidenreich kam nicht mehr zur Ruhe. Demetrius II. Nikator, Sohn Demetrius‹ I., machte Alexander den Thron streitig. Von seinem Vater beizeiten zusammen mit seinem Bruder Antiochus nach Knidos in Südwestkleinasien gebracht, landete er zwischen Herbst 148 und Herbst 147 v.Chr. mit einem in Kreta angeworbenen Söldnerheer in Zilizien (V. 67). Entweder war Demetrius II. mit seinem Heer erfolgreich oder aber die Bevölkerung Zölesyriens gegen Alexander Balas eingestellt, sonst hätte er kaum eigenmächtig Apollonius zum Statthalter von Zölesyrien einsetzen können. Vielleicht war dieser Apollonius identisch mit dem Jugendfreund Demetrius I., der mit ihm in Rom war, vielleicht war er auch der Sohn des gleichnamigen Statthalters von Zölesyrien unter Seleukus IV. und Antiochus IV. – der Text gibt darüber keine genauen Auskünfte (V. 69). Apollonius forderte Jonatan heraus, indem er ihm einen Brief sandte. Darin versuchte er, den Makkabäer an empfindlichen Punkten zu treffen, damit dieser die Herausforderung annahm (VV. 70-73): Zunächst behauptete er, die Juden verstünden nicht, in der Ebene zu kämpfen, sondern wären auf den Partisanenkampfstil in den Bergen festgelegt, dessen besonderes Merkmal der Überraschungsangriff aus dem Hinterhalt war. Indirekt steckte hinter diesem Vorwurf eine Spitze. Der Trumpf der Seleukiden war die Größe ihres Heeres. Da konnten die Juden nicht mithalten. Ihre Streitmacht bestand – relativ gesehen – nur aus einer Handvoll Kämpfer. Gleichzeitg hielt er ihnen ihre Niederlagen vor Augen, die sie im eigenen Land 800 Jahre zuvor zur Zeit Sauls durch die Philister erlitten hatten (vgl. 1 Sam 4,1-11; 31,1-7).

Apollonius erreichte sein Ziel, Jonatan und Simeon zogen ihm mit ihren Kämpfern entgegen, doch hatte Apollonius nicht mit der militärisch-strategischen Lernfähigkeit der Juden gerechnet (VV. 74-82): Es kam kein kleines Heer, sondern Jonatan rückte mit 10.000 Kriegern an. Durch die Einnahme der Hafenstadt Jafo, 55 km nordwestlich von Jerusalem gelegen, wurde Apollonius vom Norden des Landes abgeschnitten. Jonatan stellte sich bei Aschdod dem Kampf in der Ebene, und es gelang ihm, die seleukidische Reiterei, den schlagkräftigsten und flexibelsten Teil des Seleukidenheeres, zu ermüden. Jonatans ›Trumpfkarte‹ war die Truppe Simeons, die sich zunächst wohl zurückgehalten hatte, bis sich die seleukidischen Reiter verausgabt hatten. So konnte sie die feindlichen Fußtruppen ungehindert angreifen und in die Flucht schlagen.

Die Rache Jonatans war grausam. Er verfolgte die Reiterei, die sich in den Dagon-Tempel nach Aschdod gerettet hatte. Dagon war ein Fruchtbarkeitsgott, der bei den Philistern und Kanaanäern Palästinas verehrt wurde. In Mißachtung des Tempelasylrechts, welches bei fast allen orientalischen Völkern Gültigkeit hatte, brannte Jonatan den Dagon-Tempel mit allen, die sich darin geflüchtet hatten, nieder. Nach Dtn 19,1-3 war er dazu befugt, da Tempelasyl nur denen zukam, die unvorsätzlich getötet haben (VV. 83-85). Nach einem Zwischenstop in Aschkelon, direkt an der Küstenstraße 15 km südlich von Aschdod gelegen, kehrte er nach Jerusalem zurück. Alexander belohnte ihn mit einer goldenen Spange, die das Purpurgewand auf der Schulter zusammenhalten sollte. Sie war äußeres Zeichen der Zugehörigkeit zur höchsten Klasse, der »Angehörigen der königlichen Familie« (V. 89). Zudem erhielt er Ekron, eine der fünf Philisterstädte, die in den Samuelbüchern und bei Josua eine Rolle spielen , als Geschenk. Ekron, 50 km westelich von Jerusalem entfernt gelegen, war schon einmal unter dem jüdischen König Joschija (Jos 15,45; 19,43) im Besitz des Staates Juda.

Vor dem Hintergrund des Thronanspruchs Demetrius‹ II. und der kriegerischen Auseinandersetzung des Apollonius mit Jonatan und Simeon versucht der Autor des 1 Makk noch einmal, die Hasmonäer als die rechtmäßigen Herrscher Israels zu legitimieren, indem er eine Paralelle herstellt zwischen der Entstehung des davidischen Reiches und der Wiedererstehung Israels unter den Makkabäern. Der Brief, den Apollonius an Jonatan sendet, stellt kein historisches Dokument dar, sondern ist eine Komposition des Verfassers. Die Anklänge an Stücke aus den Samuelbüchern sind offensichtlich – Goliats Aufforderung zum Kampf in 1 Sam 17,8-10 klingt in den VV. 70-73 an, und V. 72b hat, wie wir bereits gesehen haben, 1 Sam 4,1-11; 31,1-7 vor Augen. Ein Seleukide hätte diese Bezüge sicher nicht herstellen können. Hinter diesen Anspielungen steht der Gedanke, daß, wie David Goliat und damit die Philister besiegte, jetzt Jonatan *und* Simeon die Seleukiden besiegen werden. Interessanterweise kommt bei dem Bericht über die Auseinandersetzung mit Apollonius Simeon eine entscheidende Rolle zu. Bereits hier bereitet der Autor die Sukzession vor. Der Erfolg gebührt somit nicht einem einzelnen, sondern kommt dem ›Geschlecht‹ der Makkabäer zu.

9. *11,1-19* Jonatans Weg zur Macht: Der Untergang des Alexander Balas

Altruismus ist kein Merkmal politischen Handelns. Nicht das Wohl des anderen ist im Blick, sondern die eigenen Interessen stehen im Vordergrund und bilden die Richtschnur für politische Entscheidungen. Je instabiler die Verhältnisse im Land, desto stärker die Gier nach Macht. Dies gilt nicht nur für unsere Zeit, sondern trifft genauso für die damalige Entwicklung in Judäa zu.

Seit dem Tod Antiochus' IV. Epiphanes war es um die politische Stabilität des Seleukidenstaates geschehen. Die anhaltenden Thronstreitigkeiten blieben nicht ohne Einfluß auf die Haltung der Makkabäer. Wollten sie an ihren eigentlichen Zielen festhalten, dann war ein rechtzeitiger Frontenwechsel ein probates Mittel. Wer heute noch Feind war, konnte morgen schon Freund sein. Jonatan war Meister dieses Spiels, ausgestattet mit dem sicheren Instinkt für Macht.

Die Allianz zwischen dem ägyptischen König Ptolemais VI. und Alexander Balas war nicht von langer Dauer. Ptolemais trachtete danach, sich das Reich Alexanders einzuverleiben. Ohne Gewaltanwendung gelang es ihm, auf dem Weg nach Syrien seleukidische Städte in Palästina mit ägyptischen Truppen zu belegen, da die Bewohner der Städte Ptolemais als dem Schwiegervater des Alexander selbstverständlich Einlaß gewährten (VV. 1-3.8). Jonatan, Verbündeter Alexander Balas‹, trat Ptolemais nicht entgegen. Vielmehr zog Jonatan dem Ägypter entgegen, um ihn zu begrüßen. Die Anklage, die die Bewohner Aschdods aufgrund der von den Makkabäern angerichteten Verwüstungen Ptolemais vortrugen, konnten sein Verhältnis zu Jonatan nicht trüben. Vermutlich war er dankbar, daß ihm Jonatan nicht militärisch entgegentrat (VV. 4-7).

Ptolemais bot Demetrius II. ein Bündnis und seine Tochter Kleopatra, die Frau des Alexander, an und versprach ihm, ihn zum König im Seleukidenreich zu machen, allerdings unter der Oberherrschaft des Ägypters, der sich die »Krone von Asien« d.h. des Seleukidenreiches aufgesetzt hatte, wie V. 13 deutlich macht (VV. 8-11). Derweil befand sich Alexander in Zilizien, jenem Küstenland Kleinasiens zwischen Taurus und Amanusgebirge, um dort Aufstände niederzuschlagen. Das Vorgehen Ptolemais' zwang ihn zur Rückkehr. Im folgenden Kampf wurde Alexander besiegt und floh in die syrisch-arabische Wüste. Dort wurde er von dem Nomadenfürst Sabdiel getötet. Auch Ptolemais konnte seinen Sieg nicht auskosten. Drei Tage später erlag er den Verletzungen, die er sich im Kampf zugezogen hatte (VV. 14-18).

Im Jahr 146/145 v.Chr. konnte Demetrius II. die Herrschaft im Seleukidenreich übernehmen.

10. *11,20-37* Jonatans Weg zur Macht: Das Bündnis mit Demetrius II.

Obwohl Jonatan Demetrius II. bekämpft hatte, fühlte er sich stark genug, nach dessen Regierungsantritt mit der Belagerung der Akra zu beginnen. Juden aus dem Kreis der Hellenisten berichteten Demetrius vom Vorgehen Jonatans. Dieser zitierte den Makkabäer nach Ptolemais und befahl, die Belagerung abzubrechen. Jonatan rechnete mit der Schwäche des jungen Herrschers, der sich in seinem Reich noch nicht behauptet hatte, zog mit Gefolge und großen Geschenken nach Ptolemais, ließ die Akra aber weiterbelagern. Die Geschenke, aber vielleicht auch die Einsicht seitens Demetrius', daß er in Zukunft die militärische Unterstützung der Juden benötigen werde, stimmten den Seleukiden um. Er bestätigte Jonatan im Hohenpriesteramt sowie in allen anderen ihm verliehenen Würden (vgl. 10,6.65.89) und ernannte ihn zum »Freund ersten Ranges« (VV. 20-27). Darüber hinaus gelang es Jonatan, von Demetrius weitreichende Zugeständnisse zu erlangen. Der Erlaß, den Demetrius II. an Lasthenes (vgl. 10,67), der vermutlich das Amt eines Kanzlers im Seleukidenreich inne hatte, sandte, muß im Zusammenhang mit dem Erlaß Demetrius‹ I. (10,25-45) gesehen werden, den Jonatan abgelehnt hatte. Was damals noch utopisch schien, ließ sich unter Demetrius II. verwirklichen: Im Edikt (VV. 30-37) werden verschiedene Steuern erwähnt. Das ganze Volk wird von der Personalsteuer, d.h. der Salz- und Kranzsteuer, befreit. Gleichzeitig verzichtet Demetrius auf die Bodensteuer, d.h. auf die Abgaben eines Drittels des Ertrags der Aussaat und der Hälfte der Baumfrüchte – die Aufschlüsselung stammt aus dem Erlaß Demetrius' I. (vgl. 10,30). In puncto Steuerentlastung hatte Jonatan somit einen großen Erfolg erzielt. Interessant ist, daß Demetrius dem Wunsch Jonatans nachkam (V. 28), ihm die drei samaritanischen Bezirke Efraim, Lod und Ramatajim abzutreten, die Jonatan offenbar besetzt hatte. Efraim lag 29 km nördlich , Lod 47 km westlich von Jerusalem, Ramatajim 14 km nördlich von Lod. Durch die Inbesitznahme der drei Bezirke verdoppelte sich nahezu das judäische Territorium. Indem der seleukidische König diese Bezirke den Makkabäern unterstellte, wurde erstmals eine territoriale Ausdehnung des jüdischen Herrschaftsbereiches durch einen Seleukiden sanktioniert.

Die Niederschrift des Edikts auf Bronzetafeln sowie die öffentliche Aufstellung auf dem Tempelberg machten den Erlaß rechtskräftig (V. 37). Die Belagerung der Akra wird Jonatan daraufhin abgebrochen haben. Auch wenn der Text direkt davon nichts berichtet, wird man aufgrund von V. 41 davon ausgehen können.

11. *11,38-53* Jonatans Weg zur Macht: Der Bruch mit Demetrius II.

Daß Demetrius II. wegen vermeintlicher Ruhe im Land (oder aus Geldmangel?) den größten Teil seiner Truppe entließ, war politisch kurzsichtig. Weder konnte er davon ausgehen, daß es in Zukunft keine Querelen mehr geben würde, noch war es klug, einen ganzen Stand in die ›Arbeitslosigkeit‹ zu entlassen. Soldatsein war ein lukratives Geschäft, wenn Sold und Beute stimmten, und dieses Geschäft ließ sich keiner gern verderben. Es blieben allein die erst vor kurzem in Kreta angeworbenen Söldnerheere (vgl. 10,67), die dem Demetrius treu ergeben waren. Gehen mußten die Veteranen, die schon bei den Vorgängern des Demetrius gedient hatten und nichts anderes als das Kriegshandwerk beherrschten. Ein beginnender Konflikt war vorgezeichnet. Diodotus mit dem Beinamen Tryphon (= der Schwelger), ein ehemaliger General des Alexander

Balas, nutzte die Situation aus mit dem Ziel, selbst an die Macht zu kommen. Dazu benötigte er allerdings einen rechtmäßigen Thronfolger, den er in dem sechsjährigen Sohn des Alexander Balas, Antiochus VI. Epiphanes Dionysos, fand. Dieser war in der Obhut des Arabers Jamliku, vermutlich ein Sohn des Sabdiel (vgl. V. 17). Es ist gut möglich, daß Alexander Balas noch auf der Höhe seiner Macht die Erziehung des kleinen Antiochus in die Hände des Jamliku gelegt hat. Dies erklärt auch, warum er nach der Schlacht gegen Ptolemais in die arabische Wüste zu Sabdiel floh (V. 16), weil er sich dort sicher glaubte (VV. 38-40).

Die Entlassung der Soldaten mag Anlaß für den Aufstand in Antiochia gewesen sein. Glaubt man den in V. 45 genannten Zahlen, so waren die Ausmaße des Aufstands beträchtlich. Als Verbündeter des Demetrius war Jonatan dazu verpflichtet, dem Hilferuf des Königs Folge zu leisten. Doch nutzte er die Situation geschickt für sich aus: Im Gegenzug zur erbetenen Hilfe forderte er vom König den Abzug aller Besatzungstruppen aus der Akra und den anderen Festungen (VV. 41-43). Ausführlich berichtet der Verfasser über die Tapferkeit der jüdischen Soldaten, um so die Truppen Jonatans in ein besonders Licht zu stellen: Die makkabäischen Kämpfer sind nicht mehr jene Freischärler, die sie unter Judas Makkabäus waren, sondern ausgebildete, kampferprobte, professionelle Soldaten, die Achtung und Bewunderung im gesamten seleukidischen Reich erhalten (VV. 44-51). Im Grunde kaschiert er damit einen ›Makel‹. Erstmalig in der Geschichte der makkabäischen Freiheitskämpfe treten die Juden nicht für die eigenen Belange ein, sondern beugen sich der Bündnispflicht, die nicht irgendjemandem gegenüber erfüllt wird, sondern gegenüber dem ehemaligen Feind!

Obwohl Jonatan Demetrius aus einer prekären Lage gerettet hatte, kam dieser seinen Versprechungen, die Besatzungstruppen abzuziehen, nicht nach. Deshalb knüpfte Jonatan erste Kontakte zu Tryphon und Antiochus VI. (VV. 52-53).

12. *11,54-74* Jonatans Weg zur Macht: Die Hinwendung zu Antiochus VI.

Ende 145 v.Chr. setzte sich Antiochus VI. die seleukidische Krone auf. Die von Demetrius entlassenen Truppen schlossen sich ihm in der Hoffnung auf Sold und Beute an und schlugen Demetrius in die Flucht. Antiochia wurde eingenommen und die von Ptolemais VI. zurückgelassenen Kriegselefanten erbeutet. In einem Brief bestätigt Antiochus die Position des Jonatan. Weiterhin darf er Hoherpriester sein und die vier Bezirke Ekron (vgl. 10,89), Efraim, Lod und Ramatajim (V. 34) behalten, den Titel »Freund des Königs« führen, Purpurmantel und Goldspange tragen (vgl. 10,20.89). Die Übersendung des goldenen Tafelgerätes erlaubte es Jonatan, eine fürstliche Hofhaltung zu führen. Zudem ernannte Antiochus Simeon, den Bruder Jonatans, zum Befehlshaber aller Truppen zwischen der Tyrischen Steige, einem 15 km südlich von Tyrus gelegenen, ins Meer abfallenden Bergrücken, und der ägyptischen Grenze (VV. 57-60).

Die Bestätigung durch Antiochus VI. nahm Jonatan zum Anlaß, sein Gebiet in Palästina – damit ist »das Gebiet jenseits des Stroms« gemeint (V. 60) – mit Duldung der Seleukiden zu erweitern (VV. 60-62).

Simeon war in Judäa geblieben und bemächtigte sich der Grenzstadt Bet-Zur, dem neben der Akra wichtigsten seleukidischen Stützpunkts in Judäa. Hier wird noch einmal deutlich, daß bereits unter Jonatan Simeon eine wichtige Person war, die für die Befreiung Israels von der Fremdherschaft Entscheidendes beitrug (VV. 64-66). Währendessen stieß Jonatan auf die Truppen Demetrius‹ II., die nach Kedesch, 36 km südöstlich von Tyrus gelegen, gezogen waren. In der Ebene von Hazor im Norden des Sees Gennesaret kam es zur Schlacht. Die wahrscheinlich an den seleukidischen Truppen orientierte Ausbildung der jüdischen Soldaten erlaubte eine kriegerische Konfrontation in der Ebene, dem Paradeschlachtfeld der Seleukiden. Gleichzeitig schienen die Seleukiden jüdische Taktik übernommen zu haben, da sie versuchten, die Truppe des Jonatan aus einem in den Bergen versteckten Hinterhalt anzugreifen. Die Situation des Kampfes entwickelte sich ungünstig für Jonatan, da ihn seine Soldaten angesichts des seleukidischen Hinterhalts fluchtartig verließen. Nur zwei Offiziere (V. 70) und – das wird man auch aufgrund der Notiz in JosAnt XIII 5,7 annehmen können – ein Teil ihrer Gefolgsleute blieb bei Jonatan. Daß der Autor von 1Makk in V. 70 die beiden Offiziere namentlich bezeichnet, kann darin begründet sein, daß deren Familien zur Zeit der Abfassung des Makkabäerbuches bereits Einfluß im jüdischen Staat besaßen und ihre Position hiermit legitimert wurde.

Hilfe aus der unheilvollen Situation konnte allein von Gott erwartet werden. Deshalb vollzog Jonatan Bußriten und betete. Resultat: Jonatan siegte (VV. 71-74).

Während das Bittgebet zu Gott vor einer Schlacht bei Judas Makkabäus fast schon Ritus war, wird im Blick auf Jonatan erstmalig an dieser Stelle darüber berichtet. Es hat den Anschein, als würde in diesem Bericht der krönende Abschluß einer steilen Karriere stecken. Das gesamte Kap. 11 zeichnet den Weg der Machterweiterung Jonatans nach: Ptolemais empfängt Jonatan trotz der gegen ihn vorgebrachten Anklagen (V. 6f), Jonatan belagert die Akra, obwohl der von ihm bekämpfte Demetrius II. König ist (V. 20), und wiedersetzt sich dem Befehl des Königs (V. 23). Er gewinnt Demetrius für sich, wird in seinen Ämtern und Titeln bestätigt, erwirkt eine Teilsteuerbefreiung für das jüdische Volk und erweitert das judäische Territorium mit seleukidischer Duldung (VV. 24-37). Demetrius ist sogar bereit, die Besatzung der Akra abzuziehen (V. 41f). Indem Demetrius von Jonatan militärische Unterstützung zu seinem eigenen Schutz anfordert, erkennt er die militärische Stärke des jüdischen Heeres an (VV. 43-51). Jonatan schwenkt zu Antiochus VI. und Tryphon über, da Demetrius nicht gewillt ist, seine Versprechen einzulösen. Auch Antiochus bestätigt Jonatan in seinen Ämtern und Titeln, zugleich stärkt er die Stellung Simeons (VV. 53-59). Mit Billigung der Seleukiden kann Jonatan erneut sein Herrschaftgebiet erweitern, und Simeon gelingt die Einnahme der Grenzstadt Bet-Zur (VV. 60-66). Die Bewohner von Bet-Zur werden vertrieben und Simeon siedelt Bewohner seiner Wahl in der Stadt an. Dieses Vorgehen Simeons wird zu seiner Standartpolitik hinsichtlich des Umgangs mit eroberten Städten (vgl. VV. 13.11.47-48.50). Daß dieser Weg aber überhaupt möglich war, wird erst in den VV. 71-72 deutlich. Wie mit Judas ist Gott auch mit Jonatan. Schien seit dem Tod des Judas Gott nicht mehr in Erscheinung zu treten, so wird der Leser nun eines Besseren belehrt. Gott läßt nicht von den Makkabäern. Wenn diese um seine Hilfe bitten, dann ist er bei ihnen.

13. *12,1-23* Verträge mit Rom und Sparta

Der Bericht über die Verträge mit Rom und Sparta schiebt sich zwischen die Erzählungen über die Auseinandersetzung Jonatans mit Demetrius II. Warum wählt der Erzähler diese Unterbrechung? Werfen wir einen Blick zurück auf die Judasvita Kap. 3,1 – 9,22, dann wird das Vorgehen einsichtig: Auf der Höhe seiner Macht erreicht Judas ein Bündnis mit Rom. Im Anschluß daran wird über seine letzte Schlacht und seinen Tod berichtet. Auf der Höhe seiner Macht erneuert Jonatan das Bündnis mit Rom und erweitert es um ein Freundschaftsbündnis mit Sparta. Daran schließen sich die Berichte über eine letzte Konfrontation mit Demetrius an und die hinterlistige Tat Tryphons, die Jonatan das Leben kostet.

Über die Erneuerung des Freundschaftsvertrags mit Rom (VV. 1-4) wird nur kurz berichtet. Wesentlich ausführlicher wird über die Verbindung zu Sparta geschrieben. Inwieweit es sich bei den in den VV. 5-23 niedergeschriebenen Briefen um zwei echte Dokumente handelt, läßt sich nicht eruieren. Denkbar ist, daß sie aus der Feder des Verfassers stammen, doch ist die Klärung dieser Überlegung nicht notwendig zur Beantwortung der Frage, welche Bedeutung die Erwähnung Spartas hat.

Jonatan griff bei seinem Vorgehen auf die diplomatischen Methoden der hellenistischen Welt zurück, wo es üblich war, sich eines Mittlers zu versichern, der gute Kontakte zur einflußreichen Großmacht besaß, um daraus für sich Vorteile zu ziehen. Sparta schien für die Rolle des Mittlers aus zwei Gründen geeignet: Bei den Attacken des Archäischen Bundes gegen Sparta 148-146 v.Chr. kam Rom Sparta zu Hilfe. Rom stand fest zu seinem Bündnispartner, und so konnte Sparta nach der Niederlage des Archäischen Bundes wiedererstarken.

Zudem, dies läßt sich aus dem Brief Jonatans an die Spartaner schließen, nimmt man ein, wenn auch sehr entferntes, Verwandtschaftsverhältnis an. Dies kommt in dem in den VV. 7-8.19-23 erwähnten bzw. zitierten Brief des Spartanerkönigs Ares I. (309-265 v. Chr.) an den Hohenpriester Onias – entweder Onias I. (323-300 v.Chr. oder Onias II. (um 265 v.Chr.) – zum Ausdruck. Die Verwandtschaft wird auf den gemeinsamen Stammvater Abraham zurückgeführt (V. 21). Deshalb bot Ares den Juden einen Freundschaftsvertrag an (V. 8), der durch die aus dem Halbnomadentum stammende Freundschaftsformel, die mit als Hinweis auf den gemeinsamen Urvater Abraham verstanden werden kann, bekräftigt wurde.

Jonatan wandte sich also nicht nur in der Hoffnung an Sparta, in Bedrängnis von dort selbst Hilfe zu bekommen. Vielmehr hoffte er, da es, wie römische und hellenistische Dokumente zeigen, bekannt war, daß ein einflußreicher Mittler die militärische Hilfe Roms erwirken konnte, daß zu gegebenem Zeitpunkt die Spartaner ihrer jüdischen Brüder gedenken und sich für sie bei den Römern verwenden würden. Dahinter stand der Wunsch, aus dem von Judas mit Rom geschlossenen Freundschaftsbund einen Vertrag werden zu lassen, der die militärische Hilfe der Römer in Zeiten der Bedrängnis von außen wahrscheinlicher machte.

Im großen und ganzen knüpfte Jonatan also an den alten Freundschaftsvertrag, doch legt der Verfasser des 1 Makk Wert auf die Betonung, daß die eigentliche Hilfe für Israel nicht von den Verbündeten kam, sondern die Einhaltung der Tora und das Vertrauen auf Gottes Beistand Israel zum Überleben verhalf (VV. 9.11.13-15).

14. *12,24-34* Nochmaliger Feldzug gegen Demetrius II.

Mit V. 24 nimmt der Verfasser den unterbrochenen Kampfbericht wieder auf. Jonatan und seine Truppen maschierten fast 400 km von Jerusalem Richtung Norden, um in Hamat, am Orontes gelegen, außerhalb judäischen Territoriums auf das Heer des Demetrius zu treffen.

Angesichts der kampfbereiten jüdischen Soldaten entzog sich das Heer des Demetrius der kriegerischen Auseinandersetzung mit List (VV. 28-29). Demetrius gelang es, sich hinter den Eleutherus, der die nördliche Grenze von Zölesyrien bildete, in Sicherheit zu bringen (V. 30).

Daraufhin wandte sich Jonatan gegen die sabatäischen Araber, Halbnomaden, die in der Gegend von Damaskus lebten. Ihr Name läßt auf eine mögliche Verbindung zu dem Araberfürsten Sabdiel schließen, der Alexander Balas hatte töten lassen. Dies würde dann das Vorgehen des Jonatan erklären (VV. 31-32).

Währenddessen konnte Simeon den Mittelmeerhafen Jafo sichern (VV. 33-34).

15. *12,35-52* Tryphon nimmt Jonatan gefangen

Nach seinem erfolgreichen Zug gegen Demterius II. verwandte Jonatan seine Energie darauf, die nach seinem Umzug von Michmas nach Jerusalem begonnenen Ausbesserungen und Befestigungen der Stadt (vgl. 10,10-11) weiterzuführen sowie das Land duch die Errichtung von Festungen zu schützen.

Da er es trotz mehrfacher Anläufe bisher nicht erreicht hatte, die seleukidischen Truppen zum Verlassen der Akra zu bewegen, setzte er jetzt seinen Ehrgeiz darein, die Burg durch die Errichtung einer hohen Mauer von der Stadt abzutrennen, um die Bewohner der Akra zu isolieren (V. 36).

Ausbesserungsarbeiten, die im Kidron-Tal (Tal im Osten V. 37) nach dem Einsturz einer Mauer notwendig geworden waren, ließ er ebenfalls ausführen; die Bedeutung des Namens »Kafnata«, der der Mauer beigelegt wurde, läßt sich nicht mehr klären.

Simeons Aufgabe war die Befestigung der Festungen im judäischen Land. Hadid lag 5 km östlich von Lod in der Schefela, einem hügeligen Landstreifen dem judäischen Bergland vorgelagert (V. 38).

Die Vorgänge in Jerusalem wird Tryphon mit wachsendem Mißtrauen beobachtet haben. Vermutlich wollte er selbst gern die Herrschaft im Seleukidenreich übernehmen, doch standen ihm dabei Jonatan und Antiochus VI. im Weg. Er lockte Jonatan nach Bet-Schean, in der Jordanebene gelegen, 25 km südlich vom See Gennesaret. Mit einem erstaunlich großen Heer zog Jonatan dorthin, vielleicht weil er insgeheim Tryphon mißtraute (VV. 39-41). Diesem gelang es aber, Jonatans Zweifel zu zerstreuen. Der von Tryphon in Aussicht gestellte Gebietszuwachs (V. 45) machte Jonatan blind für die Gefahr. Er ließ sich nach Ptolemais locken, von nur 1000 Soldaten begleitet. Dort ging er in die Falle. Seine Soldaten wurden getötet und er gefangengenommen und später umgebracht (vgl. 13,12.23). Dies geschah am Ende des Jahre 143 v.Chr. Tryphon versuchte auch noch, die in Galiläa und der Jesreelebene (Große Ebene, V. 49) zurückgebliebene jüdische Armee niederzumachen, doch schreckte seine Soldaten die Kampfbereitschaft der Juden. So konnten diese ungehindert nach Judäa ziehen und von der Tat Tryphons berichten (VV. 46-52). Die Ära Jonatan war damit zu Ende gegangen.

Was hatte Jonatan für Israel erreicht? Wie bereits zu Beginn von Abschnitt III bemerkt wurde, findet sich in den gesamten Kapiteln der Jonatanerzählung kein einziges poetisches Stück. Anders als Judas oder Simeon war er nicht der ›Gepriesene‹, obwohl er der Unterstützung verschiedener jüdischer Kreise sicher sein konnte: Ein Großteil der führenden Jerusalemer Familien wird hinter ihm gestanden haben, denn Jonatan befreite ihre Söhne, die Bakchides als Geiseln genommen hatte (9,53). Auch zum Ältestenrat des Volkes war der Kontakt gut, da Jonatan sich bei anfallenden Entscheidungen gerne mit ihm beriet (12,6.35).

In seiner Funktion als Hoherpriester wird er, anders als später Simeon, nicht so anerkannt gewesen sein. 1 Makk berichtet kaum über hohepriesterliche Tätigkeiten Jonatans. Sein Titel bzw. sein Amt hatte allein im politischen Bereich Bedeutung (10,38; 11,27.57; 12,6). Trotzdem darf seine Leistung für Israel nicht unterschätzt werden. Aufgrund seiner strikten Zielorientierung und seiner Fähigkeit zur Flexibilität schaffte Jonatan trotz der gravierenden Thronstreitigkeiten im seleukidischen Reich für Israel eine solide territoriale Basis, die von den seleukidischen Herrschern anerkannt wurde. Zudem erwirkte er für sich und seinen Bruder Simeon offizielle Regierungsposten. Er baute ein stehendes Heer auf, und gleichzeitig muß er in Ansätzen eine Bürokratie für zivile und finanzielle Angelegenheiten ins Leben gerufen haben. Zwar wird in 1 Makk davon nicht berichtet, doch sind der Ausbau Jerusalems und die Errichtung von Festungen im Land nicht ohne einen Planungsstab denkbar, der Planung, Finanzierung und Ausführung überwachte.

IV. 12,53 – 16,24: Simeon

Die Erzählung des 1 Makk steuert ihrem Höhepunkt entgegen. Unter der Herrschaft Simeons wird Israel zu dem, was es einmal war: Als freies Volk Gottes lebt es im eigenen Land, und Tempel und Tora sind wieder die das Leben bestimmenden Größen. Simeon wird als Erretter und Friedensfürst gefeiert, seine Regierungszeit in messianischen Farben geschildert. Der Hymnus auf Simeon (14,2-15) und die sich in 14,25-49 anschließende Bestätigung Simeons in allen Ämtern durch das ganze Volk bilden den Abschluß der Geschichte der Makkabäerbrüder. Gleichzeitig aber üben sie eine Schwellenfunktion aus, indem sie nicht nur auf Vergangenes zurückblicken, sondern auf Zukünftiges vorausweisen: So wie es jetzt ist, so soll es »für immer« (14,41) sein. Dies ist Zuspruch und Anspruch zugleich. Zuspruch, weil Israel deutlich gemacht wird, daß die Makkabäer/Hasmonäer für seinen Erhalt sorgen, Anspruch, weil sich die zweite Generation der Makkabäer an den Taten der ersten messen lassen muß. 1 Makk 16,1-10 zeigt, daß Johanan (= Johannes Hyrkan) diesem Anspruch gerecht wird und somit zu Recht seinem Vater Simeon in der Herrschaft nachfolgt.

1. *12,53 – 13,11* Simeon wird Nachfolger Jonatans

Israel war stark, solange es jemanden an seiner Spitze hatte. Die Gefangennahme Jonatans ruft – ähnlich wie der Tod des Judas (9,23) – die fremden Völker wieder auf den Plan; sie wittern die Chance, sich Israels zu bemächtigen. In dieser Notsituation bot sich Simeon, der älteste Bruder Jonatans, an, die Führung zu übernehmen – für den Leser keine überraschende Entwicklung, hatte doch der Autor seit längerem Fährten gelegt, die eine Machtübernahme Simeons als konsequent erscheinen ließen: In den Kapiteln, die von der Zeit Jonatans handeln, wird im Zusammenhang mit den Berichten über kriegerische Auseinandersetzungen bzw. über Wege der Machtverfestigung immer gemeinsam über Jonatan und Simeon geschrieben (vgl. 9,33.62-68; 10,74; 11,59.64-66; 12,33f). Auch die Rede, die Simeon an das Volk richtet (VV. 3-6), stellt ihn in die Tradition seiner Familie. Hier erinnert Simeon an die Taten und die

Ziele der Makkabäer. Ihnen gilt es sich zu verpflichten und angesichts der erneuten Bedrohung für Gesetz und Tempel einzutreten. V. 4 macht glauben, daß Simeon, wie das übrige Israel auch, vom Tod Jonatans ausgeht; sonst wäre seine Wahl zum Anführer kaum denkbar gewesen. Durch Akklamation des Volkes (VV. 8-9) wird er offiziell zum Führer gewählt.

Seine ersten Taten sind die Aufstellung eines Heeres, die Befestigung Jerusalems sowie die Sicherung der Küstengebiete, indem z.B. der Sohn Abschaloms in Simeons Auftrag die nichtjüdischen Bewohner Jafos vertreibt und Juden in der Stadt ansiedelt (VV. 10-11), denn Tryphon beabsichtigte, in Judäa einzufallen (V. 1).

2. *13,12-30* Jonatans Tod

Von der Küstenstadt Ptolemais aus versuchte Tryphon, in das judäische Bergland einzudringen, um bis nach Jerusalem vorzustoßen, wo sich in der Akra immer noch seleukidische Soldaten befanden. Simeon hatte sich nach Hadid begeben, am Fuße des judäischen Berglandes gelegen (vgl. 12,38), von wo aus er die Küstenebene und die anrückenden Truppen des Tryphon gut beobachten konnte. Dort trat er Tryphon entgegen, und angesichts der kampfbereiten jüdischen Truppen versuchte der Seleukide, allerdings in unehrlicher Absicht, mit Simeon zu verhandeln. Pro forma ging Simeon auf den Vorschlag zur Freilassung Jonatans ein, um sich selbst nicht dem Vorwurf der Machtgier aussetzen zu müssen, wohlwissend, daß er Tryphon nicht trauen konnte (VV. 12-19). Nach dem Scheitern der Verhandlungen zog Tryphon mit seinem Heer in einem Bogen nach Süden, um irgendwo einen Zugang in das gebirgige Innere Judäas zu finden. Vermutlich wird er eine Marschroute gewählt haben, die über Emmaus und Bet-Zur nach Süden führte, doch Simeon begleitete auf den Höhen den Zug der seleukidischen Truppen in der Niederung, um immer dort zur Stelle sein zu können, wo Tryphon einen Vorstoß wagen wollte. Die Wachsamkeit Simeons zwang ihn, noch über Bet-Zur hinaus nach Süden Richtung Adora, etwa 7 km südwestlich von Hebron gelegen, abzubiegen. Damit drang er in idumäisches Gebiet ein, wohin Simeon ihm nicht folgen konnte, wollte er sich nicht einer Fehde mit den befeindeten Idumäern aussetzen (V. 20). In Adora ereilte

Tryphon der Hilferuf der Besatzung der Akra, die in Jerusalem von den Bewohner ausgehungert werden sollte (vgl. 12,36), zusammen mit dem Hinweis, den Sperriegel Simeons dadurch zu umgehen, indem er durch die judäische Wüste nach Jerusalem vorstoßen sollte. Ein plötzlicher Wintereinbruch, der in den Monaten Januar/ Februar in dieser Gegend durchaus möglich ist, zwang Tryphon zur Aufgabe seines Plans, und so zog er über das Ostjordanland nach Syrien ab. Bei Baskama im Ostjordanland ließ er den mitgeschleppten, gefangenen Jonatan umbringen. Er war ihm zu nichts mehr nütze und ideales Opfer zur Besänftigung seines Mißerfolgs (VV. 21-24).

Den Leichnam des in Baskama begrabenen Jonatan ließ Simeon exhumieren und nach Modein bringen, um ihn dort zu bestatten. Nur kurz berichtet der Verfasser über die von Israel abgehaltene Totenklage (VV. 25-26) Auffällig ist, daß – anders als beim Tod des Judas 9,21 – die Taten Jonatans nicht beurteilt werden. Dies mag noch einmal ein Indiz für eine gewisse Mißachtung Jonatans seitens des Autors sein. Weit ausführlicher widmet er sich dann der Beschreibung des von Simeon zu Ehren der bisher verstorbenen Angehörigen der Makkabäerfamilie errichteten Denkmals in Modein. Denn dieses Denkmal erfüllt eine doppelte Funktion. Zum einen dient es der Demonstration makkabäischer Macht, zum anderen schuf Simeon mit der Errichtung eines solchen Denkmals die Basis für die Verehrung der Makkabäer und legte das Fundament zum Aufbau einer Herrscherdynastie. Simeon ließ sieben Pyramiden, sechs für seine verstorbenen Brüder, seinen Vater und seine Mutter, eine für sich, auf einer Plattform errichten. Pyramiden waren keine ägyptische Spezialität. Sie lassen sich, wenn auch für eine etwas spätere Zeit, im Kidrontal bei Jerusalem und in Petra nachweisen. Sie waren umgeben von hohen, mit Trophäen und eingemeißelten Schiffen geschmückten Säulen. Das Denkmal war weithin sichbar für alle, die vom Meer her auf Judaä zusteuerten, da Modein nur 28 km entfernt von der Küste lag (VV. 27-29). Leider läßt es sich archäologisch nicht mehr verifizieren. Zur Zeit des Autors muß es allerdings noch existiert haben (V. 30).

3. *13,31-42* Der Beginn einer neuen Ära:
Das Jahr 1 der Regierung Simeons

Wohl bald nach der Ermordung Jonatans wird Simeon Kontakt mit Demetrius II. aufgenommen haben. Tryphon hatte Antiochus VI. töten lassen und sich die Krone Asiens (vgl. 8,6) aufgesetzt. Von 142 – 139 v.Chr. regierte er in einigen Provinzen südlich des Eufrat. Wollte Demetrius bestehen, dann war er auf die Unterstützung der Juden angewiesen. Deswegen ging er bereitwillig auf das Anliegen Simeons ein. Er versprach umfassenden Frieden und gewährte völlige und endgültige Steuerfreiheit. Die von Simeon angelegten Festungen Hadid (12,38), Geser (13,48), Bet-Zur und Jafo (14,33-34) durfte er offiziell behalten. Damit hatte Demetrius II. quasi die Souveränität Judäas anerkannt. Was Simeon im Gegenzug Demetrius alles versprochen hatte, geht aus dem Text nicht eindeutig hervor. Neben den in V. 37 erwähnten Geschenken hat Simeon möglicherweise Unterstützung durch jüdische Soldaten zugesagt, wie aufgrund von V. 40 vermutet werden könnte.

Für Israel war der Brief des Demetrius ein großer Erfolg. Er dokumentierte die entscheidende Wende in der Geschichte des Makkabäeraufstandes. Daß diese Wende nicht allein Tat der Makkabäer war, kommt in der Formulierung »wurde das Joch der fremden Völker von Israel genommen« (V. 41) zum Ausdruck. Damit lehnt sich der Autor an Aussagen bei Jeremia (Jer 28,2.4; 30,8) und Jesaja (Jes 14,25) an. Dort ist Gott derjenige, der das Joch der fremden Völker von Israel nimmt. Die Scheu des Autors vor der direkten Nennung des Namens Gottes läßt die passivische Formulierung »wurde genommen« als passivum divinum erscheinen. Somit ist es auch hier letztlich Gott, der Israel endgültig aus der Unterdrückung befreit.

Wen wundert es noch, daß sich von nun an die Zählung der Jahre nach dem Beginn der Herrschaft Simeons richten. Dabei folgt die Datierungsformel (V. 42) dem Muster derjenigen, wie sie bei Königen verwandt wurde (vgl. Hag 1,1.15; 2,10; Sach 1,1.7; 7,1; Dan 1,1; 9,1). Das Jahr 1 der Herrschaft Simeons entspricht dem Jahr 142 v.Chr.

4. *13,43 – 14,3* Die endgültige Befreiung Israels

Was Judas und Jonatan vergeblich versucht hatten, die Befreiung der Akra von der seleukidischen Besatzung, wurde unter der Herrschaft Simeons Wirklichkeit. In zwei aufeinanderfolgenden Abschnitten (VV. 43-48.49-53) beschreibt der Verfasser die Einnahme zweier wichtiger seleukidischer Stützpunkte durch Simeon, der Stadt Geser und der Akra. Beide Berichte sind parallel aufgebaut:

Simeon belagert Geser, so daß die Bevölkerung um ihr Leben fürchten muß (VV. 43-45a) – die Besatzung der Akra fürchtet um ihr Leben, weil sie ausgehungert wird (V. 49).

Die Bürger von Geser bitten um Frieden (V. 45) – die seleukidischen Soldaten bitten um Frieden (V. 50a).

Simeon vertreibt die Bewohner von Geser (V. 47a) – Simeon vertreibt die Besatzung der Akra (V. 50b).

Die Stadt wird entsühnt, von Juden besetzt, und Simeon baut sich dort ein Haus (VV. 47b-48) – die Akra wird entsühnt, und Simeon wohnt in ihr (VV. 50b-52).

Die parallele Gestaltung beider Perikopen läßt nach der Bedeutung Gesers fragen. Strategisch und topographisch hatte Geser besondere Vorzüge. Geser, 8 km westlich von Emmaus, lag auf einem Hügel, von dem aus die nördliche, westliche und östliche Küstenregion gut zu überblicken war; die Stadt konnte als Ausgangspunkt für feindliche Expeditionen ins Innere Judas dienen oder aber als Basis für Operationen im Küstenbereich. Aus diesem Grund hatte Bakchides die Stadt befestigen lassen (vgl. 9,52). Sie war wichtiger seleukidischer Stützpunkt. Zudem besaß Geser eine gute Wasserversorgung sowie fruchtbares Land drumherum. Die Einnahme Gesers durch Simeon war also nicht nur militärisch bedingt, sondern hatte auch ökonomische Gründe. Die Bedeutung Gesers für die Makkabäer zeigt sich darin, daß Simeon sich dort ein Haus baute und daß er seinen Sohn Johannes Hyrkan, den er zum Befehlshaber aller Streitkräfte ernannt hatte, dort stationierte (V. 53).

Die Befreiung der Akra im Juni 141 v.Chr. ist neben der Restituierung von Tempel und Tora durch Judas die zweite entscheidende Tat der Makkabäer, denn jetzt ist Jerusalem frei von seleukidischer Besatzung. Formal läßt sich diese Behauptung durch einen Vergleich der beiden Erzählungen über die Reinigung des Tempels (4,41-61) und über die Reinigung der Akra unterstützen, da beide Erzählungen parallel gestaltet sind:

Judas befiehlt seinen Männer, die Akra solange zu belagern, bis der Tempel gereinigt sei (4,41) – Simeon vertreibt die Besatzung der Akra (13,50).

Die Priester reinigen den Tempel und entfernen die befleckten Steine (4,43) – Simeon reinigt die Akra von aller Befleckung (13,50).

Am 25. Kislev 148 (= Dezember 164 v.Chr.) wird der Tempel neu geweiht unter Liedern, Zither- und Harfenspiel und dem Klang der Zimbeln (4,52-54) – am 23. Ijjar 171 (= Juni 141 v.Chr.) zogen die Israeliten unter Gesängen und Hymnen und der Musik von Harfen, Zithern und Zimbeln in die Akra ein (13,51).

Es herrscht Freude im Volk, weil die Schande, die die fremden Völker ihnen zugefügt hatte, beseitigt ist (4,58) – Israel war von einem gefährlichen Feinde befreit (13,51).

Judas, seine Brüder und die ganze Gemeinde Israels fassen den Beschluß, das Tempelweihfest jährlich zu begehen (4,59) – Simeon setzt fest, daß jedes Jahr dieser Tag gefeiert werden soll (13,52).

Um den Tempelberg herum werden hohe Mauern errichtet und Truppen zur Bewachung abgeordnet (4,60f) – Simeon läßt die Burg weiter befestigen und wohnt in ihr (13,52).

Der gleiche Aufbau der Berichte über die Reinigungen betont nicht nur die Bedeutung der Befreiung der Akra für Israel, sondern hebt auch die Person des Simeon besonders hervor. Simeon erweist sich als würdiger und richtiger Nachfolger seines Bruders Judas. In gewisser Weise geht Simeon aber auch über Judas hinaus, indem er nämlich das vollendet, was Judas begonnen hatte: die endgültige Befreiung von der Fremdherrschaft und die Wiederherstellung der kultischen Reinheit Israels. So hat neben dem militärischen und ökonomischen Nutzen die Eroberung und Entsühnung Gesers und der Akra für Simeon die Funktion, den gesetzestreuen Juden die Rechtmäßigkeit seines Hohenpriesterstatus unter Beweis zu stellen, indem er seine Handlungsweise ganz von den Vorschriften der Tora leiten läßt (vgl. Ex 23,31-33; Dtn 7,1-6; 12,29-30).

Daß der Autor in den Berichten über die endgültige Befreiung Israels indirekt auch eine weitere Legitimierung der Makkabäerherrschaft sieht, zeigt die Einsetzung Johanans = Johannes Hyrkans zum Befehlshaber über alle Streitkräfte (V. 53): Waren bisher die Seleukidenkönige diejenigen gewesen, die über die Ernennung von Befehlshabern zu bestimmen hatten, so nimmt dies jetzt Simeon selbst in die Hand. Im Wissen um seine Macht kann er diese Verfügung treffen und geht damit einen ersten Schritt zur Weitergabe der Herrschaft in die zweite Generation. Auf seiten der Makkabäer ist für Kontinuität gesorgt. Jetzt ist es an Israel, desgleichen zu tun, indem das ganze Volk hinter seinen makkabäischen Herrschern steht.

Das Bündnis zwischen Demetrius II. und Simeon sorgte dafür, daß Demetrius den Rücken frei hatte und sich ganz der Aufgabe widmen konnte, Tryphon auszuschalten. Aus diesem Grund begab er sich mit seinen Truppen in die Gegend des heutigen Iran, um dort Gebiete zurückzuerobern und noch mehr Soldaten für den Kampf gegen Tryphon anzuwerben. Er wurde aber von Asarkes VI., der auch Mitridates I. hieß (171-138 v.Chr.), gefangengenommen (14,1-3).

5. *14,4-15* Die heilsgeschichtliche Legitimierung der Herrschaft Simeons

Das Loblied auf Simeon paßt hier gut hinein. Auf dem Zenit seines Erfolges widmet der Verfasser Simeon ein Preisgedicht, das seine Regierungszeit als Heilszeit beschreibt. Glück und Jubel, Ruhe und Frieden, wirtschaftliche Sicherheit, Fruchtbarkeit, Rückkehr der Gefangenen, Beendigung aller Kriege, Bestrafung der Sünder, Schutz der Schwachen und prachtvolle Ausstattung des Tempels sind alttestamentliche Weissagungen für den Anbruch der Heilszeit (VV. 4-15). Die lyrischen Wendungen 14,8 (vgl. Lev 26,4.6; Ez 34,27; Sach 8,12), 14,9 (vgl. Sach 8,4; Jes 52,1) und 14,12 (vgl. 1 Kön 5,5; Mi 4,4; Sach 3,10), aber auch die Betonung, daß Simeon sich mehrfach für den Frieden einsetzte (VV. 4.8.11), interpretieren seine Regierungszeit als Heilszeit.

Für eine Deutung seiner Herrschaft als Zeit des Heils für Israel gab es folgende historische Anhaltspunkte: Die Eroberung Jafos, Gesers, Bet-Zurs und der Akra (VV. 5.7) zeigen die außenpolitischen Erfolge Simeons, die eine Befreiung von der seleukidischen Besatzung bedeuteten. Interpretiert werden diese Eroberungen als

Erweiterung des judäischen Territoriums, obwohl de facto Simeon in den philistäischen Küstengebieten beträchtliche Gebietsverluste hinnehmen mußte.

Von 143-138 v.Chr. konnte Simeon ungestört in Judäa regieren. Daß diese Zeit des Friedens den Juden wie ein Geschenk vorkommen mußte, wundert nach den langen Jahren der kriegerischen Auseinandersetzungen mit den Seleukiden nicht. VV. 4.8.11. erwecken den Anschein, daß dieser Friede Verdienst des Simeon war, historisch betrachtet hatte Israel aber deswegen solange Ruhe, weil Demetrius II. in langwierige Auseinandersetzungen mit dem Partherkönig Asarkes verwickelt war (vgl. 14,1-3). Mit der Übernahme des Seleukidenthrons durch Antiochus VII. 138 v.Chr. war es aber mit der Ruhe vorbei (vgl. 15,1ff).

Trotz der neuen politischen Entwicklung unter Antiochus VII. interpretiert der Verfasser die Herrschaft Simeons als Heilszeit. Der Grund dafür ist in der Gesamtkonzeption seines Buches zu finden. Gegenüber den vorhergehenden Makkabäerherrschern wird Simeon besonders hervorgehoben, weil er – aus der Sicht des Verfassers – die *endgültige* Befreiung Israels erreichte. Simeon ist der letzte der Makkabäerbrüder. Er steht am Übergang zur zweiten Generation. Als Vater des zur Zeit der Abfassung des 1 Makk amtierenden Johannes Hyrkan fällt auf ihn ein besonderes Licht, das in die Zeit Hyrkans hineinleuchtet. Von der Beschreibung der Regierungszeit Simeons als Heilszeit profitiert der jetzige Hasmonäerherrscher. Auch seine Regierungszeit läuft bzw. soll unter dem Vorzeichen ›Heilszeit‹ laufen – dies will der Verfasser den Lesern glauben machen. Die Deutung der Makkabäerherrschaft als Heilszeit legitimiert die Existenz dieser neuen Herrscherdynastie, die nicht nur zu Recht die weltliche Macht, sondern auch die religiöse innehat. Nicht umsonst betont der Verfasser des Preisgedichtes beide Funktionen Simeons, die hohepriesterliche und die politisch-militärische.

In der Heilszeit sind die Verräter und Sünder (V. 14), die Feinde und fremden Könige (V. 13) verschwunden. Es gibt nur noch Israel und seinen Herrscher Simeon. Diese Konstellation garantiert Ruhe und Frieden und ist Anlaß zu Jubel und Freude. Israel lebt unter Simeon in der Erfüllung der alttestamentlichen Heilsverheißungen. Dies hat Folgen für das Verhalten Israels zum Hasmonäerhaus. Will Israel in der Erfüllung der Verheißung weiterleben, dann geht das nur, wenn es sich ganz an die Hasmonäer hält. Also: Keine Opposition in Israel gegen die Hasmonäer (vgl.14,7d), sondern Einheit um des Heils willen.

6. *14,16-24* Die außenpolitische Legitimierung der Herrschaft Simeons

Bereits Judas und Jonatan suchten den Kontakt zu Rom, wissend, daß auch im Vorderen Orient an dieser Großmacht keiner vorbeikommt. Genauso Simeon; doch im Unterschied zu den beiden Makkabäerbrüdern zielt hier der Verfasser darauf ab, deutlich zu machen, daß jetzt nach dem Tod des Jonatan die Initiative zur Erneuerung des Bündnisses zwischen den Römern und den Juden von Rom und nicht von Simeon ausging. Dies entsprach wohl kaum der historischen Realität, vielmehr wird Simeon derjenige gewesen sein, der sich für eine Bestätigung des Bündisses mit Rom stark machte; unter diesem Aspekt wird auch verständlich, warum Simeon Numenius und Antipater (vgl. 12,6) mit einem so wertvollen Geschenk, wie es das goldene Schild V. 24 darstellte, nach Rom sandte. Es ging ihm darum, die Gunst der Römer zu erlangen. Doch paßte die umgekehrte Sichtweise der Dinge gut in das Konzept, die Besonderheit Simeons zu betonen und ihm zusätzlich auch noch durch die enge Anbindung an Rom eine außenpolitische Legitimierung seiner Herrschaft zu verschaffen: Wie bedeutend ist Simeon, daß sogar Rom sich um die Erneuerung des Bündnisses mit ihm bemüht (VV. 16-19).

Eingeschoben in diesen Bericht hat der Verfasser das Antwortschreiben der Spartaner, die damit auf den Besuch der von Simeon geschickten jüdischen Gesandten reagieren. Diese waren vermutlich mit dem Auftrag nach Sparta gereist, um Erneuerung des Freundschaftbündnisses zu ersuchen (VV. 20-23).

7. *14,25-49* Die innenpolitische Legitimierung der Herrschaft Simeons

Die Bestätigung Simeons als Anführer, Hoherpriester und Befehlshaber der Juden durch die große Versammlung der Priester, des Volkes, der Führer des Volkes und der Ältesten des Landes (V. 27f), am 13. September 140 v.Chr. bildete den innenpolitischen Höhepunkt des Aufstiegs der Makkabäerfamilie von einer Schar von Freiheitskämpfern zu einer sich etablierenden Herrscherdynastie. Der Beschluß dieser Jerusalemer Volksversammlung war eine Besonderheit in der judäischen Geschichte: Das politische Ziel der Makkabäer, die Loslösung Judäas aus dem Seleukidenreich, war im großen und ganzen erreicht. Der Staat war hierokratisch organisiert, d.h. in der Hand des Hohenpriesters konzentrierte sich die religiöse und weltliche Macht. Doch anders als bisher leitete der Hohepriester Simeon seine Legitimation nicht von einer besonderen (zadokidischen) Herkunft ab, sondern vom Volk, also von der in Jerusalem zusammengekommenen Volksversammlung. Grundlage für die Entscheidung der Versammlung ist der ausführliche Bericht über die Taten der Makkabäerfamilie. Zunächst wird ganz allgemein auf die Taten der Makkabäer verwiesen, die sich den Feinden des Volkes entgegenstellten, den Tempel und das Gesetz erhielten und dem Volk Ruhm verschafften (V. 29). Weit mehr Raum wird den einzelnen Erfolgen der Makkabäer gewidmet. Jonatans Leistung lag vor allem darin, daß er das Volk zusammenführte und (deswegen?) ihr Hoherpriester wurde (V. 30). Die Taten des Judas werden nicht erwähnt, stattdessen wird ausführlich über Simeons Aktionen berichtet, die Finanzierung der jüdischen Armee aus den Privatmitteln Simeons, die Eroberung und Befestigung der Städte Bet-Zur, Jafo und Geser, die Befreiung der Akra und die Befestigung Jerusalems (VV. 32-34). Die entsprechende Reaktion auf seiten des Volkes ist Dank, und der Dank nimmt Form an, indem Simeon vom Volk zu ihrem Hohenpriester und Führer gemacht wird (V. 35). Die Bestätigung Simeons als Hoherpriester durch Demetrius II. wird hier im Text erst im Anschluß an die Ernennung durch das jüdische Volk erwähnt (V. 38f). Dadurch wird ein Zweifaches zum Ausdruck gebracht: Die Einsetzung durch das Volk hat mehr Gewicht als die durch den Seleukidenkönig und damit zusammenhängend läßt sich erkennen, daß der Einfluß des seleukidischen Herrschers auf die Ereignisse in Judaä abgenommen hat.

Es wird deutlich, daß der Verfasser der Legitimation durch das jüdische Volk einen hohen Stellenwert zukommen läßt. Welche Intention verfolgt er damit? Zur Beantwortung dieser Frage sind die VV. 41-49 aufschlußreich. Noch einmal erfahren wir von der Bestätigung Simeons als Anführer und Hoherpriester der Juden, diesmal aber verbunden mit zwei besonderen Hinweisen. Simeon soll *für immer* diese Ämter inne haben, bis ein *wahrer Prophet* auftritt (V. 41). Die Kombination der unbegrenzten Zeitangabe »für immer« mit der als Einschränkung zu wertenden Wendung »bis ein wahrer Prophet auftrete« gibt zu denken. Es hat den Anschein, als stelle V. 41 den Versuch dar, miteinander kollidierende Interessen zu vereinbaren.

Es liegt in der Absicht des Verfassers, für das Hasmonäerhaus die Grundlage für die Errichtung einer Erbfolge zu schaffen. Dies geschieht mittels der Bestätigung Simeons in allen Ämtern durch das Volk auf unbegrenzte Zeit. Die Weitergabe der Macht in die nächste Generation wird dadurch ermöglicht, und mit 14,25, wo von der Dankbarkeit des Volkes gegenüber Simeon *und* seinen Söhnen gesprochen wird, bereits vorbereitet. Doch weiß der Verfasser darum, daß den Makkabäern die Macht nicht uneingeschränkt zugestanden werden kann, darauf deutet der Hinweis auf das Kommen eines zuverlässigen Propheten. Die wahre und endgültige Entscheidung, wem die Herrschaft zusteht, ist allein Sache Gottes. Sie wird zu gegebener Zeit Israel durch einen dazu beauftragten Propheten kundgetan werden. Denn noch ist die Hoffnung auf einen König aus dem Hause Davids lebendig, und nicht ohne Grund verzichtet der Autor auf die Verwendung des Königstitels im Blick auf Simeon, so sehr er auch darum bemüht ist, das Makkabäerreich als neues Davidreich erscheinen zu lassen (vgl. Kap. 2.2 der Einleitung zum 1 Makk). Eine Gleichsetzung der Makkabäerdynastie mit dem Haus Davids wäre doch zu vermessen gewesen.

Die zweimal erwähnte Bestätigung Simeons in allen drei Ämtern sowie die speziellen Ausführungen zu den strafrechtlichen Konsequenzen, die sich aufgrund der Mißachtung der Bestimmungen ergeben (VV. 41-45), dient nicht nur der Betonung der Stärke Simeons, sondern kann zugleich als Indiz dafür gewertet werden, daß nicht alle in Israel mit der Ämterfülle Simeons, vor allem wohl mit seinem Hohenpriesteramt, einverstanden waren. Zur Opposition gegen Simeon zählten mit Sicherheit die Gruppe aus Qumran und die Hellenisten, die auf der Seite der Seleukiden standen. Doch werden auch einige Teile der Priesterschaft und der Aristokratie in

Jerusalem und auf dem Land gegen Simeon eingestellt gewesen sein. Warum sonst die Betonung, daß Simeon derjenige sei, der über die Belange des Tempels zu bestimmen habe (V. 42), und das, nachdem er bereits zwei Jahre im Amt war, wenn nicht einige aus der Priesterschaft sich ihm widersetzt hätten?

Der Autor versucht allerdings, diese Opposition möglichst nicht durchscheinen zu lassen. Er legt besonderen Wert darauf zu betonen, daß Gesamtisrael hinter dem makkabäischen Herrscher stand. Deshalb schreibt er auch V. 46: »Das *ganze* Volk beschloß, diese Verfügungen zugunsten Simeons zu erlassen« und erweckt damit den Eindruck der vollkommenen Einheit. Nicht ohne Hintergedanken berichtet er von der öffentlichen Aufstellung der Urkunde im Vorhof des Tempels, die die Bestätigung des Volkes und der Priester enthielt, und der Hinterlegung einer Abschrift in der als Archiv genutzten Schatzkammer (VV. 48-49), so daß allen offenbar wird, wie es um Simeon, seine Söhne und das Volk steht.

8. *15,1-14* Simeon und Antiochus VII.

Eigentlich könnte das 1 Makk mit Kap. 14 enden. Alles scheint erreicht, auch die Legitimationsgrundlage für die Herrschaft der Makkabäer in der zweiten Generation ist gelegt. Doch holt die Realität den vom Autor gezeichneten Idealzustand (14,2-15) ein. Judäa ist kein Staat im luftleeren Raum, sondern bleibt angebunden an die großpolitische Lage.

Demetrius II. war nach Medien gezogen (vgl. 14,1) und dort von dem Partherkönig Arsakes VI. gefangengenommen worden. Die Macht im seleukidischen Reich drohte mehr und mehr in die Hände Tryphons zu gelangen. Um dieses zu verhindern, machte sich der jüngere Bruder Demetrius‹ II., Antiochus VII., auf, die »Verbrecher« (V. 3) – gemeint sind hier Tryphon und die Parther, die seinen Bruder gefangen hielten – zu bestrafen und die Herrschaft zu übernehmen (VV. 3-4). Antiochus trug den Beinamen ›Sidetes‹, da er lange in Sides in Pamphylien gelebt hatte. Von der Insel Rhodos aus (vgl. Appian, Syriaca 68) schrieb er an die Juden, um sich deren Solidarität zu versichern (V. 1). In seinem Schreiben bestätigte er alle dem jüdischen Volk von seinen Vorgängern zugesagten Privilegien und erweitert diese noch um das Recht der Münzprägung (VV.

5-8). Dieser Vorzug war im seleukidischen Reich keine Besonderheit. Allerdings war das Recht, Silber- und Goldmünzen zu prägen, allein dem König vorbehalten. Die Vasallenstaaten durften nur Bronzemünzen herstellen. Aus der Zeit Simeons sind uns keine Münzen erhalten. Fraglich ist, ob er überhaupt welche hat prägen lassen. In V. 27 wird ihm das Recht auf Münzprägung von Antiochus nämlich wieder entzogen. So blieb keine Zeit, das Recht anzuwenden. Möglicherweise verzichtete Simeon auch deswegen auf die Ausübung dieses Rechts, um nicht mit den konservativen Kreisen der jüdischen Bevölkerung in Konflikt zu geraten, die aufgrund des Bilderverbots in Ex 20,4 und Dtn 5,8 gänzlich auf die Herstellung jüdischer Münzen verzichten wollten.

Im Herbst 139 v.Chr. landete Antiochus VII. auf seleukidischem Gebiet. Nach JosAnt XIII 7,1 hielt sich die Frau Demetrius‹ II., Kleopatra, in der Stadt Seleukia auf. Zu ihr hatten sich jene Soldaten geflüchtet, die sich von Tryphon abgewandt hatten. Kleopatra bot Antiochus den Thron und ihre Hand an. Antiochus nahm an und mit den von Tryphon abgefallenen Truppen gelang es ihm, diesen bis nach Phönizien zu vertreiben. Tryphon floh in die Hafenstadt Dor, südlich des Karmel, und wurde von Antiochus zu Wasser und zu Land belagert (VV. 10-14).

9. *15,15-24* Römischer Schutzbrief für die Juden

Der Bericht über die Belagerung Dors wird unterbrochen. Absichtlich schiebt der Verfasser an dieser Stelle die Reaktion der Römer auf die in 14,24 geschilderte Entsendung des Numenius nach Rom ein. Chronologisch entsteht ein Bruch, da Numenius 142 v.Chr. in Rom war, als Lucius Caecilius Metellus Calvus Konsul war; für seine Mission wird er kaum drei Jahre gebraucht haben, so daß wir annehmen können, daß er vor 139 v.Chr. wieder nach Jerusalem zurückgekehrt war. Der Grund für diesen Einschub hängt mit der weiteren Entwicklung ab. Er dient als Kontrast zum folgenden Bericht über das Verhalten Antiochus‹ VII. den Juden gegenüber: Während die VV. 25-36 die Rücknahme aller den Juden zugesprochenen Privilegien durch den seleukidschen König schildern und damit die Untreue des Seleukiden hervorheben, betonen die VV. 15-24 die Treue Roms zu seinen jüdischen Verbündeten. Der Konsul Lucius entsandte einen Schutzbrief für die Juden an fünf Herrscher und verschiedene Inseln und Städte des Ostens. Exemplarisch zitieren die VV. 16-21 den Brief an Ptolemais VIII. Physkon (145-116 v.Chr.), den König von Ägypten. Inhaltlich geht es nicht nur um die Mitteilung der Bestätigung des Freundschaftsbündnisses zwischen Juden und Römern; gleichzeitig werden alle Adressaten aufgefordert, geflüchtete »Verbrecher« (V. 21), vermutlich Anhänger der radikalen Hellenisten, an Simeon auszuliefern.

Auch Demetrius II., Arsakes VI. (die Römer wußten noch nichts von der Gegfangenahme des Demetrius durch Arsakes), König Attalus II. Philadelphus (159-138 v.Chr.) von Pergameon und König Ariarathes V. Philopator (162-131 v.Chr.) von Kappadozien erhielten Briefe selben Inhalts, ebenso wie die fünf Inseln des Ägäischen Meeres Delos, Samos, Rhodos, Kos und Zypern, die drei kleinasiatischen Provinzen Karien, Pamphylien und Lyzien und folgende Städte: Sampsame in Pontus am Schwarzen Meer, Sparta auf dem Peleponnes, die Hafenstädte Mydnos und Knidos, Halikarnaß, die Hauptstadt von Karien, Sikyon, westlich von Korinth auf dem Peleponnes gelegen, Phaselis in Lyzien, die Hafenstadt Side in Pamphylien, die phönizische Inselstadt Arwad nördlich von Tripolis, Gortyna im Süden von Kreta und Zyrene an der Nordküste Afrikas (VV. 22-24).

10. *15,25-36* Der Bruch mit Antiochus VII.

Der in V. 14 unterbrochene Bericht über die Belagerung der Stadt Dor durch Antiochus VII. wird mit V.25 wieder aufgenommen. Noch einmal in Kurzform bringt der Vers den Leser auf den Stand des in den VV. 13-14 Geschilderten. Wohl um seine Freude und sein Einverständnis mit dem Schreiben des Seleukidenkönigs (VV. 2-9) zu dokumentieren, entsandte Simeon Soldaten und Finanzmittel nach Dor, um Antiochus zu unterstützen. Die harsche Ablehnung der angebotenen Hilfe, die Zurücknahme aller Zugeständnisse, die Rückforderung der von Simeon eroberten Städte, die Einforderung von Steuern und die Androhung eines erneuten Kriegs zwischen Juden und Seleukiden (VV. 28-31) offenbarten die wahren Absichten Antiochus VII. Anscheinend fühlte er sich Tryphon gegenüber so stark, daß er es sogar wagen konnte, mit Simeon zu brechen.

Dabei war die Rückforderung eroberter Gebiete aus der Perspektive der griechisch-hellenistischen Gesetzgebung nichts Unrechtes, und es gibt Anhaltspunkte, daß diese Praxis auch von den seleukidischen Herrschern ausgeübt wurde.

Die Antwort Simeons rechtfertigt noch einmal seine Wahl zum Hohenpriester, Anführer und Fürst der Juden: Er weist die Forderungen des Seleukiden zurück, indem er von der jüdischen Tradition her argumentiert. Das, was er und die Seinen getan haben, war keine Aneignung fremden Landes, sondern die Rückholung dessen, was das Erbe der Väter war (V. 33). Damit greift er auf eine göttliche Verheißungen an die Vorfahren zurück, die die Inbesitznahme und Ausdehnung des jüdischen Territoriums betrafen (vgl. Ex 23,31; Dtn 11,24; Jos 11,23). Was die Städte Jafo und Geser betraf, berief sich Simeon nicht auf die jüdische Tradition, obwohl beide Städte einst zum salomonischen Reich gehörten (vgl. 1 Kön 9,15-17; 2 Chr 2,15). Die Requirierung beider Städte begründete er vielmehr dadurch, daß er sie als Strafaktion durchführte, ein Argument, das seitens der griechisch-hellenistischen Rechtsprechung als erlaubt anerkannt wurde. Im Sinne eines diplomatischen Entgegenkommens aber bot er für diese Städte die Zahlung von 100 Talenten an (V. 35). Antiochus lehnte jedoch zornig ab.

11. *15,37 – 16,10* Simeons Söhne Johanan und Judas besiegen Kendebäus

Antiochus VII. hatte sich zu einem Zweifrontenkrieg entschlossen: Er selbst verfolgte den in die phönizische Stadt Orthosia, nördlich von Tripolis an der Mündung des Eleutherus gelegen, geflohenen Tryphon, während er seinen Heerführer Kendebäus damit beauftragte, Kidron, 6 km südöstlich von Jamnia und 15 km südwestlich von Geser gelegen, zur Festung auszubauen und von dort aus mit Judäa Krieg zu führen. Seine Truppen begannen damit, in Judäa einzufallen, doch schien es nicht das Interesse der Seleukiden zu sein, Judäa zurückzuerobern. Vermutlich dienten die Streifzüge dazu, die Juden zu irritieren, die seleukidische Präsenz in Judäa zu zeigen und den Sold der Truppen zu finanzieren (VV. 37-41).

Die Reaktion der Juden folgte. Simeon beauftragte seine beiden ältesten Söhne Judas und Johanan, gegen Kendebäus zu ziehen.

Dabei ist der Bericht über die kriegerische Auseinandersetzung mit Kendebäus weniger interessant, auch wenn wir hier erstmals davon erfahren, daß die Juden eine Reiterei besaßen (V. 4). Viel wichtiger für den Fortgang der Erzählung ist die Beauftragung der Simeonsöhne zur Rettung Israels und die Beschreibung Johanans. VV. 2-3 stellen die Söhne, somit also die zweite Generation der Makkabäer, in eine Linie mit ihrem Großvater Mattatias, ihrem Vater Simeon und ihren Onkeln. Wie diese so sind auch jene dazu da, »Israel zu retten« (V. 2, vgl. 5,62). Der Auftrag zur Rettung Israels wird somit zu *der* Legitimationsgrundlage für die Weitergabe der Herrschaft in die zweite Generation. Daß es dieser Rettung weiter bedarf, macht die Kenedebäusgeschichte deutlich. Auch wenn es zunächst so scheint, als sei es Simeon, der diesen Auftrag weitergibt, verweist der zweimalige Hinweis auf den »Himmel« in V. 3 auf den eigentlichen Auftraggeber, nämlich Gott.

Auf ihrem Weg nach Kidron zu Kendebäus blieben Judas und Johanan mit dem jüdischen Heer eine Nacht in Modein, wo die ruhmvollen Vorfahren begraben lagen. Ihr Weg knüpfte somit für alle sichtbar an den der Vorgänger an.

Ab V. 6 tritt Judas in den Hintergrund, der Text legt den Schwerpunkt auf Johanan. Hier wird bereits vorbereitet, was bald eintritt, daß nämlich Johanan, bekannter unter dem Namen Johannes Hyrkan, Nachfolger Simeons in allen Ämtern wird. Johanan war derjenige, der bei der Schlacht mit den Seleukiden die entscheidenden Schritte tat. Die beiden Heere standen sich gegenüber, getrennt duch eine Schlucht, vermutlich das Wadi Qatra, 1,5 km von Kidron entfernt. Nur Johanan hatte den Mut, die Schlucht zu durchqueren, erst dann folgten ihm seine Soldaten. In dieser Charakterisierung erinnert er an Judas, der beim Anblick der übermächtigen feindlichen Heere den Seinen Mut zusprach oder als erster in die Schlacht ging (vgl. 4,8-11; 5,32.43; 9,8-10). Kendebäus wurde geschlagen, und viele der Feinde wurden getötet. Die Notiz über die Verwundung des Judas (V. 9) kann als ›praktisches‹ Argument dafür herangezogen werden, daß Johanan als Nachfolger Simeons ausersehen wird.

12. *16,11-24* Simeons Tod und der Regierungsantritt Johannes Hyrkans

Mit dem Sieg über Kendebäus schien für's erste die Gefahr von außen gebannt. Stattdessen bahnte sich Gefahr von innen, aus Israel selbst, an. Den Schwiegersohn Simeons, Ptolemäus, gelüstete nach der Macht in Israel, und dafür war ihm jedes Mittel, sogar Mord an Familienangehörigen, recht. Das, was im Hasmonäerhaus nun geschah, unterschied sich nicht mehr von dem, was auch bei den Seleukiden und in anderen hellenistischen Herrscherhäusern gang und gäbe war, die Ermordung von Familienmitgliedern durch Familienmitglieder zum Zweck der Herrschaftsübernahme.

Wer war Ptolemäus und wie ging er vor, um die Macht zu erlangen? Viel wird im Text nicht über seine Person berichtet. Wie bereits erwähnt, war er der Schwiegersohn Simeons und vermutlich durch die Mitgift seiner Frau zu Reichtum gelangt (V. 11). Sein Vater Abubus ist nicht genauer zu identifizieren. Allerdings läßt die hellenisierte Form des urspünglich semitischen Namens Habub auf einen Idumäer oder Araber schließen. Ptolemäus war Befehlshaber in der Ebene von Jericho. Wie bei seinem Sohn Johanan, der Befehlshaber in Geser war, hatte Simeon wohl die wichtigsten Grenzbezirke mit Verwandtschaft besetzt.

Ein erster Schritt, um an die Macht zu gelangen, war die Ermordung Simeons und seiner Söhne. Als Simeon, der sich auf einer Visite durch das Land befand, mit seinen Söhnen Mattatias und Judas nach Jericho kam, lockte Ptolemäus sie in seine Festung Dok, 8 km nordwestlich von Jericho auf einem Bergplateau gelegen, und ließ sie dort im Januar/Februar 134 v.Chr. ermorden (VV. 14-16). Gleichzeitg plante er die Ermordung Johanans (V. 19), um alle direkten Nachkommen auszuschalten. In einem zweiten Schritt nach der Ermordung Simeons sandte er an Antiochus VII. ein Schreiben mit der Bitte um Truppenunterstützung und Übergabe der Herrschaft an ihn (V. 18). Außerdem versuchte er, die Oberbefehlshaber der jüdischen Truppen durch Bestechungsgelder auf seine Seite zu ziehen und Jerusalem und den Tempelberg zu besetzen (VV. 19-20).

Sein Plan schlug fehl. Johanan wurde rechtzeitig gewarnt und ging hart gegen die Meuchelmörder vor. Nach jüdischen Recht war es ihm gestattet, diese töten zu lassen (V. 22). Auch mit seinen anderen Vorhaben schien Ptolemäus gescheitert zu sein. Es wird weder von einer Hilfe Antiochus' VII. berichtet, obwohl dieser doch Interesse daran gehabt haben könnte, in Judäa einen von ihm eingesetzten Vasallen zu haben, noch schienen die jüdischen Oberbefehlshaber den Verlockungen des Ptolemäus erlegen zu sein. Was aus ihm nach dem Scheitern seiner Pläne wurde, wird in 1 Makk nicht mehr überliefert. Allein JosAnt XIII 8,1 erwähnt die Flucht des Ptolemäus zu Zeno in die Stadt Philadelphia.

Der Verfasser des 1 Makk beendet das Buch mit einer kurzen Notiz über die Machtübernahme Johannes Hyrkans und dem Verweis auf die Chronik seines Hohenpriestertums, in der alle Taten Hyrkans verzeichnet seien. Die Formulierung der VV. 23-24 erinnert im Wortlaut an die Schlußformeln der Königs- und Chronikbücher (1 Kön 11,41; 14,19.29; 2 Kön 20,20; 1 Chr 29,29; 2 Chr 9,29; 12,15 u.ö.), doch unterscheidet sie sich in einem wichtigen Punkt. Während die Königs- und Chronikbücher auf die Annalen der Könige verweisen, spricht 1 Makk von den Annalen des Hohenpriestertums. Die Betonung des Hohenpriesteramtes (vgl. auch V. 12 »Schwiegersohn des Hohenpriesters«) hebt die besondere Bedeutung hervor, die dieses Amt für das Hasmonäerhaus hatte. Indem beim Amtsantritt Hyrkans allein auf die Übernahme des Hohenpriesteramtes abgehoben wird – wobei wir annehmen können, daß er gleichzeitig auch Anführer und Fürst der Juden wurde –, wird noch einmal das Hineinwandern einer nichtzadokidischen Priesterfamilie in das höchste religiöse Amt festgehalten. Gleichzeitig mag diese Betonung auch ein Indiz dafür sein, das gerade dieses Amt das umstrittenste war. Die Worte des Pharisäers Eleasar zu Johannes Hyrkan: »Willst du gerecht sein, so entsage der hohenpriesterlichen Würde und begnüge dich damit, des Volkes Fürst zu sein«, JosAnt XIII 10,5. weisen in diese Richtung.

DAS ZWEITE MAKKABÄERBUCH

ERSTER TEIL

Einleitung

1. Aufbau des 2. Makkabäerbuches und Textüberlieferung

2 Makk ist weder eine Fortsetzung noch eine Neuauflage des 1 Makk, wenn dies auch der Titel im ersten Moment vermuten lassen könnte. Von der jeweils zentralen Thematik her – der Wiedereinweihung des Jerusalemer Tempels unter dem Makkabäer Judas – ähneln sich die Bücher, doch setzt 2 Makk bezüglich der theologischen Aussagen und der Wiedergabe der historischen Ereignisse deutlich andere Schwerpunkte.

Das 2 Makk setzt ein mit zwei Briefen, die an die Juden in der ägyptischen Diaspora gerichtet sind (1,1-9; 1,10 – 2,18). Absender beider Briefe sind die Juden aus Jerusalem und Judäa, wobei der zweite Brief zusätzlich als Absender den Hohen Rat und Judas nennt, zentraler Inhalt ist die Aufforderung zur Feier des Tempelweihfestes im Monat Kislew (1,10; 2,18).

Daran schließt sich die eigentliche Erzählung an, die eine Kurzfassung des fünfbändigen Geschichtswerks des Jason von Kyrene (2,23) über die Taten des Judas Makkabäus ist: Die Reinigung und Wiedereinweihung des Tempels, die kriegerischen Auseinandersetzungen mit Antiochus IV. und dessen Sohn Antiochus V. Eupator, die Rückeroberung des Landes und die Vertreibung der Heiden (vgl. 2,19-22) sind die Themenschwerpunkte.

Die Kurzfassung der fünf Bücher des Jason von Kyrene wird von einem Vorwort (2,19-32) und einem Nachwort (15,37-39) gerahmt. Da der Autor der Kurzfassung in 2,26 sein Werk als ›Auszug‹ (griechisch: *epitome*) aus dem jasonischen Geschichtswerk bezeichnet, wird er im Folgenden ›Epitomator‹ genannt. Die Aufteilung der jasonischen Geschichtsbücher in fünf Bände scheint auch noch in der komprimierten Form durch. 2 Makk 3,1 – 15,36 läßt sich in fünf Abschnitte gliedern, die jeweils mit einer Schlußnotiz abgeschlossen werden (3,40; 7,42; 10,9; 13,26b; 15,37). Durchgängiges Thema der fünf Abschnitte ist der Tempel und sein Schicksal, doch zeichnen sie sich jeweils durch besondere Akzentuierungen aus:

- 3,1-40 schildert eine ›Idealsituation’: Durch die Bittgebete des Hohenpriesters Onias III., der Gott zusammen mit dem ganzen Volk um Hilfe anfleht, wird der Versuch des seleukidischen Kanzlers Heliodor, den Jerusalemer Tempelschatz zu konfiszieren, vereitelt.
- 4,1 – 7,42 führt den Wandel der Verhältnisse in Jerusalem vor Augen. Onias III. wird als Hoherpriester entmachtet und erst von Jason abgelöst, dann von Menelaus und den mit ihnen verbündeten Hellenisten. Die Zerstörung des Tempels und die Verfolgungen durch den seleukidischen König Antiochus IV., deren Höhepunkte die in 6,18-31; 7,1-42 geschilderten Martyrien des Eleasar sowie der sieben Brüder und ihrer Mutter waren, werden von 2 Makk als Folge der Gesetzlosigkeit und Tempelmißachtung der Hellenisten gesehen.
- Auf der Höhe der Not erschienen Judas Makkabäus und die Seinen. 8,1 – 10,9 berichtet von den Folgen, die ihr Auftreten sowohl für die gesetzestreuen Juden als auch für die inneren und äußeren Feinde Israels hatte. Gottes Zorn wandelt sich in Erbarmen (8,5), und seine Hilfe gilt den Gesetzestreuen (8,23). Die Juden wurden unschlagbar, weil sie Gottes Gesetze beachteten (8,36). Der schlimmste Feind Israels, Antiochus IV., wurde ebenfalls durch Gottes Eingreifen vernichtet (9,12-18). »Unter der Führung des Herrn« (10,1) konnten die Makkabäer die Stadt Jerusalem und den Tempel zurückgewinnen und das Heiligtum reinigen. Die Einführung des alljährlich zu feiernden Chanukkafestes im Gedenken an die Reinigung und Wiedereinweihung des Tempels bildet den ersten Höhepunkt des Buches.
- 10,10 – 13,26 verdeutlicht, daß die Bedrohung für Israel noch nicht gebannt ist. Antiochus’ IV. Sohn Antiochus V. Eupator führte die Politik seines Vaters weiter, indem er die Angriffe gegen die Juden fortsetzte. Da ihnen aber Gott zur Seite steht, bleiben diese Angriffe erfolglos. Äußere (Antiochus V.) und

innere (Menelaus) Feinde, die sich an Tempel und Gesetz vergreifen wollten, werden zurückgedrängt bzw. getötet.

- 14,1 – 15,36 berichtet vom Verhältnis des Judas zu Nikanor, dem seleukidischen Befehlshaber über Judäa, und den Intrigen des Hohenpriesters Alkimus. Der Tempel ist erneut in Gefahr. Alkimus schaffte es, Nikanor, der zunächst Judas zugewandt war, zum Feind und Lästerer werden zu lassen. Der gerade eben erst gereinigte und wiedereingeweihte Tempel stand erneut in Gefahr, verunreinigt und zerstört zu werden (14,33). Judas besiegte Nikanor, da Gott ihm zur Seite stand. Der Tempel wurde somit ein zweites Mal gerettet, und daran sollte die Feier des Nikanortages erinnern (15,36), die den zweiten Höhepunkt des Buches bildete.

Mit dieser zweiten und nach Ansicht des Epitomators wohl auch endgültigen Errettung des Tempels schließt das zweite Makkabäerbuch. An der weiteren Geschichte der Makkabäer war er nicht interessiert.

Welche konkreten Eingriffe der Epitomator – abgesehen von der radikalen Kürzung des fünfbändigen Werkes – noch an der Jason-Vorlage vorgenommen hat, ist schwer auszumachen. Einige Punkte lassen sich jedoch nennen: Gliederungsprinzip der Epitome sind die zwei Tempelweihfeste Chanukkafest und Nikanortag. Ihre Einführung stellt die zwei Höhepunkte der Epitome dar (10,8; 15,36), so daß sich von ihnen her der Auszug des Epitomators in zwei Großabschnitte, 3,1 – 10,8 und 10,9 – 15,36, gliedern läßt, die von einem Vor- und Nachwort gerahmt werden.

Folgende Textpassagen innerhalb der Epitome stammen vom Epitomator selbst: 4,17; 5,17-20; 6,12-17. Sie sind entweder Resumée oder Kommentar der berichteten Ereignisse. Im Ganzen aber ist festzuhalten, daß sich der Epitomator dem Werk Jasons unterstellt. Dies betrifft sowohl den formalen Aspekt der Gattung (siehe weiter unten) als auch die theologischen Schwerpunkte. Der theologische Aussagegehalt ist durchgängig einheitlich (näheres dazu in Kap. 2), so daß wir vermuten dürfen, daß sich der Epitomator an der theologischen Konzeption Jasons ausrichtete.

In der Forschung werden das fünfbändige Geschichtswerk des Jason und die Epitome als erste und zweite Überlieferungsschicht des 2 Makk bezeichnet, die auf einer dritten (und vierten) Überlieferungsebene durch die beiden vorangestellten Briefe ergänzt werden. Die Übernahme der theologischen Konzeption Jasons und die Schwierigkeiten, die sich angesichts der Tatsache, daß uns Jasons Werk nicht mehr erhalten ist, für literarkritische und redaktionskritische Überlegungen ergeben, lassen es jedoch als sinnvoll erscheinen, die Epitome als *einheitlichen Text* zu bearbeiten, folglich keine Trennung zwischen erster und zweiter Überlieferungsschicht vorzunehmen. Anders verhält es sich freilich mit den Eingangsbriefen. Hier ist zunächst zu beobachten, daß in allen überlieferten Handschriften und Übersetzungen des 2 Makk seit dem 5. Jh. n.Chr. die Briefe mit überliefert sind. Von daher sind wir im Blick auf das Verhältnis von Einleitungsbriefen und Epitome auf Vermutungen angewiesen. Betrachten wir zunächst die Briefe für sich, so ist deutlich, daß sie einiges gemeinsam haben: die Adressaten, Teile der Absender, die Feier des Chanukkafestes als theologischer Schwerpunkt. Doch aufgrund der deutlichen Unterschiede, die nicht nur den Umfang betreffen, sondern auch die inhaltliche Ausgestaltung, läßt sich schließen, daß beide Briefe unterschiedlicher Herkunft sind und aus verschiedenen Zeiten stammen.

Über ihr Verhältnis zur Epitome wurden verschiedene Vermutungen angestellt: Ausgehend von einer inhaltlichen Harmonie zwischen erstem Brief und Epitome wurde die Epitome als eine Art ›Anlage‹ zu dem Brief verstanden. Die Kombination von Epitome und erstem Einleitungsbrief stammte nach Meinung einiger Forscher aus der Hand des Epitomators selbst; erst zu einem späteren Zeitpunkt sei dann der zweite Einleitungsbrief hinzugefügt worden.

Eine ähnliche These gibt es auch bezüglich des zweiten Einleitungsbriefes. Jochen Gabriel Bunge geht dabei sogar so weit, daß er nicht nur die Kombination des zweiten Briefes mit der Epitome als Akt des Epitomators ansieht, sondern darüber hinaus davon ausgeht, daß zumindest einige Teile des zweiten Briefes aus der Feder des Epitomators stammten.

Sicher lassen sich sowohl für die eine wie auch für die andere These Argumente finden, doch können damit meines Erachtens zwei Probleme nicht geklärt werden. Das eine betrifft das unverbundene Nebeneinander von Briefen und Epitome. Das Vor- und Nachwort des Epitomators legt präzise Sinn und Zweck der Abfassung seines Werkes dar. Es geht ihm nämlich darum, seine Leser zu unterhalten, ihnen zu nützen (2,25) und sie zu erfreuen (15,39). Wenn er selbst einen oder beide Briefe mit der Epitome kombiniert haben sollte, so ist es nicht zu erklären, warum er dann darüber kein Wort verliert.

Zum zweiten fällt auf, daß zwar beide Einleitungsbriefe und die Epitome die Feier des Chanukkafestes hochhalten, der Nikanortag aber nur in der Epitome erwähnt wird – und dies dort nicht nur en passant, sondern als ein zweiter Höhepunkt neben dem Chanukkafest. Der Epitomator legte also besonderen Wert auf diesen Festtag. Von daher wäre zu erwarten, daß er die Feier des Nikanortages bei der Kombination von Brief und Epitome erwähnt hätte. Dies gilt insbesondere für die Vermutung, er habe Teile des zweiten Briefes selbst verfaßt.

Für das Verhältnis Briefe – Epitome bietet sich eine viel einfachere Lösung an: Unter dem Stichwort ›Chanukkafest‹ wurden Schriften, die dieses zum zentralen Thema hatten, wie die Briefe und die Epitome gesammelt und zusammen überliefert. Auf die Fragen, warum sie gesammelt wurden, wann und wo, werden wir in den Kapiteln 3 und 4 eingehen.

Die Frage nach den benutzten Quellen ist nicht einfach zu beantworten. 1 Makk scheidet als Quelle für 2 Makk aus; dafür sind die Unterschiede bei den beiden Büchern zu gravierend. Also sind wir zur Beantwortung dieser Frage auf 2 Makk selbst verwiesen. Der Epitomator nennt nur seine ureigene Aufgabe, die Erstellung der Kurzfassung des Jason-Werkes, so daß für ihn die Verwendung eigener, von Jason unabhängiger Quellen ausgeschlossen werden muß. Deshalb ist es für die Frage nach den verwandten Quellen notwendig, noch einen Schritt weiter zurückgehen und zu erörtern, welche Quellen denn Jason von Kyrene benutzt haben könnte. Ob dies schriftliche waren, z.B. eine Judasvita, wie wir dies für 1 Makk angenommen haben, läßt sich nicht mehr feststellen. Bemerkenswert sind nur die sich durchgängig findenden detaillierten Kenntnisse der seleukidischen Beamtenschaft und ihrer Funktionen sowie der Institutionen des Seleukidenreiches, die aus seleukidischen Quellen herrühren könnten. Doch läßt sich allein für Kap. 11 annehmen, daß Jason seleukidische Urkunden benutzt haben wird, die Briefe der Seleukidenkönige Antiochus IV. und Antiochus V. enthielten, so daß die guten Kenntnisse des seleukidischen Staatsapparates möglicherweise auf eigener Erfahrung des Jason beruhen. Eine genauere Diskussion der Quellenlage und Analyse der Urkunden erfolgt aber erst im Zusammenhang mit der Kommentierung von Kap. 11.

Mit Ausnahme der beiden Anfangsbriefe, die ursprünglich hebräisch bzw. aramäisch waren, ist 2 Makk in Griechisch geschrieben worden. Syntax, Wortwahl, rhetorische Techniken und Rechtschreibung weisen es als ein in gutem Griechisch verfaßtes Werk der hellenistischen Periode aus.

Eine gattungsmäßige Bestimmung des 2 Makk verweist das Buch ganz in den Bereich der hellenistischen Kultur. Es steht nämlich in der Linie der zeitgenössischen hellenistischen Geschichtsschreibung, genauer der pathetischen Geschichtschreibung. Charakteristisch dafür ist die Tendenz, die Emotionen der Leser anzusprechen und mit Hilfe drastischer und anrührender Schilderungen ihr Mitleid zu wecken. Zudem begegnen typische Elemente der hellenistischen Historiographie: Berichte über das göttliche Eingreifen, Epiphanien, Wunder und Vorzeichen, die Hervorhebung der heldenhaften Taten einzelner, die maßlosen Übertreibungen bei Angaben über feindliche Heeresstärken. In puncto verwandter Stilmittel und Wortwahl entspricht das Werk dem damaligen zeitgenössischen Stand griechischer Prosa. Sein Verfasser muß demnach in der hellenistischen Kultur verwurzelt gewesen sein und eine solide rhetorische Ausbildung genossen haben.

Wendet man den Blick von der formalen Seite des 2 Makk auf die inhaltliche, dann wird die Einzigartigkeit dieses Buches erkennbar: Sie liegt darin, daß es durch zwei unterschiedliche, fast widersprüchliche Merkmale charakterisiert ist. 2 Makk ist Zeugnis hellenistischer Geschichtsschreibung wie auch Beispiel strikter jüdischer Frömmigkeit – eine spannende Mischung, die für die Interpretation des Buches von Bedeutung sein wird.

Die Exegese von 2 Makk ist aufgrund der unterschiedlichen Schichten, die in dem Buch vereint sind, nicht unproblematisch. Deshalb erscheint es ratsam, vorab einige Überlegungen zur Hermeneutik anzustellen. Zunächst: die Anordnung des Überlieferungsstoffes in 2 Makk, also die Abfolge von erstem Einleitungsbrief, zweitem Einleitungsbrief und Epitome, ist eine *bewußte* Setzung. Dies hat Folgen für die Auslegung: 2 Makk wird nicht in einzelne Teile zerlegt, z.B. Briefe, redaktionelle Erweiterungen des Epitomators, Geschichtswerk des Jason (= Kurzfassung), sondern als Gesamtwerk interpretiert. Die vorangehenden Briefe deuten die nachfolgende Epitome oder andersherum gesagt, die Epitome erfährt aus der Perspektive der Briefe eine spezielle Interpretation. Wenn wir davon ausgehen, daß zentraler Inhalt der beiden an die Juden in der ägyptischen Diaspora gerichteten Briefe die Aufforderung ist, das Tempelweihfest zu begehen, dann hat die Interpretation der Epitome vor dem Hintergrund dieser zentralen Aussage zu geschehen.

Das diesem Ansatz zugrungeliegende hermeneutische Prinzip, nämlich das Nachfolgende im Licht des Vorangehenden (Leserichtung ≙ Interpretationsrichtung) zu lesen, läßt sich nicht isoliert auf das 2 Makk anwenden. Vielmehr können eine Vielzahl alttestamentlicher und frühjüdischer Texte mit Hilfe dieses Ansatzes ›richtig‹ gelesen werden und für das Verhältnis von Altem Testament und Neuem Testament ein Verstehensweg in der Weise gezeigt wird, als das nachfolgende Neue Testament im Licht des vorangehenden Alten Testaments zu lesen ist und nicht, wie christlicherseits häufig praktiziert, das Alte Testament aus der Perspektive des Neuen Testaments interpretiert wird (vgl. dazu *C. Dohmen / G. Stemberger*, Hermeneutik der Jüdischen Bibel und des Alten Testaments, Stuttgart 1996).

2. Theologische Schwerpunkte des 2 Makk

Zentrum der Theologie des 2 Makk ist der Tempel in Jerusalem. Dabei bewegen sich die Aussagen über ihn zwischen zwei Polen, seiner Bedrohung durch innere und äußere Feinde und seiner Rettung durch Gott. Mehrfach berichtet 2 Makk die Gefährdung des Tempels. Heliodor versucht, sich des Tempelschatzes zu bemächtigen (3,8-14a), Antiochus IV. betritt unter Führung des Menelaus den Tempel und vergreift sich an den Kultgeräten (5,15f), die Sünden des Volkes gefährden die Existenz des Tempels (5,18-20), Alkimus, der mit dem Seleukidenkönig Demetrius gegen Judas Makkabäus agitierte, wird zum Hohenpriester eingesetzt (14,13), Nikanor droht, den Tempel zu zerstören, falls ihm nicht Judas ausgeliefert würde (14,31-34), die Juden befürchten die Zerstörung ihres Heiligtums durch Nikanor (15,18). Parallel mit den Berichten von der Bedrohung des Heiligtums einher gehen diejenigen, die von der Rettung durch Gott sprechen: Der Versuch Heliodors scheitert an Gottes Eingreifen, er schützt den Tempel vor dessen Zugriff und bestraft Heliodor (3,24-40), weil das sündige Volk umkehrte und Sühne tat, läßt Gott die Wiederherstellung des Tempels zu (5,18-20; 10,1-8), Antiochus wird bestraft, indem er auf grausame Weise sterben muß, da er gegen den Tempel gefrevelt hatte (9,5-17.28). Auch der Seleukidenfreund Menelaus kommt nicht ungeschoren davon (13,4-8), das gilt ebenfalls für Nikanor, den die grausame Strafe Gottes durch die Hand des Judas erreicht (15,32-35).

Folgendes bleibt festzuhalten: Die Bedrohung des Tempels geht von den Menschen aus. Dabei macht der Verfasser des 2 Makk keinen Unterschied zwischen Heiden und Juden. Beide Gruppen gefährden durch ihr Tun die Existenz des Tempels. Den Unterschied setzt er dort an, wo es um die Auswirkung ihrer Tat geht. Während die Seleukiden Heliodor, Antiochus IV. oder Nikanor jeweils für ihre begangenen Taten bestraft werden, wirkt sich das sündige Tun eines Menelaus, eines Alkimus und der ihnen anhängenden Hellenisten als Schuld auf das ganze Volk Israel aus wie sich aus 5,17-20 schließen läßt. So können von sich aus auch die Menschen nichts für den Erhalt des Tempels tun. Dies bleibt letztlich immer Tat Gottes. Das besondere Verhältnis Gottes zum Tempel zeigt 14,35, wo von der ›Einwohnung‹ Gottes im Tempel gesprochen wird, und 3,39, wo Gott »Wächter und Schützer« des Heiligtums bezeichnet wird. Gott also schützt den Tempel und bestraft die Übeltäter, er läßt aber auch aufgrund der Sünden der Juden die Zerstörung des Heiligtums zu und erst, nachdem sich Israel wieder mit Gott versöhnt, ist die Wiederherstellung des Tempels möglich; daß die Restituierung des Tempels letztlich Tat Gottes und nicht Tat des Judas ist, zeigt die Formulierung in 10,1, die betont, daß Judas »unter der Führung des Herrn das Heiligtum und die Stadt wieder in Besitz« nahm.

Die Bedeutung, die das Heiligtum für die Juden hat, zeigen die Berichte über die Einsetzung zweier Tempelfeste. Das Chanukkafest (10,6-8), welches alljährlich acht Tage lang gefeiert werde sollte, wurde als Erinnerung an die Reinigung und Wiedereinweihung des Tempels begangen; der Nikanortag (15,36) sollte an die Rettung des Tempels vor der Zerstörungsabsicht des Nikanor erinnern. Der Erhalt des Tempels und die Erinnerung an dessen Restituierung und erneute Rettung waren deshalb so wichtig, weil in den Augen des Verfassers der Tempel der Ort der Begegnung mit Gott ist. Diese Begegnung geschah im Rahmen des Kultes. Daß unmittelbar nach der Reinigung des Tempels und dem Bau des Brandopferaltars durch die Darbringung der Opfer der Kultbetrieb wieder aufgenommen werden konnte (10,3), war von großer Bedeutung – 14,31 deutet mit seinem Verweis auf das tägliche Opfern der Priester in diesselbe Richtung.

Interessanterweise spielt die Opfertätigkeit auch in den beiden Einleitungsbriefen eine bedeutende Rolle: Ähnlich wie 10,3 sieht auch der erste Einleitungsbrief mit der Möglichkeit, wieder im Tempel opfern zu können, die Aufnahme des Kultbetriebs gegeben. Die beiden Erzählungen von der ›Ewigkeit‹ des Feuers und der Rettung der Bundeslade, des Zeltes und des Rauchopferaltars durch Jeremia, die im zweiten Einleitungsbrief nachzulesen sind, wollen vielleicht die Kontinuität zwischen vorexilischer und nachexilischer Kultpraxis aufzeigen und zugleich die derzeit herrschende Kultpraxis legitimieren. Das Verhältnis von Schuld und Sühne und die Entsühnung des Sünders durch Darbringung von Opfern im Tempel spielen eine große Rolle. 12,40-45 berichtet ausführlich von der Notwendigkeit der kultischen Entsühnung gefallener Juden. Aus diesem Grund sammelt Judas Geld, damit im Jerusalemer Tempel ein Sühnopfer dargebracht werden kann. Daneben erfahren wir von Versöhnungs- und Dankopfern. Onias III. bringt im Tempel ein Versöhnungsopfer dar, damit Heliodor wieder gesund wird (3,32), als Dank für seine Genesung läßt Heliodor ein Opfer darbringen (3,35), Antiochus V. opfert als Zeichen seiner Versöhnung mit den Juden im Jerusalemer Heiligtum (13,23).

Neben dem Opfer hatte auch das Gebet seinen festen kultischen Ort. Nicht umsonst berichtet das 2 Makk häufiger von Bittgebeten, die im Tempel vorgetragen wurden: Der Hohepriester, die Priester und das Volk bitten Gott um Bewahrung des Tempelschatzes (3,15-22), das Volk bittet darum, daß Gott nie mehr ein solches Unglück wie die Entweihung des Tempels zulassen möge (10,4), die Makkabäer rufen Gottes Hilfe gegen ihre Feinde an (10,25f), die Priester bitten um Rettung des Tempels vor dem Zugriff durch Nikanor (14,34-36).

Der Tempel und das, was im Tempel geschieht, ist nicht denkbar ohne die Bezogenheit auf das Volk. Interessanterweise läßt sich in 2 Makk eine Parallelität zwischen dem Geschick des Volkes und dem des Tempels beobachten: Mit 3,1f beginnt die Erzählung über die Ereignisse um das Heiligtum in Jerusalem; die beiden Verse schildern die Ausgangslage. Unter ihrem Hohenpriester Onias III. lebten die Bewohner Jerusalems in Frieden und hielten die Gesetze aufs treueste. Und deshalb huldigten auch die seleukidischen Könige dem Tempel und steuerten kostbare Weihegaben bei. In 5,17-20 sieht dies bereits ganz anders aus. Die hellenistisch orientierten Hohenpriester Jason und Menelaus hatten das Amt inne und paktierten mit den Seleukiden gegen die gesetzestreuen Juden. Und weil ihr Tun als Schuld auf ganz Israel lastete, ließ Gott es in seinem Zorn zu, daß der Tempel durch Antiochus IV. entweiht wurde. Die VV. 17-20 schildern die Parallelismen zwischen dem Geschick des Volkes und dem des Heiligtums:

Die Einwohner Jerusalems sündigten und achteten nicht auf den Tempel (V. 17) – weil die Juden gesündigt hatten, konnte sich Antiochus IV. am Tempelschatz vergreifen (V. 18).

Der Tempel litt unter den Unglücksschlägen, die das Volk trafen (V. 20) – weil Gott dem Volk zürnte, lag der Tempel verlassen da (V. 20).

Der Tempel erhielt Anteil an dem Glück, das dem Volk widerfuhr (V. 20) – als Gott sich wieder versöhnen ließ, wurde das Heiligtum in aller Pracht wiederhergestellt (V. 20).

Mit der Wendung in V. 19, daß der »Herr...nicht das Volk erwählt (hat) wegen des Ortes, sondern den Ort wegen des Volkes« arbeitet der Verfasser eine Aspekt heraus, der ihm besonders wichtig war, nämlich die Vorordnung des Volkes vor den Tempel. Von daher legt er in seinem Bericht von der Wiederherstellung des Tempels auch besonderen Wert auf die Wiederherstellung des Volkes. Beides wird in 10,3-8 genauso häufig erwähnt. Die VV. 3.5.7b.8 beziehen sich auf den Tempel, die VV. 4.6.7a.8 auf das Volk. Die Forderung in V. 8, daß das *ganze* jüdische Volk das Chanukkafest als Erinnerung der Wiederherstellung des Tempels *und* des Volkes begehen soll, ist nur logische Konsequenz der vorangegangenen Schilderung.

Volk und Tempel gehören zusammen, der Tempel hat keine Bedeutung an sich, sondern nur in seiner Bezogenheit auf Gott und sein Volk. Nur als (von Gott) geschaffene Möglichkeit der Begegnung zwischen Gott und Mensch gewinnt er seine Bedeutung als Zentrum jüdischer Frömmigkeit. Form dieser Begegnung ist der Kult. Aus diesem Gund betont 10,2f die Restituierung des Tempels als Kultstätte, indem auf die Errichtung des Brandopferaltars, die Darbringung der Opfer und das Aufstellen der kultischen Geräte verwiesen wird. Die Bitte des Volkes (V. 4) um Bewahrung vor erneuter Sünde kann nun wieder im Tempel vorgebracht werden und hat somit wie Bitt-, Dank-, Versöhnungs- und Sühnopfer auch einen kultischen Bezugspunkt. Wie wichtig die Koppelung der Bitte um Sündenvergebung an die kultisch vollzogene Entsühnung durch Opfer ist, zeigt 12,42-45, wo Judas Makkabäus nach der Schlacht gegen Gorgias einen Bittgottesdienst für die gefallenen Juden abhielt, damit diese, die verbotenerweise Amulette der Götter von Jamnia trugen, von ihren begangenen Sünden befreit würden. Der Bittgottesdienst allein aber ermöglicht keine Entsühnung. Erst in Kombination mit der kultisch vollzogenen Sühne (Sündopfer im Tempel V. 43) werden die Toten wieder rein!

Die strikte Orientierung des 2 Makk am Tempel und seinem Kult weisen auf eine Prägung durch hasidäisch-palästinensische Frömmigkeit. Ganz in diesen Rahmen hinein passen auch weitere theologische Schwerpunkte des Buches: die strenge Einhaltung des *Sabbatgebots* und der *Speisegebote,* die *Angelologie* und die *Eschatologie.*

Bei den Frommen, den Hasidäern, war die rigorose *Beachtung des Sabbats* üblich – 1 Makk und 2 Makk berichten davon. 1 Makk 2,29-38 schildert, daß die Frommen es aufgrund ihrer strengen Gesetzesobservanz ablehnten, sich am Sabbat gegen ihre seleukidischen Verfolger zur Wehr zu setzen und stattdessen lieber den Tod in Kauf nahmen, als den in der Tora offenbarten Willen Gottes zu mißachten und das Sabbatgebot zu brechen. Während sich aber in 1 Makk die Makkabäer nicht an die strikte Beachtung des Sabbats halten und aus Gründen der Überlebensstrategie beschließen, auch am Sabbat zu kämpfen, geht 2 Makk einen anderen Weg. Die Betonung der Einhaltung des Sabbatgebots (6,6; 8,26f; 12,38) stellt das Buch in eine Reihe mit anderen frühjüdischen Schriften, die geprägt waren von hasidäischer Frömmigkeit: das Jubiläenbuch z.B. Jub 50,1.12f und die Schriften aus dem Kreis der Essener, 1QM 8,2f;

CD 10,14ff; 11,15ff; 12,6f. Hierhinein paßt auch die rigorose *Einhaltung der Speisegebote*, 2 Makk 5,27; 6,18ff, vgl. dazu Dan 1,8.

Die sich im Frühjudentum prägnant ausbildende *Lehre von den Engeln*, die u.a. im Danielbuch, im Henochbuch, im IV. Esra, in den Testamenten der zwölf Patriarchen und den Qumranschriften vorhanden ist, findet ihren Niederschlag ebenfalls im 2 Makk. Stellen wie 3,24-26; 5,1-4; 10,29f; 11,6.8; 15,22f lassen die Engel als diejenigen erscheinen, die den Makkabäern helfend zur Seite stehen. Auch im Danielbuch, das nur kurze Zeit vor den Makkabäerbüchern entstanden ist und wie die Qumranschriften hasidäischen Kreisen entstammt, spielen die Engelerscheinungen eine große Rolle (Dan 3,25.28; 9,22; 10,1-21), die Qumranschriften kennen die besonders enge Verbindung mit den Engeln (1QS 11,7f; 1QH 3,19-23; 6,12-14; 11,10-14; 1Qm 10,10; 12,1-4)

Bemerkenswert ist in 2 Makk die dezidierte Rede von der *Auferstehung der Toten*, wie sie uns vor allem in Kap. 7, aber auch in 12,40-45 vorliegt. 2 Makk steht hier ganz in der Nähe hasidäisch geprägter Schriften, denen allen der Glaube an eine jenseitige und endgültige Vergeltung gemeinsam ist. Doch kommt dieser in unterschiedlichen Aspekten zum Ausdruck. Während einige Texte die Auferstehung der Gerechten und Bösen zum Gericht beschreiben, kennen andere wiederum nur eine reine Heilsauferstehung der Gerechten; die Gottlosen ereilt die göttliche Strafe noch in der Geschichte. Nähere Informationen zum Thema ›Auferstehung‹ finden sich im Exkurs zur Entwicklung der Auferstehungsvorstellung im Frühjudentum, der im Zusammenhang mit der Kommentierung von 2 Makk 7 erscheint.

Bei der Bestimmung der Gattung von 2Makk hatten wir bereits gesehen, daß das Buch in die hellenistische Historiographie einzuordnen ist, inhaltlich aber ganz die jüdischen Frömmigkeit widerspiegelt. Die Untersuchung der theologischen Schwerpunkte des 2 Makk ermöglicht jetzt eine präzisere Einordnung. Sowohl die Betonung der Einhaltung des Sabbats und der Speisegebote, als auch die Angelologie und die Eschatologie stellen 2 Makk in die Nähe jener Schriften, die der Apokalyptik (Danielbuch, äthiopischer Henoch), dem Essenismus (Texte aus Qumran, Jubiläenbuch) oder dem Pharisäismus (Weisheit Salomos) zuzuordnen sind. Da alle diese Texte auf eine gemeinsame Wurzel zurückgehen, nämlich auf das theologische Denken und die Frömmigkeitspraxis der Hasidäer, wird man auch von 2 Makk behaupten dürfen, daß es aufgrund seiner Theologie dem hasidäisch-palästinensischen Judentum entspringt.

3. Die Anbindung des ägyptischen Diasporajudentums an den Jerusalemer Tempel

Die Umkleidung hasidäisch-palästinensischer Frömmigkeit mit dem Mantel griechisch-hellenistischer Geschichtsschreibung macht 2 Makk zu einem äußerst interessanten Werk. Die Besonderheit diese Buches wirft die Frage auf, für wen und aus welchem Grund es verfaßt wurde.

Ausgehend von der Gattung des Buches läßt sich schon einiges über die Adressaten sagen: Diejenigen, die das Buch lesen, müssen mit der griechischen Sprache vertraut sein, da 2 Makk in Griechisch geschrieben wurde, und sie müssen mit der Gattung vertraut sein, d.h. also mit den Stilmitteln, den Wendungen, den verwandten Topoi. Von daher ist es möglich, an eine Leserschaft zu denken, die einer höheren Bildungsschicht entstammt.

Die beiden Einleitungsbriefe des 2 Makk nennen ihre Adessaten, es sind die Diasporajuden in Ägypten. Wer waren die ägyptischen Juden? Seit dem 7. Jh. v.Chr. wanderten Juden nach Ägypten ein; mit der Flucht des letzten legitimen vormakkabäischen Hohenpriesters Onias IV. intensivierte sich der Zustrom von Juden aus Palästina. Eines der wichtigsten Zentren des Diasporajudentums war Alexandria, wo zwei der fünf Stadtteile vorwiegend von Juden bewohnt wurden. Das Leben in der Disapora war ein anderes als das in Palästina. Die meisten ägytischen Juden lebten in Städten, sie hatten das agrarisch geprägte Leben in ihrem Heimatland Palästina gegen ein Großstadtleben eingetauscht. Dies hatte Folgen für ihre soziale und kulturelle Entwicklung. Vor allem kaufmännische Tätigkeiten bestimmten die Arbeitswelt der Diasporajuden; sie gelangten zu Reichtum und sozialem Aufstieg. Der andauernde Kontakt mit der griechisch sprechenden Kultur blieb nicht ohne Einfluß auf das Diasporajudentum in Ägypten. Gerade dort, wo die Juden durch Reichtum und soziale Stellung dazu in die Lage versetzt worden waren, sich die Bildungsmittel ihrer Zeit zu eigen zu machen, wie dies insbesondere in Alexandria möglich war, trat die Prägung durch das palästinensische Denken in den Hintergrund. Die Juden Ägyptens waren nicht nur Juden, sondern zugleich auch Griechen nach Sprache, Bildung und Sitte. Die gegenseitige Durchdringung von jüdischer und hellenistischer Existenzweise machte das besondere Gepräge des ägyptischen Judentums aus, nur auf diesem Boden war die Entstehung der griechischen Übersetzung der hebräischen Bibel, der Septuaginta, in Alexandrien möglich.

Durch die Beeinflußung seitens der hellenistischen Kultur, durch die andere, griechische Sprache unterschied sich zwar das Diasporajudentum vom palästinensischen Judentum, doch strebte es nie eine Loslösung an. Es lockerte sich – schon allein aufgrund der räumlichen Distanz – der Bezug zum Tempelkult in Jerusalem, denn Wallfahrten nach Jerusalem waren nicht so oft möglich. Die zentrale Stellung des Tempels aber wird in keinster Weise in Frage gestellt. Er ist das »heilige Haus des Allherrschers« (2 Makk 15,32) und in der künftigen Heilszeit ist der Tempel für die Diasporajuden der Ort, an dem Gott gepriesen wird mit Opfern, Liedern und Gebeten. Zeichen der Verbundheit waren die Entrichtung der jährlichen Abgaben an den Tempel, die Beachtung des Sabbats und der Feste, und die Befolgung der Speise- und Reinheitsgesetze.

Die Flucht Onias IV., Sohn des ermordeten Hohenpriesters Onias III., um Ende 172 v.Chr. oder Anfang 171 v.Chr. vor dem illegitimen Hohenpriester Menelaus nach Ägypten konfrontierte das ägyptische Diasporajudentum mit einer neuen Situation. Onias IV. wurde vom ägytpischen Herrscher Ptolemäus VI. Philometor und seiner Frau Kleopatra mit offenen Armen empfangen. Er und später seine Söhne gelangten in Ägypten zu politischem Einfluß. Diesen verdankten sie der großpolitischen Lage: Onias kam aus Judäa, und dieses Gebiet zählte ursprünglich zur ptolemäischen Provinz Koilesyrien, die zu einem Zankapfel zwischen Ägypten und dem Seleukidenreich geworden war. Die Flucht des legitimen Anwärters auf das Jerusalemer Hohepriesteramt war für Ägypten ein willkommenes Geschenk, das gegen Antiochus'IV. ausgespielt werden konnte. Da Onias IV. sicher nicht ohne Anhang nach Ägypten gekommen war, erhofften sich die Ptolemäer Unterstützung im antiseleukidischen Kampf. Möglicherweise sollte Onias auch den Widerstand der jüdische Diaspora in Alexandrien und der vor Antiochus IV. nach Ägypten geflohenen Juden gegen die Seleukiden organisieren.

Vor dem Hintergrund dieser Situation läßt sich verstehen, daß der ägyptische König der Bitte des Onias entsprach, ihm einen Ort zu überlassen, wo er als Ersatz für den von Antiochus IV. zerstörten Jerusalemer Tempel einen neuen Tempel erbauen konnte. Dies war, solange das Jerusalemer Heiligtum entweiht und zerstört war, legitim. Da der Jerusalemer Tempel zwischen 167 und 164 v.Chr. ›brach‹ lag, können wir annehmen, daß in dieser Zeitspanne der Tempel in Leontopolis gebaut wurde. Der Bau des Heiligtums hatte aber nicht nur religiöse, sondern auch militärische Gründe. Der Ort, den Ägyptens König dem Onias geschenkt hatte, lag am Durchmarschweg von Syrien nach Memphis. Onias ließ dort nicht nur einen Tempel errichten, sondern baute bereits bestehende Anlagen zu einer Festung aus und siedelte dort seine Soldaten an. So war der Zugang zu Memphis unter stetiger militärischer Kontrolle.

Der Tempel in Leontopolis existierte bis 73 n.Chr. Dann wurde er von den Römern geschlossen. Dies war eine lange Zeitspanne, wenn man bedenkt, daß seine Existenz nur solange rechtmäßig war, wie es kein Heiligtum in Jerusalem gab. Spätestens ab 164 v.Chr., dem Zeitpunkt der Wiedereinweihung des Jerusalemer Tempels durch Judas Makkabäus, hätte Leontopolis geschlossen werden müssen, was, wie wir am Datum seiner tatsächlichen Schließung ersehen können, nicht der Fall war. Eine Konkurrenz zwischen Leontopolis und Jerusalem war unvermeidbar. Wie stellten sich die ägyptischen Diasporajuden dazu?

Das langjährige Bestehen von Leontopolis deutet darauf, daß es eine Gruppe von Diasporajuden gab, die an diesem Tempel – gegen den Jerusalemer Tempel – festhielten. Folgende Gründe könnten dafür ausschlaggebend gewesen sein: Da Leontopolis von einem legitimen Hohenpriester gegründet wurde, wurde nur an diesem Tempel die Tradition fortgeführt, das Hohepriesteramt mit einem sadokidischen Anwärter zu besetzen; die Hohenpriester in Jerusalem, angefangen bei Menelaus bis hin zu den hasmonäischen Hohepriestern, waren in den Augen der Befürworter des oniadischen Tempels in Leontopolis allesamt illegitim.

Leontopolis war aber nicht nur religiöses Zentrum, sondern gleichzeitig auch militärischer Stützpunkt. Die dort ansässigen jüdischen Siedler und Soldaten hatten eine wichtige militärische Position inne; dies bedeutete Macht und Möglichkeit der Einflußnahme auf politische Entscheidungen des ptolemäischen Hofes.

Man wird davon ausgehen können, daß es innerhalb der ägyptischen Diaspora mindestens zwei Lager gab, eines, das zum Tempel von Leontopolis stand, und eines, das sich weiterhin nach Jerusalem orientierte. Eine Auseinandersetzung um den Tempel von Leontopolis hat sich leider nicht in der alexandrinisch-jüdischen Literatur niedergeschlagen – die meisten Informationen über den Tempel lassen sich bei Flavius Josephus (u.a. JosAnt XIII 3,1-3) nachlesen –, so daß wir im großen und ganzen auf Vermutungen angewiesen bleiben.

Aus der Binnenperspektive des ägyptischen Diasporajudentums läßt sich die Frage nach dessen Stellung zum oniadischen Tempel nicht beantworten. Nur anhand der Reaktionen Außenstehender kann eine Antwort gegeben werden. Eine dieser Reaktionen spiegelt sich in 2 Makk wieder. Rufen wir uns noch einmal die zentrale Stellung ins Gedächtnis, die in 2 Makk dem Jerusalemer Tempel zukommt, die Betonung seiner Wiederherstellung und die Aufnahme des Kultbetriebs, und kombinieren dies mit den in den beiden Einleitungsbriefen genannten Adressaten, den alexandrinischen Juden, sowie mit dem thematischen Schwerpunkt der Briefe, der Feier des Festes der Tempelweihe, dann wird die Intention des 2 Makk deutlich: Vor dem Hintergrund der Existenz eines Konkurrenztempel in Leontopolis geht es 2 Makk um den Aufweis, daß allein das Jerusalemer Heiligtum der rechtmäßige Ort der Gottesbegegnung und Gottesverehrung ist und daß dessen Rechtmäßigkeit mit der unter Judas Makkabäus vollzogenen Restituierung des Tempels wiederhergestellt wurde. Diese sollen die alexandrinischen Juden mit der Feier des Chanukkafestes anerkennen. Dabei läßt sich von 2 Makk her nicht entscheiden, welche Zielgruppe anvisiert wurde, ob sich nämlich das Werk an die Anhänger des Oniaden-Tempels in Leontopolis wandte, um diese wieder für Jerusalem zu gewinnen, oder ob die weiterhin nach Jerusalem orientierten Diasporajuden in ihrer Haltung gestützt und bestärkt werden sollten.

Der/die Verfasser des 2 Makk gehen zur Erreichung ihres Ziels äußerst geschickt vor, indem sie sich auf die geistige und religiöse Ebene der ägyptischen Diasporajuden begeben: Die ›Verpackung‹

hasidäisch-palästinensischer Theologie in die Gattung der hellenistischen Historiographie, die den alexandrinischen Juden aufgrund ihrer hellenistischen Bildung geläufig war, konnte die Bereitschaft zur Akzeptanz der Zielsetzung des 2 Makk erhöhen. Und die Betonung der Einhaltung des Sabbats, der Feste, der Speisevorschriften und die Hervorhebung des Tempels als Ort der Anwesenheit Gottes traf sich mit der religiösen Grundhaltung des ägyptischen Diasporajudentums, wie sie weiter oben beschrieben wurde. Aber: 2 Makk macht unmißverständlich deutlich, daß kultische Sühne und damit verbunden die Öffnung des Wegs zum endzeitlichen Heil im Sinne einer Auferstehung der Toten (vgl. 2 Makk 12,43-45) *nur* im Jerusalemer Tempel möglich war.

Es gab eine enge Verbindungen gewisser Kreise des Diasporajudentums nach Jerusalem. Dies läßt sich u.a. an der Person des Jason von Kyrene festmachen, der aus dem Diasporajudentum stammt und mit der griechischen Sprache und Denkweise bestens vertraut war, aber in Judäa lebte und durch und durch von der hasidäisch-palästinensischen Frömmigkeit geprägt war. Die Hasmonäer legten Wert darauf, die Verbindung zum Diasporajudentum zu intensivieren, da sie nur zu gut wußten, daß ihre internationale Bedeutung vom Einfluß auf das Diasporajudentum abhing. Deshalb läßt sich in Jerusalem eine starke Übersetzertätigkeit herbäischer/aramäischer Texte, so z.B. die beiden Einleitungsbriefe des 2 Makk, ins Griechische beobachten. Das damit verbundene Ziel bestand darin, die Diasporajuden für den hasmonäischen Nationalstaat zu gewinnen und zugleich die Konkurrenz zum Tempel in Leontopolis abzuwehren.

4. Verfasser, Entstehungszeit und Entstehungsort

Die Datierungsversuche des 2 Makk reichen von der Mitte des 2. Jh. v.Chr. bis in das Jahr 70 n.Chr.; sie umfassen also eine relativ große Zeitspanne, was als Hinweis auf die (generelle) Schwierigkeit der Datierung angesehen werden kann. Eine genauere Betrachtung des 2 Makk eröffnet allerdings die Möglichkeit, den Zeitraum seiner Entstehung stärker einzugrenzen.

1. Es läßt sich zeigen, daß 2 Makk mit aller Wahrscheinlichkeit bereits vor 63 v.Chr. fertiggestellt wurde. Folgende Argumente las-

sen sich dafür anführen: Wie 1 Makk zeichnet sich auch das 2 Makk durch eine römerfreundliche Haltung aus. Diese war aber nur solange angebracht, wie Judäa noch nicht römische Provinz war und Pompeius im Jahr 63 v.Chr. noch nicht widerrechtlich den Jerusalemer Tempel betreten hatte. Denn nach diesem Sakrileg hätte 2 Makk, welches sich schwerpunktmäßig mit der Reinheit und Unantastbarkeit des Tempels befaßt, die Römer nicht mehr als Freunde und Vermittler (vgl. 4,11; 11,34-38) schildern können.

2. Jason von Kyrene war wohl ein Zeitgenosses des Judas Makkabäus, und es wird im allgemeinen angenommen, daß er sein fünfbändiges Geschichtswerk ziemlich bald nach dem Tod des Judas 160 v.Chr. verfaßt hat. Dafür spricht die Beobachtung, daß die Art und Weise, in der Eupolemos, der Gesandte des Judas nach Rom (vgl. 1 Makk 8, 17), und der Vertragsabschluß mit Rom in 2 Makk 4,11 erwähnt werden, eine Leserschaft voraussetzt, die die Ereignisse selbst noch miterlebt hat, denn die nähere Bestimmung des Johanan (4,11) durch die Nennung seines Vaters ergibt nur dann Sinn, wenn er den Lesern noch bekannt war.

3. Der Epitomator verbirgt sich ganz hinter dem Werk des Jason und geht nicht über das von Jason Berichtete hinaus. Die Expansionspolitik der Hasmonäer wird nicht erwähnt, es gibt keinerlei Ansatz zur Rechtfertigung oder zur Kritik der hasmonäischen Politik, und es lassen sich nirgendwo Anzeichen erblicken, daß der Epitomator von der theologischen Linie des Jason abweicht. Beide sind geprägt durch die hasidäische Frömmigkeit, so daß auch für die Epitome mit einer relativ frühen Abfassungszeit zu rechnen ist. Wahrscheinlich wird die Epitome noch zur Zeit der ersten Generation der Makkabäer geschrieben worden sein, also vor 124 v.Chr., dem Zeipunkt der Abfassung des 1. Einleitungsbriefs.

4. Das einzig bekannte Datum ist das Entstehungsjahr des 1. Einleitungsbriefes. Der Brief wird am Ende in 1,9 mit dem Jahr 188 seleukidischer Zeitrechung nach der im Westteil des Seleukidenreiches üblichen Zählung, die im Herbst 312 v.Chr. begann, datiert (vgl. Exkurs: Die seleukidischen Zeitrechung). Auf unsere Zeitrechung umgemünzt wurde der Brief 124 v.Chr. geschrieben, also zur Zeit der Regierung des Johannes Hyrkan.

5. Weitaus schwieriger ist die Datierungsfrage beim 2. Einleitungsbrief zu lösen. Die in 1,10 genannten Absender und Adressa-

ten sind fingiert (näheres dazu bei der Kommentierung der Stelle), der Brief soll den Eindruck erwecken, als sei er noch vor der erstmaligen Feier des Tempelweihfestes 164 v.Chr. verfaßt worden. Dies stimmt sicher nicht. Vermutlich wird er bald nach dem 1. Einleitungsbrief entstanden sein. Folgende Gründe könne diese Vermutung stützen: Beide Briefe sind Übersetzungen der hebräischen oder aramäischen Originale; eine rege Übersetzertätigkeit gab es vor allem zur Hochblüte der Hasmonäerdynastie seit Johannes Hyrkan. Beide Briefe wenden sich an die ägyptischen Juden und wollen diese darauf verpflichten, das Chanukkafest zu feiern. Zum Zeitpunkt der Abfassung des 2. Einleitungsbriefes war also die Frage der Anbindung des ägyptischen Judentums an Jerusalem noch aktuell.

6. Auch die Zusammenfassung der beiden Einleitungsbriefe und der Epitome zum 2 Makk wird ganz in der Nähe der Entstehungszeiten der Einleitungsbriefe anzusetzen sein, also bald nach 124 v.Chr. Dies läßt sich sowohl von der Intention des 2 Makk her belegen, dem Versuch der Anbindung des ägyptischen Diasporajudentums an den einzigen rechtmäßigen Tempel in Jerusalem, als auch von der Praxis der Hasmonäer, für die Konsolidierung des neuen jüdischen Nationalstaates die ägyptischen Juden zu gewinnen mittels Verbreitung von ›Propagandamaterial‹ in griechischer Übersetzung (vgl. Kap. 3).

Über den Entstehungsort des jasonischen Werkes und der Epitome kann nichts gesagt werden. Für die Briefe läßt sich vermuten, da sie hebräisch oder aramäisch geschrieben waren, daß sie am ehesten in Jerusalem entstanden sind, genauso die Zusammenstellung des 2 Makk.

Die Frage nach den Verfassern ist ebenfalls schwer zu beantworten. Der einzig bekannte ist Jason. Wir wissen von ihm, daß er aus der ägyptischen Provinz Kyrene kam, eine griechische Bildung besaß, von seinem Denken her aber hasidäisch-palästinensisch geprägt war. Die letzten beiden Punkte treffen auch auf den Epitomator zu, über den sich weiter jedoch nicht sagen läßt. Die Verfasser der beiden Briefe sind unbekannt; da sie sich am Jerusalemer Tempel und am Gesetz orientieren und in ihren Briefen eine Rückbindung der Diasporajuden an Jerusalem erreichen wollen, wird es sich um palästinensische Juden handeln, die aus dem Umkreis der

Hasmonäer stammen und mit den Belangen des Tempels befaßt sind; hypothetisch: Priester, die am Tempel in Jerusalem ihren Dienst taten.

ZWEITER TEIL

Kommentar

I. 2 Makk 1,1-9: Ein ›Festbrief‹ an die ägyptischen Juden

Kommt, feiert mit!, schreiben die Jerusalemer Juden ihren ägyptischen Brüdern und fordern sie auf, das Tempelweihfest zu begehen, denn: Feste feiern ist schön, und man sollte sie nicht versäumen. Auf diesen einfachen Nenner läßt sich aber der Brief, den die Jerusalemer Juden im Jahr 124 v.Chr. (zur Datierung vgl. Kap. 4 der Einleitung) nach Ägypten schicken, nicht bringen. So kurz der Brief auch ist, er hat es in sich. Formal entspricht er dem üblichen Schema: Präskript mit Nennung der Absender, der Adressaten und der Grußformel, die in jüdischer Weise den Friedenswunsch enthält (V. 1); Hauptteil, unterteilt in Ermahnung (VV. 2-6) und darauf bezogenes Paradigma in Form eines Briefzitates (VV. 7-8); Schluß mit Handlungsanweisung und Datum (V. 9). Inhaltlich läßt er sich jedoch nicht einfach auf die Aufforderung zur Feier des Tempelweihfestes reduzieren. Dies zeigt ein genauerer Blick auf die VV. 2-6.7-8.

Hinter den in den VV. 2-6 formulierten Gebetsbitten stecken Ermahnungen, die das Verhalten der ägyptischen Juden betreffen. In V. 2 werden die Ägypter an den Bund Gottes mit den Erzvätern erinnert, in den auch sie eingeschlossen sind. Da aber für Israel der Bund die Verpflichtung auf das Gesetz einschließt, folgt in den VV. 3-4 die Mahnung, an Gott und seinem Gesetz festzuhalten. Die Ermahnung schließt mit dem Wunsch ab, daß »Gott ...eure

Gebete erhören und sich versöhnen lassen (möge)« (V. 5). Hieran schließt sich gleichsam zum Trost, aber auch zur Warnung das Paradigma VV. 7-8 an. Die Jerusalemer Juden erinnern an einen Brief, den sie zur Zeit der Regierung Demetrius II. 143/142 v.Chr. den ägyptischen Juden gesand hatten, in dem sie an die Entweihung des Jerusalemer Tempels unter dem Hohenpriester Jason sowie an die Wiederaufnahme des Kultbetriebs dank der Hilfe Gottes erinnerten. Warum dieser Rekurs auf ein Ereignis, das nahezu 40 Jahre zurückliegt? Drei Punkte sind hier bemerkenswert: Zuerst wird im Zusammenhang mit der Zerstörung des Tempels und der Emordung Unschuldiger nicht Antiochus IV. – ansonsten der Buhmann – genannt, sondern Jason, der von 175-172 v.Chr. Hoherpriester war, dafür verantwortlich gemacht. Jason war Bruder des ermordeten Onias III. und somit selbst Oniade; er zählte zum Kreis der hellenistischen Reformjuden, sein Verhalten wird als Abfall vom Judentum und von Gott gewertet – dieses Verständnis steht hinter den Begriffen »heiliges Land« und »Königreich« (V. 7). Zum zweiten macht V. 8 deutlich, daß die Restituierung des Tempels nicht Tat der Menschen, sondern Tat Gottes war. Gott hat die Bitte der Gesetzestreuen erhört, und deshalb konnte der Tempel wieder eingeweiht werden. Drittens fällt auf, daß die Wiedereinweihung des Tempels nicht in Zusammenhang mit Judas Makkabäus gebracht wird, sondern allein darauf abgehoben wird, daß der Kultbetrieb wieder aufgenommen werden konnte. Quintessenz der VV. 7-8: Das Unglück über die Juden kam von den Juden, die sich gegen Gott, den Tempel und das Gesetz gewandt hatten; das Glück/das Heil kam zu den Juden von denen, die sich Gott zuwandten und ihn um Hilfe baten.

Was hat dies alles in einem Brief an die ägyptischen Juden zu suchen? Aus Kap. 3 der Einleitung wissen wir um die historische Situation der ägyptischen Diaspora. Der von Onias IV. erbaute Tempel in Leontopolis war ein Konkurrenzheiligtum zu Jerusalem geworden, das Interesse der Jerusalmer Juden – und damit auch die Intention des 2 Makk – bestand darin, die Konkurrenz auszuschalten und die ägyptischen Juden ganz an Jerusalem zu binden. Der Brief versucht dies auf seine Art, indem er das Verhalten der ägyptischen Juden, die zum Heiligtum in Leontopolis hielten, mit dem Verhalten des Jason vergleicht und es somit als Abfall qualifiziert.

Hinter der Beobachtung, daß Jason und nicht Antiochus IV. für die Vorgänge in Jerusalem verantwortlich gemacht wird, mag die Absicht stehen, Jason und Onias auf eine Ebene zu stellen, denn beide waren Oniaden und beide haben die Abkehr vom Jerusalemer Heiligtum vollzogen. Die Ermahnungen in den VV. 2-4 zielen auf die Umkehr der ägyptischen Juden. Wie die Jerusalemer den Zorn Gottes herausforderten, sich dann aber bekehrten und Gott zuwandten und sich mit ihm versöhnten, so sollen auch die Ägypter aus ihrer derzeitigen Situation den Schluß ziehen, umzukehren und sich mit Gott zu versöhnen. Dieser Wunsch kommt in der Bitte V. 5 zum Ausdruck, die in deutlicher Parallelität zum Bittgebet in V. 8 zu sehen ist. Zeichen der Abkehr vom Tempel in Leontopolis und der Zuwendung zum Jerusalmer Tempel ist in den Augen der Jerusalemer Juden die Annahme und Mitfeier des Erinnerungsfestes an die Wiederherstellung des Tempels. Daß V. 9 nicht vom Chanukkafest spricht, sondern stattdessen von den »Tagen des Laubhüttenfestes im Monat Kislew« liegt daran, daß die Feier des Laubhüttenfestes bei den Diasporajuden gängige Praxis war und das Fest ähnlich wie das Chanukkafest als achttägige Opferfeier gestaltet wurde. Die Verfasser des Briefes greifen also auf Bekanntes zurück, um das Neue leichter einführen zu können.

II. 2 Makk 1,10 – 2,18: Noch ein ›Festbrief‹ an die Juden in Ägypten

Weit ausführlicher als der erste Brief an die Diasporajuden in Ägypten ist der zweite (1,10 – 2,18). Das beherrschende Thema ist die Reinigung des Tempels, die hier durch einen Rückblick in die eigene nationale vorhellenistische Geschichte erst richtig untermauert wird. Dabei bedient/bedienen sich der/die Verfasser des Briefes eines besonders kunstvollen Verfahrens: Im Anschluß an das Präskript (1,10) und die Danksagung (1,11) wird von der Gegenwart der Seleukidenherrschaft und ihrer Relativierung ausgegangen (1,11b.12-17), zur Feier des Tempelweihfestes aufgefordert (1,18) und über die midraschartige Erzählung von Nehemia und Jeremia, den Vätern des zweiten (nachexilischen) Tempels, bis auf die Anfänge des Tempels überhaupt unter Salomo und Mose zurückgegriffen (1,19 – 2,13), um dann in Kenntnis dieser Wahrheit in die eigene Gegenwart zurückzukehren. Der Schluß (2,16-18) formuliert noch einmal die Aufforderung, die Feier der Tempelreinigung zu begehen, und mündet in der eschatologischen Hoffnung auf die endzeitliche Sammlung Israels (V. 18).

Überhaupt ist der Brief geprägt durch eine deutlich eschatologische Ausrichtung. Die endzeitliche Sammlung Israels ist meines Erachtens das eigentliche Leitmotiv des Briefes (1,27; 2,7.18). Daher hat der Brief – in Anklang an Jes 11,10ff – die Heimführung aller Juden, somit also auch die der Diaspora (1,27; 2,18) und die Bestrafung der Unterdrücker Israels (1,12-17) im Blick.

Geschrieben ist der Brief an die Juden in Ägypten und an Aristobul, der durch die Zusätze »Lehrer des Königs Ptolemais« und »aus dem Geschlecht der gesalbten Priester« (1,10) näher charakterisiert ist. Aristobul war ein jüdischer Gelehrter hellenistischer Prägung, der dem ägyptischen König Ptolemais Philometor (181-145 v.Chr.) seine Werke gewidmet hat und Prinzenerzieher am ptolemäischen Hof war, deshalb die Bezeichnung »Lehrer des Königs Ptolemais«. Da er, wie 1,18 aussagt, aus dem Geschlecht der Zadokiden stammt, wird er vielleicht auch zum religiösen und politischen Führungsstab der ägyptischen Juden gehört haben.

Absender des Briefes sind die Bewohner Jerusalems und Judäas, der Hohe Rat, also das jüdische Leitungsgremium in Jerusalem, und Judas, bei dem es sich, obwohl nicht näher beschrieben, nur um den Makkabäer handeln kann – diesen Rückschluß läßt der Kontext des Briefes zu. Zu fragen ist nun, inwieweit es sich bei dem Brief um einen authentischen oder einen fiktiven handelt.

Innerhalb der Forschung werden für beide Annahmen ausführliche Argumente angeführt, doch scheint es meines Erachtens überzeugendere Argumente gegen die Echtheit des Briefes zu geben: Gehen wir aus von der Zeit des Judas. Sie war geprägt durch die andauernde seleukidische Bedrohung und durch den Beginn des organisierten Widerstands mit wachsendem Erfolg. Judaä und Jerusalem waren aber noch nicht von der Fremdherrschaft befreit. Der Brief setzt jedoch eine Situation der Konsolidierung voraus. Die Nennung der beiden ersten Absendergruppen suggeriert die Einheit Judäas und Jerusalems sowie ein intaktes Leitungsgremium, die Gerusie bzw. der Hohe Rat. Beides war aber zur Zeit des Judas noch nicht gegeben, vermutlich war sogar der Hohe Rat Instrument des hellenistischen Reformers Menelaus. In 1,12 wird davon ausgegangen, daß Jerusalem ganz von den Feinden befreit ist, doch wissen wir, daß die Befreiung der Akra aus der Hand der Seleukiden erst unter dem Makkabäer Simeon geschah. Die Vorstellung von der endzeitlichen Sammlung aller Juden in Jerusalem setzt auf praktischer Ebene die Schaffung eines jüdischen Nationalstaates voraus, wie es ihn aber erst seit Simeon und seinem Sohn Johannes Hyrkan gab. Der Brief will geschrieben sein nach der Rückeroberung des Jerualemer Tempels durch Judas, aber noch vor dem Fest anläßlich seiner Reinigung und Wiedereinweihung (1,18) und nach dem Tod Antiochus IV. Wenn man davon ausgeht, daß Antiochus IV. kurze Zeit nach der Wiedereroberung des Tempels starb, die Kunde von seinem Tod Jerusalem frühestens Anfang Dezember erreicht haben könnte, das Fest der Wiedereinweihung und Reinigung aber bereits auf den 14. Dezember 164 v.Chr. festgelegt war, blieb nicht mehr genug Zeit, die ägyptischen Brüder zu benachrichtigen und ihnen genügend Raum zur Vorbereitung einer angemessenen Feier des Festes einzuräumen.

Die eingangs genannte Absendergruppe ist also fiktiv wie auch das Datum der Abfassung 164 v.Chr. Wer oder welcher Personenkreis diesen Brief verfaßt hat, läßt sich nicht mehr feststellen. Als Abfassungszeitraum gelten, wie bereits in Kap. 4 der Einleitung geschrieben wurde, die Jahre nach 124 v.Chr.

1,11 bereitet den Bericht über den Tod Antiochus IV. vor. Die Hilfe, für die hier gedankt wird, wird in 1,12-17 näher beschrieben. Der in V.11 erwähnte König könnte Antiochus IV. sein. Doch da die Verwendung des griechischen basileus ohne bestimmten Artikel auf den seleukidischen König schlechthin deutet, muß nicht Antiochus IV. im Blick sein, es könnte auch jeder andere seleukidische Herrscher gemeint sein. Der in den VV. 13-16 berichtete Tod Antiochus IV. wird als Bestrafung Gottes für die begangenen Sünden verstanden (VV. 12.17). Die Schilderung seines grausamen Todes entspricht wohl nicht dem historischen Tatbestand. Aufgrund der anderslautenden Berichte über seinen Tod in 1 Makk 6,8-16 und 2 Makk 9,1-19 läßt sich eher annehmen, daß Antiochus an einer Krankheit starb. Doch paßt die beschriebene Todesart ganz in das Bild des Tempelschänders Antiochus, das in beiden Makkabäerbüchern zum Vorschein kommt. Der Tempelschänder kommt im Tempel die Liebesgöttin Nanäa, an deren Tempelschatz sich Antiochus mittels der bei Königen als ›Geldbeschaffungsmaßnahme‹ beliebten fiktiven heiligen Hochzeit (V. 14) vergreifen wollte, zu Tode.

Die Bestrafung des Übeltäters läßt die eschatologische Hoffnung, die Sammlung Israels aus der Zerstreuung, realer werden. Doch bedarf es zur Teilhabe am endzeitlichen Heil einer ›Eintrittskarte‹, die durch die Mitfeier am Fest der Tempelreinigung erlangt wird. Hintergrund für die Aufforderung zur Mitfeier des Tempelweihfestes ist die Auseinandersetzung um den Tempel von Leontopolis. Gegenüber der Kultpraxis in Leontopolis betont der Brief die Rechtmäßigkeit des Jerusalemer Tempels, die in 1,18 – 2,15 mit Hilfe eines stufenweisen Rückschritts in die Geschichte des Tempelbaus begründet wird. Über Nehemia, der das Tempelfeuer für den nachexilischen Tempel wiederauffand (1,18b-36), und Jeremia, der das Opferfeuer, das Zelt, die Lade und den Rauchopferaltar verstecken ließ, als Israel in die Verbannung geführt wurde (2,1-7), bis hin zu Salomo, der den ersten Tempel erbaute, und Mose, die beide zu Gott um die Annahme ihrer Opfer gebetet hatten. Drei Bereiche sind in dieser Argumentation von besonderer Bedeutung: das

Gesetz als Richtschnur des Lebens (2,2f), der Kult als Bindeglied zwischen Gott und Mensch (1,18b-29; 2,1.4-12), zu ihm gehören das Opfer, das Opferfeuer, das Zelt, die Lade und der Rauchopferaltar und die Gegenwart Gottes, die sich in »Herrlichkeit« und »Wolke« (2,8) offenbart und den Tempel heiligt (2,8). Fazit: Was sie, die Juden aus Jerusalem und Judäa, derzeit feierlich begehen, die Wiedereinweihung des Tempels, ist die logische Folge aus der bisherigen Geschichte des Jerusalemer Heiligtums.

1,18 kommt zur Sache. Die Jerusalemer Juden feiern das Fest der Tempelreinigung. Sie unterrichten die ägyptischen Juden davon, damit diese mitfeiern können. Der Vergleich mit dem Laubhüttenfest ist nicht als Hinweis darauf zu werten, daß das Tempelweihfest bisher in Ägypten nicht bekannt war, sondern nur das Laubhüttenfest, vielmehr sollen die ägyptischen Juden bei einer ihnen bekannten Praxis gepackt werden: Zusammen mit den Juden Judäas und Jerusalems feiern sie das Laubhüttenfest. Dies stellt Verbundheit her und ist Zeichen der Zugehörigkeit zum auserwählten Volk. Genauso das Tempelweihfest. Die gemeinsame Feier bindet Diaspora und palästinensisches Judentum zu *einem* Volk Gottes zusammen.

Ein Fest der »Tage des Feuers« ist im Judentum nicht (mehr) bekannt. Doch knüpft der Autor daran die Erzählung von der Rettung des Opferfeuers durch Nehemia (1,18b-36) – das in der Einheitsübersetzung in Klammern gesetzte »Letztere erinnern an den Tag...« versucht, die griechische Satzkonstruktion in einen verstehbaren deutschen Satz zu übertragen. Bei der Erzählung fällt einiges auf: Wer die Bücher Esra und Nehemia kennt, entdeckt dort nirgends einen Hinweis auf Nehemia als den Wiedererbauer des Tempels. Er gilt vielmehr als derjenige, der die Mauern Jerusalems wiederaufbaute und sich um die Reorganisation des wirtschaftlichen und politischen Lebens der aus dem babylonischen Exil Zurückgekehrten kümmerte. Möglicherweise rührt jedoch die besondere Stellung des Nehemia in 1,18b-36 aus der Kenntnis anderer, nicht mehr überlieferter Schriften des Nehemia, auf die 2,13 verweist. Dort wurde Nehemia eventuell anders dargestellt als in Esra/Neh. Sir 49,13 mag zusätzlich als Hinweis darauf zu deuten sein, daß Nehemia eine wesentlich bedeutendere Rolle in der nachexilischen Gemeinde zukam als Esra. Ob es, wie in der Forschung teilweise diskutiert wird, eine apokryphe Nehemiaschrift gab, die, wenn überhaupt, nur fragmentarisch erhalten ist, kann im Rahmen dieses Kommentars nicht erörtert werden.

Die Erzählung von der Rettung des Altarfeuers zielt darauf, die Rechtmäßigkeit des derzeit im Jerusalemer Tempel praktizierten Opferkultes im Gegenüber zu dem in Leontopolis aufzuzeigen. Begründet wird dies damit, daß jetzt in Jerusalem dasselbe Feuer lodert wie im vorexilischen Tempel. Während des Exils war das Opferfeuer durch ein Wunder (V. 21f) zu Petroleum geworden (Neftar V. 30, zähflüssiges Wasser V. 21) und Neftar, d.h. übersetzt ›Reinigung‹ (V. 36) bezieht sich auf die zu feiernde Tempelreinigung.

Innerhalb der VV. 19-36 finden sich mehrere Bezüge zur jüngsten Vergangenheit und zur Gegenwart des Verfassers. Nicht wie sonst üblich wird Babylon als Ort des Exils genannt, sondern Persien, also das derzeitige Stammland der Seleukiden (VV. 19.20.33).

Das Gebet in den VV. 24-29 paßt nicht direkt in den Kontext, V. 30 ließe sich nahtlos an V. 23 anfügen. Mit der Gebetsbitte »nimm diese Opfer an für dein ganzes Volk Israel« (V. 26) wird zwar eine Brücke zum Kontext geschlagen, doch fehlen ansonsten Hinweise auf das Feuer. Das Gebet verfolgt eine anderen Zweck. Die überaus gewaltige Anhäufung göttlicher Attribute und Namen in V. 24f ist auffällig. Gott ist der Herrscher über Israel, und alle Aussagen des Gebets sind auf ihn bezogen: er rettet, erwählt und heiligt (V. 25), er behütet, befreit und sammelt aus der Zerstreuung (V. 26f), ein Gedanke, der in 2,7.18 erneut aufgegriffen wird, er straft und gibt sich den Heiden als der Gott Israels zu erkennen (V. 27f). Gott ist somit Retter und Richter, Geber von Heil und Unheil. Das Mosewort, auf das V. 29 weist, stammt entweder aus Ex 15,17 oder Dtn 30,5. Bezüge zur Situation des Nehemia sind nicht offensichtlich. Die Formulierungen sind so gehalten, daß das Gebet auch in einen anderen historischen Zusammenhang gestellt werden kann. Die Aussagen über Gott passen z.B. gut in die derzeitige Situation der Juden. Gott soll sein ganzes Volk heil machen, und dies dokumentiert sich in der Annahme des Opfers, das des Nehemia wie es der Kontext nahelegt, aber auch das derjenigen, die die Feier des Tempelweihfestes begehen. Die Sammlung aus der Zerstreuung paßt nicht nur auf die nachexilische Situation, sondern auch auf das Diasporajudentum zur Zeit der Makkabäer. Und mit den Heiden und den stolzen und frechen Unterdrückern können genauso gut die Seleukiden gemeint sein!

Die VV. 31-32 demonstrieren die ungeheure Energie und Einzigartigkeit des Opferfeuers, das alle anderen Flammen in sich vereint und verzehrt.

Bei den VV. 33-35 mag die Kultätiologie eines persischen Feueraltars mit hineinspielen: Da die Perser das Feuer als Sinnbild des Lichtgottes verehrten, war dies Grund genug für den persischen König, dem Bericht über die Wiederauffindung des Opferfeuers solches Gewicht beizumesen, daß er sich dazu verlanlaßt sah, dem Jerusalemer Tempel seine Referenzen zu erweisen.

Jeremia blieb, als ein Großteil der Juden nach Mesopotamien ins Exil verschleppt wurde, in Judäa (Jer 29,1-23; 40,1-42,7); dies erklärt seine Anordnungen in 2,1-5. Die Schriften, von denen in 2,1 gesprochen wird, könnten auf die Epistula Ieremiae und die Apokalypse Ieremiae weisen, da sich das in den folgenden Versen Berichtete nicht in kanonischen Texten findet. Die heiligen Geräte Stiftszelt, Bundeslade und Rauchopferaltar aus dem salomonischen Tempel ließ Jeremia auf dem Berg Nebo (2,4f) verstecken. Ihr Auffinden verheißt der Prophet für die Zeit, in der Gott sein Volk wieder zusammenführt und ihm wieder gnädig ist (2,7). Dann wird Gott selbst die Geräte ans Licht bringen, und die Herrlichkeit Gottes und die Wolke werden erscheinen (2,8). Das Erscheinen der Herrlichkeit Gottes und der Wolke geschah bei Mose und Salomo während der Einweihung des Zeltes bzw. des Tempels (vgl. Lev 9,22f; 2 Chr 5,13f); sie waren Zeichen des göttlichen Wohlgefallens an dem neuen Kultort. Wenn jetzt nun Jeremia das Wiedererscheinen der Kultgeräte und der Herrlichkeit Gottes und der Wolke vorhersagt und sie an die Sammlung Israels aus der Zerstreuung bindet, dann bekommt seine Aussage deutlich eschatologischen Charakter. Sie ist somit anwendbar auf die Situation der Juden unter Judas Makkabäus: Der Tempel ist wiedererrichtet, seine Reinigung kann gefeiert werden. Was aussteht ist die endgültige Sammlung Israels, deshalb die dreimalige Betonung in 1,27; 2,7.18. Um daran teilzuhaben, ist es notwendig, das Tempelweihfest mitzufeiern. Aus diesem Grund ergeht die zweimalige dringende Aufforderung an die Diasporajuden in Ägypten (1,18; 2,16).

2,9-10 bindet die Geschehnisse bei Salomo und Mose zurück an die unter Nehemia. Jedesmal wird vom Feuer berichtet, das das Opfer verzehrte. Unter Mose und Salomo ereignete sich dasselbe wie unter Nehemia. 2,11, der Spruch des Mose, ist so nicht im Pentateuch überliefert, kann aber nur auf Lev 10,16-19 anspielen, wo Mose die Söhne Aarons rügt, weil sie den Sündopferbock nicht verzehrt, sondern verbrannt haben. 2,12 schließt an das Tempelweihfest des Salomo an, das wie das der Makkabäer 8 Tage dauerte (vgl. 2 Chr 7,8-9).

Mit 2,13 wird ein weiteres Mal der Bogen zurück zu Nehemia geschlagen. Anscheinend berichteten auch die nichterhaltenen Nehemiaschriften davon, daß bei der Einweihung des zweiten Tempels durch Nehemia Feuer vom Himmel fiel und die Opfer verbrannte. Nehemia wird somit in eine Linie mit Mose und Salomo gestellt. Diese Linie wird über Mose, Salomo und Nehemia hinaus fortgeführt. 2,14 nennt Judas, gemeint ist Judas Makkabäus. Er tat dasselbe wie Nehemia, nämlich die Tempelbibliothek bzw. das Tempelarchiv wiederherzustellen, was anscheinend mit zur Restituierung des gesamten Tempels gehörte. Indem Judas nun in einer Reihe mit Mose, Salomo und Nehemia steht, wird seine Tat, die Wiedereinweihung des von Antiochus IV. zerstörten Tempels, als rechtmäßig bestätigt und der Tempel als der rechtmäßig geweihte ausgewiesen.

In 2,16 wird noch einmal die Aufforderung zur Feier des Tempelweihfestes formuliert. Doch dient der Vers zusammen mit 1,18 nicht nur als Klammer für die dazwischenstehende Begründung der Notwendigkeit zur Mitfeier, da er nicht nur als Aufforderung gemeint ist, sondern aufgrund seiner Wortwahl auch als Verpflichtung. Die Wendung »Ihr werdet gut daran tun...« (V. 16b) ist im griechischen Original guter hellenistischer Briefstil. Üblicherweise wird sie dort verwandt, wo ein Höherstehender eine eindeutige Anweisung geben kann, die der Empfänger zu befolgen hat. Königliche Anweisungen an untergebene Funktionäre wurden auf diese Art und Weise erteilt. Daß nun von seiten des palästinensichen Judentums eine derartige Formulierung gewählt wird, gewährt Einblicke in dessen Selbsteinschätzung gegenüber dem Diasporajudentum.

Woher rührt die Verpflichtung? Die folgende Argumentation nennt eine dem gesamten Judentum, also den palästinensischen

Juden wie dem Diasporajudentum, gemeinsame Basis: die Existenz als Volk Gottes und die Hoffnung auf die Heilszeit. In Anlehnung an Ex 19,5f wird die Stellung Israels als auserwähltes Volk mit besonderen Eigentümlichkeiten beschrieben: Israel ist Gottes Eigentum, es wurde zu einem königlichen Priestertum und zu einem heiligen Volk berufen. Dies gilt für alle Auserwählten und wer diese Gültigkeit akzeptiert, unterwirft sich dem Eigentümer, Gott. Denn nur er ist es, der sein ganzes Volk gerettet (VV. 17.18) und den Jerusalemer Tempel gereinigt hat. Die Befreiung aus der seleukidischen Unterdrückung und die Reinigung des Tempels sind der Beginn der Erfüllung der Verheißung: Mit Dtn 30,3-5 erwartet der Verfasser das baldige Eintreten der Heilszeit, die mit der Sammlung das ganzen Volkes an einem Kultort, dem Tempel von Jerusalem, beginnt (2,18).

III. 2 Makk 2,19-32: Das Vorwort des Epitomators

Zu wissen, was einen erwartet, ist immer ganz hilfreich. Das Vorwort des Epitomators 2,19-32 klärt den Leser über das Kommende auf. Dabei steht der Epitomator in guter hellenistischer Tradition. Viele griechische Historiker, so z.B. Diodorus, Thukydides und Lucian versahen ihre Werke mit einem Vorwort – im AT und NT finden sich neben 2 Makk Vorworte bei Sir, Lk und Apg. In stereotypen Wendungen beschrieben sie Inhalt, Ziel, Stoffwahl und Quellen ihrer Schrift. Die Fülle des durchzuarbeitenden und neu anzuordnenden Stoffes wurde erwähnt, die Mühseligkeit der Arbeit betont, auf die Erbauung und Unterhaltung des Lesers abgehoben. In 2 Makk 2,24-26 finden sich genannte Elemente ebenfalls. Der Epitomator betont besonders, daß er selbst keinerlei historische Forschung betrieben habe, dies sei nämlich Aufgabe des Historikers Jason von Kyrene (VV. 28.30), über den bereits in den einleitenden Kapiteln ausführlicher berichtet wurde. Sein eigener Beitrag sei vielmehr darin zu sehen, daß er sich bemüht habe, einen »ordentlichen Auszug« (V. 28) anzufertigen. Das herangezogene Beispiel in V. 29 zur Erläuterung seiner Tätigkeit hinkt jedoch. Als Geschichtsschreiber gleicht Jason dem Architekten, der ein Haus baut, der Epitomator sieht sich selbst als Künstler. Doch schmückt er nicht das Haus aus, wie der Vergleich nahelegt, sondern baut mit den Steine des alten ein neues, kleineres (= die Epitome).

Die VV. 19-23 fassen den Inhalt der Epitome zusammen. Ein Vergleich der Verse mit der folgenden Epitome zeigt aber, daß die Inhaltsangabe nicht in allen Punkten mit dem tatsächlichen Inhalt der Epitome übereinstimmt. Auffällig ist, daß gemäß V. 20 nur die Ereignisse unter Antiochus IV. und seinem Sohn Antiochus V. berichtet werden sollen, in der Epitome jedoch der Zeitraum der berichteten Ereignisse bei dem Vorgänger Antiochus IV., Seleukus IV., einsetzt und bis zum Nachfolger Antiochus V., Demetrius I., reicht.

Bleibt zu fragen, ob der Epitomator überhaupt eine ›objektive‹ Inhaltsangabe seines Werks machen wollte oder ob er einen anderen Zweck verfolgte. Eine genauere Sichtung der Verse erweckt den Eindruck, als ginge es dem Epitomator vor allem darum, eine prägnante Zusammenfassung dessen zu bieten, was ihm an der makkabäischen Erhebung bedeutsam erschien. Dabei stehen im Mittelpunkt die Ereignisse um Antiochus IV. und seinen Sohn, die deshalb dezidiert genannt werden. Die Zeit vorher und nachher wird zwar erwähnt, dient aber nur als Rahmung des Eigentlichen, der Wiederherstellung der Reinheit des Tempels.

Interessant ist eine intensivere Betrachtung des Aufbaus der VV. 19-22. Bei der Aufzählung der Ereignisse wechseln einander ›politische‹ und ›religiöse‹ Ereignisse ab: Die Geschehnisse um Judas und seine Brüder gehören in den politischen Bereich, die Tempelreinigung und die Altarweihe in den religiösen (V. 19), die Kriege gegen die beiden Seleukidenkönige in den politischen, die Epiphanien in den religiösen (VV. 20.21a), die Rückeroberung des Landes und die Vertreibung der Barbaren in den politischen, die Wiedererlangung des Heiligtums in den religiösen (VV. 21b.22a), die Befreiung Jerusalems in den politischen und die Restituierung des Gesetzes in den religiösen Bereich (V. 22). Sie allesamt waren möglich, weil Gott, wie am Ende von V. 22 begründend zusammengefaßt wird, wieder Erbarmen mit seinem Volk hatte.

So wird ersichtlich, worum es in diesen Versen eigentlich geht. Geschichte ist in den Augen des Epitomators nicht Zeitgeschichte, sondern Heilsgeschichte. Es geht nicht um einen simplen Geschichtüberblick, sondern um die Darstellung der Geschichte als Schauplatz des göttlichen Handelns, auf dem Gottes Willen und sein Erbarmen offenbar wird.

IV. 2 Makk 3,1-40: Die Rettung des Tempels vor dem Zugriff des Heliodor

1. *3,1-7* Der Verrat des Simeon

Mit Speck fängt man Mäuse; und was für die Mäuse der Speck ist, ist für viele Menschen das Geld. Darum weiß Simeon, der Finanzverwalter des Tempels (V. 4). Und sein Streit mit dem Hohenpriester Onias III. (192-175 v.Chr.) über die Marktordnung der Stadt, sie betraf die Waren-, Preis- und Gewichtskontrolle, war Auslöser für den Beginn der Auseinandersetzung zwischen Seleukiden, jüdischen Hellenisten und gesetzestreuen Juden um den Jerusalemer Tempel, die in der Entweihung des Tempels und Religionsverfolgung endete. Ursache dafür war also ein innerjüdischer Konflikt. Doch scheint zunnächst alles in bester Ordnung zu sein, wie aus den VV. 1-3 zu ersehen ist. Die Zustände in Jerusalem waren paradiesischer Natur. Die Stadt wird im Namen Gottes vom Hohenpriester regiert, und ihr herausragendstes Bauwerk, der Tempel, wird selbst von heidnischen Königen mit reichen Geschenken bedacht. Daß der Seleukidenkönig Seleukus IV. die Finanzierung des Opferdienstes im Tempel übernahm, war keine Besonderheit. Die Seleukiden waren sehr großzügig gegenüber den Tempeln ihres Reiches, und Seleukus setzte hier die Tradition seines Vaters Antiochus III. fort.

Simeon störte diese Ordnung. Er nutzte den Streit mit Onias, um den Hohenpriester bei Apollonius, dem Gouverneur von Koilesyrien und Phönizien (V. 5), zu denunzieren. Seiner Meinung nach barg der Tempel überzählige Wertsachen, die eigentlich dem König zukämen (V. 6), da dieser, wie V. 3 besagt, den Tempel finanzierte. Seleukus IV. reagierte auf die Anschuldigungen Simeons, indem er seinen Kanzler Heliodor mit der Konfiszierung des Tempelschatzes beauftragte (V. 7).

Die Frage der Zuordnung der Finanzen ist der eine Aspekt der hier erzählten Geschichte. Doch gibt es noch einen zweiten, hintergründigeren, der einen Konflikt innerhalb der Jerusalemer Priesterschaft berührt. Simeon, Bruder des späteren Hohenpriesters Menelaus, hatte eine hohe Position am Tempel inne. Zwar läßt sich die genaue Funktion des Tempelvorstehers nicht mehr feststellen, doch wird man davon ausgehen können, daß Simeon zur Spitze der Hierarchie, zu den Oberpriestern, zählte. Die Septuagina bezeichnet Simeon als einen Angehörigen des Stammes Benjamin. Doch waren die Benjaminiten weder Priester noch Leviten, so daß Simeon von seiner Herkunft her nicht ein derartiges Amt hätte innehaben können. Zwei Lösungen bieten sich an: Entweder könnte ›Benjamin‹ verlesen sein aus Mijamin, dies war die sechste Priesterklase (vgl. 1 Chr 24,9; Neh 12,41), oder aber ›Benjamin › ist eine falsche Lesart. Ein Teil der lateinischen und armenischen Übersetzungen hat eine andere, vielleicht richtigere Lesart bewahrt. Dort findet sich statt Benjamin ›Balgea'. Balgea bzw. Bilga hieß aber die fünfzehnte Priesterklasse (vgl. 1 Chr 24,14; Neh 12,5.18).

Das Lager der Priester war gespalten. Onias III. hatte sich eindeutig auf die Seite der proptolemäischen Partei gestellt. Wie 3,11 zeigt, gehörte ein Teil des im Tempel vorhandenen Geldes dem Tobiaden Hyrkan, einem Parteigänger der Ptolemäer, der sich im Ostjordanland festgesetzt hatte. Mit der Deponierung einer Geldsumme im Tempel, die Hyrkan gehörte, hatte sich Onias III. ins Unrecht gesetzt. Simeon nutzte die Gunst der Stunde, um den Hohenpriester bei Seleukus IV. anzuschwärzen und seine und die Position seiner Mitstreiter zu stärken. Daß ihm dies gelingt, läßt sich daran erkennen, daß Onias zum seleukidischen König nach Antiochien zitiert wird. Von dort kommt er nicht wieder nach Jerusalem zurück (vgl. 4,1ff).

2. *3,8-40* Heliodor im Tempel von Jerusalem

Heliodor kam nach Jerusalem, er unterrichtete Onias von den Anschuldigungen des Simeon und bat um Klärung des Sachverhalts (VV. 8-9). Onias erläuterte, daß die Vorwürfe des Simeon falsch seien, da es sich bei den im Tempel deponierten Geldern nicht um Überschüsse aus den königlichen Finanzmitteln handele, sondern um Einlagen von Witwen, Waisen und dem Tobiaden Hyrkan. Was hier so nebenbei über Hyrkan eingeflochten wird, barg politischen Sprengstoff. Nach seiner Vertreibung aus Jerusalem war der Tobiade Hyrkan auf seinen Besitz ins Ostjordanland geflohen. Er machte keinen Hehl daraus, daß er ein Anhänger der Ptolemäer war, und stellte sich damit in Gegensatz zum Rest der Tobiadenfamilie, die auf der Seite der Seleukiden stand. Wenn nun Hyrkan dem Hohenpriester Onias III. sein Geld anvertraut hat, dann wirft das ein eindeutiges Licht auf die politische Einstellung des Onias. Und der Streit, den Simeon angezettelt hatte, hatte zweifellos einen politischen Hintergrund. Simeon unterstellte Onias Kumpanei mit Hyrkan, Parteiname für die Ptolemäer und somit eine antiseleukidische Haltung. Darauf mußten der seleukidische Herrscher reagieren und schickte deshalb einen seiner höchsten Beamten.

Die Summe, um die es hier ging, war ziemlich hoch (VV. 10-11). Zwar gibt es bei der Bestimmung der Relation von Gold- zu Silbertalenten mehrere Berechungsmöglichkeiten – für das Verhältnis von Gold zu Silber wird entweder eine Relation von 10 : 1 oder 12,5 : 1 oder 12,7 : 1 angenommen, doch selbst beim Zugrundelegen der kleinstmöglichsten Relation, einer Summe von 2400 Silbertalenten, handelt es sich um einen unermeßlich großen Geldbetrag, wenn man vergleichsweise bedenkt, daß die den Seleukiden seitens der Römer im Jahr 188 v.Chr. auferlegten jährlichen Reparationszahlungen 1000 Silbertalente betrugen.

Eine unrechtmäßige Herausgabe der Gelder war nach Meinung des Onias ein Vertrauensbruch und stellte die Asylie, d.h. die Unantastbarkeit des Heiligtums, infrage (V. 12). Diese galt es in jedem Fall gegenüber dem seleukidischen Herrscher zu bewahren, denn der Erhalt der Asylie bedeutete den Erhalt der Selbstständigkeit des Tempels, die durch die Forderung Heliodors gefährdet war. Trotz der Argumentation des Hohenpriesters bestand Heliodor auf der Ausführung seines Befehls (V. 13). Vor diesem Hintergrund ist die helle Aufregung des Hohenpriesters, der Priester und der Bewohner Jerusalems zu verstehen. Der seleukidische Angriff auf die Heiligkeit und Unantastbarkeit des Tempels stürzte ganz Jerusalem in tiefe Trauer und Bestürzung. In plastischen Worten werden die Reaktionen der Priester und der Jerusalemer beschrieben (VV. 15-22). Hilfe ist allein von Gott zu erwarten; in Bittgebeten (VV. 15.18.20.22) wandten sich die Priester und das ganze Volk an den Himmel (= Gott, V. 15) bzw. den Allherrscher (V. 22), damit die Bestimmungen des Gesetzes für die Hinterlegung von Geldern (vgl. Ex 22,6-7) eingehalten werden könnten und somit die Unantastbarkeit des Tempels gewahrt werden könnte.

Die in den VV. 19-20 beschriebenen Trauerbräuche wurden nicht nur bei einem Todesfall vollzogen, sondern auch bei einem bevorstehenden Unheil. Das Trauerkleid der Frauen bestand aus einem aus dunklen Ziegenhaaren gewebten mantelartigen Umhang, der um die Hüften gegürtet wurde, so daß die Brust frei blieb (vgl. auch Est 4,1; 2 Sam 13,19). Die Beschreibung des Verhaltens der jungen Frauen in V. 19b hat so keine Analogie im AT; allenfalls bei Philo (De specialibus legibus II 31,169-171; in flaccum 11.89) läßt sich ähnliches finden, so daß sich hier vermutlich eine jüdisch-hellenistische Vorstellung niederschlägt.

Die Bittgebete der Priester und des Volkes werden erhört. Gott bewahrt den Tempel vor dem Zugriff des Heliodor. Die gewaltige Herrschermacht Gottes wird zum visuellen Erlebnis für Heliodor und seine Leibwache, die ihn in die Schatzkammer begleiten wollte (VV. 23-24). In den VV. 24-27 wird eine Vision beschrieben, durch die die besondere Bezeichnung Gottes als »Herr der Geister und aller Macht« (V. 24) eingeleitet und mit dieser Bezeichnung die Zielrichtung der Vision, der Sieg Gottes über den Frevler Heliodor und die Rettung des Tempels, vorweggenommen wird. Eigentlich handelt es sich bei der hier beschriebenen Epiphanie um zwei, da dem Heliodor ein himmlischer Reiter und zwei Engel erscheinen, die jeweils unterschiedlich mit ihm verfahren. Aufgrund dieser Beobachtung ist innerhalb der Forschung häufig die Frage diskutiert worden, ob nicht der vorliegende Bericht eine Kompilation aus zwei unterschiedlichen Versionen der Epiphanie ist. Es wurden sogar Versuche unternommen, diese zwei Versionen im Text nachzuweisen. Version A fände sich in den VV. 24.25.27.28.30 wieder, Version B in den VV. 26.29.31-36. Meines Erachtens ist es aber sinnvoller, von der Einheit der vorliegenden Epiphanieerzählung auszugehen, da der Text einen durchdachten Gesamtaufbau erkennen läßt. Die ganze Szene ist in sich schlüssig und nicht ohne einen gewissen Effekt auf das Ende hin entwickelt. Die doppelte Epiphanieschilderung dient der Steigerung und des Aufweises der unermeßlichen Macht Gottes. Mittels Antithesen wird das gesamte Stück verklammert: Heliodor steht vor der Schatzkammer (V. 24), dann stürzt er zu Boden (V. 27); seine Belgeiter sind frech, doch sie erschrecken vor Gottes Macht (V. 24); der himmlische Reiter trägt eine *goldene* Rüstung (V. 25), die Engel erscheinen in *strahlender*

Schönheit (V. 26), Heliodor aber wird *schwarz* vor Augen (V. 27); er war mit großem Gefolge gekommen und wird hilflos hinausgetragen (V. 28); Heliodor war der Sprache beraubt, die Juden preisen Gott (V. 29); zunächst herrschte Angst und Verwirrung, dann Freude und Jubel (V. 30).

Die Vision hat konkrete Auswirkung. Für Heliodor ist sie leibliche Züchtigung (VV. 25-26), für den Tempel und die darin bewahrten Gelder aber bewirkt sie den Erhalt der Unantastbarkeit. Die Juden sehen nur das Ergebnis der Vision, den bestraften Heliodor (V. 29), und begreifen es als Offenbarung der Herrschermacht Gottes.

Heliodor selbst kann sich nicht retten. Seine Hilflosigkeit nimmt lebensbedrohliche Züge an (V. 31). Rettung scheint nur noch mit Hilfe des Hohenpriesters möglich zu sein, und so wird der einstige Widersacher von Heliodors Begleitern um Gebetshilfe angegangen. Für die versuchte Tempelschändung bringt Onias ein Versöhnungsopfer dar, allerdings nicht ganz selbstlos. Wirklich sicher scheint ihm die Bewahrung der Asylie des Tempels nur dann, wenn auch der seleukidische König keine Handhabe mehr gegen den Tempel hat. Um nicht dem Vorwurf eines Anschlags gegen den Kanzler des Königs ausgesetzt zu sein, geht Onias auf die Bitte der Heliodorvertrauten ein (VV. 31-32). Gott läßt sich auf das Versöhnungsopfer ein, jedoch nicht ohne Bedingungen, die ihm in einer erneuten Vision mitgeteilt werden. Dieselben Engel wie in V. 26 erscheinen und teilen ihm mit, er solle andauernd dem Hohenpriester Onias dankbar sein und die Herrlichkeit der Macht des Herrn in aller Welt verkünden (VV. 33-34). Die direkten Reden VV. 33-34.38-39 heben zwei wichtige Erkenntnisse hervor: Heliodor, der Heide, wird zum Künder der göttlichen Allmacht; der Jerusalemer Tempel steht unter dem besonderen Schutz Gottes.

V. 2 Makk 4,1–10,9: *Die Schändung des Tempels und seine Wiedereinweihung*

1. *4,1-22* Jason statt Onias

Die Ereignisse um Heliodor schienen Simeon wenig beeindruckt zu haben. Seine Kampgane gegen den Hohenpriester setzte er uneingeschränkt fort, indem er ihn für den Mißerfolg des Heliodor verantwortlich zeichnete (V. 1). Die Lage in Jerusalem spitzte sich zu; anscheinend kam es in der Stadt zu bürgerkriegsähnlichen Zuständen (V. 3), wobei Simeon und seine Anhänger Unterstützung fanden bei dem Seleukiden Apollonius, dem Amtsnachfolger des in 3,5 bezeugten Apollonius (V. 4). Die kurze, prägnante Charakterisierung der Kontrahenten Simeon und Onias macht keinen Hehl daraus, auf welcher Seite der Verfasser des 2 Makk steht: Simeon wird als Verräter am Tempelschatz und am Vaterland und als Verleumder bezeichnet (V. 1), Onias als Wohltäter der Stadt, fürsorglicher Beschützer und Eiferer für das Gesetz (VV. 2.5).

Onias trat die Flucht nach vorn an und reiste an den Seleukidenhof nach Antiochia, um eine Klärung der Dinge zu erwirken und Frieden für Jerusalem herbeizuführen (V. 6). Doch wurde dieser verzweifelte Versuch des Hohenpriesters durch die politischen Ereignisse überrollt. Seleukus IV. wurde von seinem Kanzler Heliodor, den er nach Jerualem geschickt hatte, um den Tempelschatz zu konfiszieren, 175 v.Chr. ermordet. An seine Stelle trat noch im selben Jahr sein jüngerer Bruder Antiochus IV. Epiphanes, der sich auf der Heimreise von Rom befand, wo er als Geisel gelebt hatte. Sein Neffe Demetrius, Sohn des Seleukus, hatte ihn dort ausgelöst und blieb an seiner Statt in Rom als Geisel (V. 7).

Die proseleukidischen Kreise der Jerusalemer Bürger, die hellenistischen Reformer um Simeon, Jason und später Menelaus, nutzten die Thronwirren, um in Jerusalem an die Macht zu kommen. Man versprach dem neuen König die Erhöhung der Tributzahlungen auf 360 Talente und eine zusätzliche Summe von 80 Talenten, wenn Jason, der Bruder des Onias, von Antiochus IV. zum Hohenpriester ernannt würde (V. 8). Die Vergabe von Ämtern an den meist Bietenden war im Seleukidenreich gängige Praxis und diente der

Aufbesserung der Staatsfinanzen; so ist es kein Wunder, daß Antiochus IV. dem Anliegen der Jasonanhänger entsprach. Aus der Sicht der toratreuen Kreise aber war die Ernennung eines neuen Hohenpriesters zu Lebzeiten des rechtmäßig amtierenden Hohenpriesters Onias III. ein gewaltsamer staatlicher Eingriff in die Selbstständigkeit des jüdischen Tempelstaates. Es sollte aber noch schlimmer kommen. Eine in Aussicht gestellte Sonderzahlung von 150 Talenten sollte beim König die Zustimmung zur Umwandlung Jerusalems in eine griechische Polis erwirken (V. 9). Natürlich stimmte Antiochus IV. zu, denn die Hellenisierung der großen Städte des seleukidischen Reiches war eine der Methoden, die inhomogenen Parteien des seleukidischen Großreiches miteinander zu verklammern.

Jason und die Seinen gingen systematisch ans Werk. Zunächst wurden die Privilegien abgeschafft, die die Juden seit dem Erlaß Antiochus III. genossen, als da wären: die Minderung der Tributzahlungen um ein Drittel, die Befreiung von der Kranz-, Kopf- und Salzsteuer, das Zugeständnis, gemäß der Tora leben zu können (vgl. Jos Ant XII 3,3). Seinerzeit wurden diese Privilegien von Johanan, dem Vater des Eupolemos erwirkt (V. 11). Daß hier dezidiert auf Eupolemos hingewiesen wird, läßt Rückschlüsse auf die Entstehungszeit des Jason-Werkes zu (vgl. die Einleitung, Kap. 4).

Die Einführung der griechischen Lebensart ging Hand in Hand mit der Aufhebung der alten Ordnung. Jason ließ unterhalb der Burg – vermutlich lag sie in der Nähe des Tempels – ein Gymnasion errichten (V. 12). Gymnasion und Ephebeion (V. 9), also die Stätten zur körperlichen und geistigen Ertüchtigung der jungen Männer, waren das charakteristische Merkmal griechischer Kultur. Eine Stadt, die beides besaß, war auf dem besten Weg zu einer hellenistischen Polis. Die Söhne der reichen Oberschicht und die Tempelpriester nahmen diese neue Lebensweise an (VV. 12-14) – die Wendung »den griechischen Hut aufsetzen« (V. 12) war vermutlich eine Redensart, die soviel bedeutete wie ›in der Sportschule trainieren‹. Folge dessen war, daß die Gültigkeit der Tora mehr und mehr untergraben wurde. Konkrete Auswirkungen ließen sich an der Vernachlässigung des Opferdienstes erkennen. Die Hellenisierung Jerusalems schien zunächst ein Erfolg zu sein, doch reflektieren bereits die VV. 16-17 die Folgen solchen Tuns: In strikter Anwendung des Vergeltungsdenkens wird bereits hier aufgezeigt, was in Kürze eintreten wird: Die Seleukiden, deren Lebensweise nachgeahmt wird, werden bald zu Plünderern der Stadt und Verfolgern der Juden. V. 17 stellt dabei eine Reflexion des Epitomators auf die vorangegangenen Ereignisse dar.

Die Episode über die heidnischen Kampfspiele in Tyros (VV. 18-20) wirft noch einmal ein besonderes Licht auf das ›religiöse‹ Oberhaupt der Juden. War Jason in V. 13 bereits als »ruchlos« und als »Hoherpriester zu Unrecht« bezeichnet worden, so setzt sein Verhalten in V. 19 dem Ganzen die Krönung auf. Während in Jerusalem die Opfer vernachlässigt wurden, spendete Jason 300 Silberdrachmen, die ein Opferstier kostete, für ein Opfer für Herakles und sandte einige seiner Anhänger damit nach Tyros. Dort fanden alle fünf Jahre Wettkämpfe statt im Gedenken an die von Alexander dem Großen 332 und 331 v.Chr. für Herakles-Melkart veranstalteten Wettspiele. Die Überbringer hatten mehr Skrupel als ihr Auftraggeber. Entgegen der Anweisung konnten sie sich nicht für ein Opfer für Herakles entschließen, sondern baten diplomatisch darum, das Geld anderweitig – für die Ausrüstung von tyrenischen Kriegsschiffen – verwenden zu dürfen (VV. 19-20).

Judäa war immer ein Zankapfel zwischen Ägypten und dem seleukidischen Reich. Um so wichtiger war es zu wissen, was der jeweils andere vorhatte. Die Thronbesteigung des ägyptischen Königs Philometor war eine gute Gelegenheit, die politische Orientierung des ägyptischen Nachbarn auszuloten; Antiochus schickte besagten Apollonius (V. 4) zu den Feierlichkeiten (V. 21). Ptolemais Philometor (180-145 v.Chr.) war ein Neffe Antiochus‹ IV. – seine Mutter Kleopatra war die Schwester des seleukidischen Königs. Er war noch unmündig auf den ägyptischen Thron gekommen und feierte im Jahr 172 v.Chr. die offizielle Übernahme der Regierung. Die alarmierenden Nachrichten aus Ägypten bewogen den Seleukidenkönig, nach Jaffo und Jerusalem zu ziehen, um militärische Präsenz zu zeigen und seinen Gebietsanspruch zu dokumentieren (V. 21). Jason nutzte den Besuch des Königs, um seine proseleukidische Haltung unter Beweis zu stellen (V. 22).

2. *4,23-29* Menelaus statt Jason

Die Folgen der ruchlosen Taten des Jason begannen sich auszuwirken. Jason widerfuhr, was er selbst jemand anderem, Onias, angetan hatte: Er wurde seines Amtes als Hoherpriester enthoben. An seine Stelle trat Menelaus, der Bruder des Tempelvorstehers Simeon (vgl. 3,4; 4,1). Jason hatte Menelaus mit den fälligen Tributzahlungen zu Antiochus geschickt. Dieser nutzte die Gelegenheit und die Geldgier des Königs, sich mit dem Versprechen einer um 300 Talente höheren Tributzahlung das Hohepriesteramt zu erkaufen (VV. 23-24). Ende 172 oder Anfang 171 v.Chr. bestieg Menelaus den Hohenpriesterstuhl. Jason mußte ins Ostjordanland fliehen (V. 26). Nach dem Bericht des Josephus (JosAnt XII 5,1) stand hinter diesem zweiten Machtwechsel in Jerusalem die Partei der Tobiaden. Als Oniade gehörte Jason zum Geschlecht der Sadokiden, einer uralten Hohenpriesterdynastie. Mit seinem Sturz gelang es den Tobiaden, diese Dynastie endgültig zu verdrängen. Damit trafen sie die gesetzestreuen, antiseleukidischen Juden ins Mark, zumal jetzt mit Menelaus erstmals ein Nichtsadokide an die Macht kam.

Die Beschreibung des Menelaus übertrifft bei weitem die des Jason. Menelaus wird gekennzeichnet als jemand, der die »Leidenschaft eines rohen Tyrannen und die Wut eines wilden Tieres« besitzt (V. 25). Diese Beschreibung läßt für die Zukunft Böses erahnen.

Da Menelaus die versprochene Tributzahlung nicht aufbrachte, wurden er und der Befehlshaber der seleukidischen Garnison in der Akra, Sostratos, zum König zitiert (VV. 27-28). Möglicherweise waren seit dem ersten Besuch des Seleukidenherrschers in Jerusalem (V. 21) Truppen in der Akra stationiert zum Schutz der Stadt. Nach V. 29 setzten sich diese Truppen aus zyprischen Söldnern zusammen.

3. *4,30-50* Ein Portrait des Menelaus

Mehr als das Äußere einer Person läßt die Beschreibung ihres Innenlebens, das sich in Rede und Tat offenbart, Rückschlüsse auf ihren Charakter zu. So auch in den VV. 30-50. Wir erfahren hier mehr über den Hohenpriester, als jedes Gemälde preisgeben könnte. Was bereits in V. 25c angedeutet wurde, wird jetzt Wirklichkeit. Mit allen Mitteln und mit ›professioneller‹ Zielstrebigkeit versucht Menelaus, nach allen Seiten hin seine Machtposition zu festigen. Dafür bedient er sich anderer, um sich selbst die Hände nicht schmutzig zu machen: Onias III. läßt er durch Andronikus ermorden, den Tempelschatz durch Lysimachus rauben und seinen Freispruch beim König durch Ptolemais erwirken.

3.1. 4,30-38 Die Ermordung des Onias

Der eigentlich rechtmäßige Hohepriester Onias III. war nach der Machtergreifung des Jason nicht wieder nach Jerusalem zurückgekehrt. Nach wie vor befand er sich in der Nähe von Antiochia. Vermutlich ahnte er, daß für sein Leben Gefahr von seiten der extremen Jerusalemer Hellenisten drohte und, deshalb hatte er sich nach Daphne, einem Vorort Antiochias, zurückgezogen. Daphne beherbergte das berühmte Heiligtum des Apollon und der Artemis und wurde vom seleukidischen Königshaus in besonderem Maße verehrt, da sich die seleukidische Dynastie von Apollon herleitete. Onias wird das Asylrecht, das allen Tempeln des hellenistischen Kulturkreises zustand, in Anspruch genommen haben. Für einen jüdischen Hohenpriester mag dies zwar ungewöhnlich erscheinen, solange sich aber Onias nicht am Tempelkult beteiligte, konnte ihm nicht der Vorwurf der Idolatrie gemacht werden. Die Außergewöhnlichkeit der Notiz spricht jedoch dafür, daß es sich bei dem hier Berichteten vermutlich um einen historischen Sachverhalt handelte (V. 33).

Um seinen Konkurrenten Onias aus dem Weg zu schaffen, nutzte Menelaus die Gunst der Stunde. Vor den Augen des Seleukidenherrschers wagte er nicht, das Asylrecht des Tempels in Daphne zu verletzen, um Onias auszuschalten. Als Antiochus IV. in den kleinasiatischen Städten Tarsus und Mallus einen Streit schlichten mußte, machte Menelaus den sicherlich geldgierigen Andronikus, den Antiochus für die Zeit seiner Abwesenheit zu seinem Stellvertreter ernannt hatte, zu seinem Kumpan, indem er ihm aus dem Jerusalemer Tempel entwendete goldene Geräte zum Geschenk machte, wohl kalkulierend, daß Onias dies nicht dulden und Anklage erheben würde (VV. 30-33). Menelaus' Rechnung ging auf. Andronikus ließ Onias 170 v.Chr. ohne gerichtliches Verfahren und unter Verletzung des Asylrechts ermorden (V. 34). Dies rief auch bei den Nichtjuden helle Empörung hervor; die Juden, die in einer jüdischen Kolonie in Antiochia lebten (V. 36), beschwerten sich bei Antiochus IV. nach dessen Rückkehr. Der König bestrafte den Täter, und ganz im Sinne des Vergeltungsschemas wurde Andronikus an der Stelle hingerichtet, an der er Onias hatte töten lassen (V. 38). Die in den VV. 37-38 geschilderten heftigen Gemütszustände des Antiochus dienen eher dazu, die Person des Onias noch einmal in einem besonderen Licht erscheinen zu lassen, was auch dessen retrospektive Beurteilung deutlich macht (V. 37b). Die Verletzung des Asylrechts wird sicherlich Zorn des Seleukidenkönigs hervorgerufen haben, weil damit ein unantastbares Prinzip infrage gestellt wurde. Doch liegt der eigentliche Grund für die harte Bestrafung des Mörders woanders. Nach anderen Berichten (u.a. Diodorus XXX 7,2) war Andronikus an der Beseitigung eines Mitregenten Antiochus IV. beteiligt gewesen. Antiochus hatte im Jahr 170 v.Chr. den Sohn Seleukus IV., den er bei der Usurpation des seleukidischen Thrones zum Mitregenten bestimmt hatte, ermorden lassen; dazu hatte er sich des Andronikus bedient. Der Vorgang um Onias bot nun die günstige Gelegenheit, einen unliebsamen Mitwisser beiseite zu schaffen.

3.2. 4,38-50 Der Zugriff auf den Tempelschatz

Wegen der hohen Tributzahlungen (vgl. V. 24) vergriff sich Menelaus mittels seines Stellvertreters und Bruders Lysimachus offen am Tempelschatz (V. 39). Diese Tat brachte das Faß zum Überlaufen. Die gesetzestreuen Juden waren nicht bereit, Lysimachus‹ Tun ungestraft zu lassen. Es kam in Jerusalem zu einem Aufstand, in dessen Verlauf der Tempelräuber getötet wurde. Gemäß des Vergeltungsschemas starb Lysimachus dort, wo er gestohlen hatte (VV. 39b-42).

Während dieser Tat hielt sich Menelaus noch am Hof in Antiochia auf. Zwar war Lysimachus als Räuber bestraft worden, der eigentliche Täter aber, Menelaus, war immer noch frei. Deshalb strebte eine Abordnung des Hohen Rates ein Gerichtsverfahren gegen den Hohenpriester an. Und zunächst hatte es auch den

Anschein, als sei ihr Unternehmen erfolgreich (V. 45a). Indem Menelaus aber Ptolemais, den Sohn des Dorymenes, bestach, gelang es ihm, seinen Kopf aus der Schlinge zu ziehen. Ptolemais stammte aus einer vornehmen griechischen Familie. Er war Stratege von Koilesyrien und Phönizien und somit Nachfolger des 174 v.Chr. aus dem Amt geschiedenen Apollonius, Sohn des Menestheus (vgl. V. 4). Auf Anweisung des Kanzlers Lysias wurde ihm später (vgl. 2 Makk 8,8-29; 1 Makk 3,38) der Feldzug gegen die Juden unterstellt.

In einem korrupten Gerichtsverfahren wurde Antiochus umgestimmt (VV. 44-47). Den Menelaus sprach er frei und an seiner Statt ließ er die drei jüdischen Ältesten hinrichten. Welches Maß an Ungerechtigkeit und Brutalität Antiochus hier walten läßt, zeigt der Verweis auf die Skythen, ein Reitervolk, welches nördlich des Schwarzen Meeres lebte. Sie waren bekannt für ihre außerordentliche Brutalität (V. 47). Des Königs Urteil erregte den Unwillen der Juden und Heiden. Jüdische Bewohner der Stadt Tyrus – daß es dort welche gab, bezeugt 1 Makk 5,15 – begruben die drei unrechtmäßig Hingerichteten (V. 49).

Die Schlußreflektion in V. 50 begründet den Erfolg des Menelaus mit der Habgier der Mächtigen.

4. *5,1-26* Die Bestrafung Jerusalems

Zwei Feldzüge hatte Antiochus IV. nach Ägypten unternommen, den ersten Ende 170 v.Chr., den zweiten 168 v.Chr. Zweimal war er in Jerusalem, 169 und 168 v.Chr. (vgl. Dan 11,28.30). Beim ersten Besuch in der Stadt betrat er unter der Leitung des Menelaus den Tempel und raubte ihn aus. Damit wurde nicht nur die Tributverpflichtung des Menelaus, der er bis jetzt noch nicht nachgekommen war, erfüllt; die ungeheuer hohe Summe von 1800 Talenten (5,21) konnte überbrückungsweise die Finanzknappheit des seleukidischen Staates mildern. Die Plünderung des Jerusalemer Tempels war aber nur möglich, weil Antiochus die Unterstützung des Hohenpriesters hatte, denn nicht nur für die Juden, auch in den Augen der Griechen war die Beraubung eines Heiligtums ein Sakrileg. Ohne die Assistenz des Menelaus hätte Antiochus den Tempel sicher nicht lebend verlassen. Sein Vater Antiochus III. und später er selbst kamen bei dem Versuch um, einen orientalischen Tempel auszurauben.

Im Frühjahr 168 v.Chr. brach Antiochus IV. zu seinem zweiten Feldzug nach Ägypten auf. Trotz seiner kriegerischen Erfolge mußte der Seleukidenkönig infolge der diplomatischen Intervention der Römer im Sommer 168 v.Chr. aus Ägypten abziehen, so daß er nicht als Sieger, sondern als Verlierer dastand. Die Gegner des Königs im Seleukidenreich witterten ihre Chance und zettelten Aufstände an, die Antiochus bei seinem Rückzug aus Ägypten blutig niederschlug. Unter den aufrührerischen Städten befand sich auch Jerusalem. Aufgrund des Gerüchts, Antiochus sei gestorben, versuchten seine Gegner, sich des proseleukidischen Hohenpriesters Menelaus zu entledigen, indem sie unter Führung des Jason Jerusalem überfielen und einnahmen (vgl. 4.2.). Die Reaktion des Antiochus: Er ließ die Stadt nach Kriegsrecht behandeln.

Auf historischer Ebene wird deutlich, daß die Besetzung der Stadt Jerusalem durch die Seleukiden weder religiös motiviert war, noch die Auseinandersetzung zwischen radikalen Hellenisten und gesetzetreuen Juden der Hintergrund war, sondern das Vorgehen politisch bedingt war. Es galt, diejenigen auszuschalten, die als Parteigänger der Ptolemäer auf seleukidischem Gebiet antiseleukidisch agierten und dadurch den inneren Frieden und die Grenze zu Ägypten gefährdeten.

In Kap. 5 sind die beiden Aufenthalte des Seleukidenkönigs in Jerusalem zu einem zusammengefaßt.

4.1. *5,1-4 Die Himmelserscheinung*

Der Bericht über den Aufenthalt Antiochus IV. in Jerusalem wird durch die eindrückliche Schilderung einer Himmelserscheinung vorbereitet (VV. 2-4), die die Auseinandersetzung zweier verfeindeter Parteien beschreibt. Aufgrund der äußeren Beschreibung der Kämpfenden läßt sich darauf schließen, daß es sich hier um Engel handelt. Der Ausgang des Kampfes wird nicht berichtet, er bleibt offen. Interessant ist insbesondere der Hinweis auf die Dauer des Kampfes von fast 40 Tagen. Die Zahl 40 ist eine symbolträchtige Zahl und in der biblischen Traditon häufiger belegt; sie begegnet dort, wo von einem Kontakt Gottes mit dem Menschen berichtet wird. So weilte nach Ex 34,28 u.ö. Mose 40 Tage und Nächte fastend auf dem Berg Sinai und empfing dann die 10 Gebote. 1 Kön 19,1-8 berichtet davon, daß Elija 40 Tage und Nächte durch Engelspeise gestärkt durch die Wüste wanderte, bis er zum Gottesberg Horeb kam, wo Gott sich ihm offenbarte. Gemäß Dtn 8,2 wurde Israel 40 Jahre lang von Gott durch die Wüste geführt, um von ihm geprüft zu werden, ob es Gottes Gebote halten würde. Mk 1,13 berichtet von der Versuchung Jesu in der Wüste, die 40 Tage dauerte. Die ausführlicheren Parallelberichte Mt 4,1-11 par Lk 4,1-3 lassen die Versuchungsgeschichte in ein Bekenntnis Jesu zu dem einen Gott münden. Besonders interessant ist eine Stelle aus einer Qumranschrift, der Kriegsrolle, wo über den 40 Jahre währenden Kampf der Söhne des Lichts gegen die Söhne der Finsternis berichtet wird (1QM 2,6-14): Gemeint ist damit der eschatologische Kampf, an dessen Ende allen Gottes Macht und Größe offenbar werden wird. Bei diesem Kampf werden die Söhne des Lichts (= die Qumranessener) unterstützt von den Engeln (vgl. 1QM 1,10f; 7,6). Diese sind beim endzeitlichen Entscheidungskampf der ausschlaggebender Faktor. Ein Blick auf die in den VV. 2-4 geschilderte Himmelserscheinung zeigt eine gewisse Nähe zu der Qumranvorstellung vom endzeitlichen Kampf: Hier wie dort bekämpfen sich zwei Parteien, hier wie dort sind die Engel in die Kampfhandlungen involviert, und beide Male spielt die Zahl 40 ein wichtige Rolle. Während aber für die Qumranessener der Ausgang des Kampfes, der Sieg der Söhne des Lichts über die Söhne der Finsternis, klar ist, bleibt er in der Makkabäerstelle offen. Trotzdem läßt sich aufgrund der Ähnlichkeit zum Qumrantext ein eschatologischer Hintergrund für die VV. 2-4 annehmen. Bei beiden Stellen bildet die Interpretation der historischen Situation das eigentliche Fundament für diesen Hintergrund: Die Qumrangemeinde, die sich vom Jerusalemer Tempel abgesondert hatte, verstand sich als der endzeitliche Rest Israels und hielt sich für die auserwählte Heerschar, die gemeinsam mit den Engeln zum letzten Krieg gegen die Bösen aufbrechen wird. Mit ihrem Sieg wird ein für allemal Gott seine Herrschaft antreten. Die Situation, von der im Makkabäerbuch ausgegangen wird, ist die Auseinandersetzung der gesetzestreuen Juden mit den Seleukiden und den radikalen Hellenisten um Menelaus. Diese Situation wird gedeutet als letzte, sich über einen gewissen Zeitraum hinziehende Auseinandersetzung zweier verfeindeter Parteien, an deren Ende dann der endgültige Sieg Gottes über seine Widersacher stehen wird, der sich dokumentiert in der Wiedererrichtung des entweihten Tempels als Wohnstatt Gottes und Begegnungsort zwischen Gott und Mensch – die VV. 17-20 deuten dies bereits an – und der Hoffnung auf Auferweckung der Gerechten. Daß in den VV. 2-4 die Wende bzw. der Sieg Gottes noch nicht berichtet wird, hat u.a. auch seinen Grund darin aufzuzeigen, daß die Verstrickung Israels in Sünde und Schuld, die letztlich die Zerstörung des Tempels bedingte, massiv war und nur durch das Eintreten einiger Gerechter, des Judas Makkabäus und seiner Anhänger (5,27) sowie der Märtyrer (6,18-31; 7,1-42; 14,37-46), gesühnt werden konnte.

4.2. 5,5-10 Der Tod des Jason

Aufgrund des Gerüchts, Antiochus IV. sei bei seinem Ägyptenfeldzug ums Leben gekommen, unternahm der abgesetzte Hohepriester Jason mit ungefähr 1000 Mann einen Überraschungsangriff auf die Stadt Jerusalem, der zunächst Erfolg zu haben schien. Menelaus war gezwungen, in die Akra zu flüchten. Jason errichtete in der Stadt eine Terrorherrschaft, die bei den Juden auf Abwehr stieß (VV. 5-6) – der Brief der Juden an die ägyptischen Brüder (1,1-9) greift das Vorgehen des Jason auf und verurteilt es aufs schärfste (1,8). Deshalb mußte Jason noch vor dem Eintreffen des Seleukidenkönigs die Stadt verlassen und fliehen. Sein Weg führte über das Ammoniterland (V. 7) zu den Nabatäern – Aretas I., König der Nabatäer, wird an dieser Stelle erstmals historisch bezeugt. Von dort aus ging es über Ägypten nach Sparta. In 1 Makk 12,1-23 kann man ausführlich über das fingierte Verwandtschaftsverhältnis zwischen Juden und Spartanern nachlesen. Sein Los, Flucht und Tod im fremden Land, entspricht dem, was Jason selbst anderen zugefügt hat (V. 9). Daß einen immerhin legitimen jüdischen Hohenpriester der Tod im fremden Land ereilt und er noch nicht einmal im Grab seiner Vorfahren beigesetzt wird, was in den Augen der Juden als schlimme Gottesstrafe galt, pointiert erneut die Einschätzung des Verfassers bezüglich des Jason. Mit Jason kam das Unheil über Israel, deshalb muß ihm nach seinen Taten vergolten werden.

Was Jason anderen vielfältig zugefügt hat, Vertreibung und Tod, erleidet er jetzt selber.

4.3. 5,11-20 Antiochus IV. im Jerusalemer Tempel

Die Person des Königs war bisher von wenig Interesse. Handlungsbestimmende Personen waren immer andere: Simeon, Onias, Jason, Menelaus. Das Verhalten der Seleukidenkönige war ihren Überlegungen, Entscheidungen und Handlungen zugeordnet, so daß der Anschein erweckt wurde, die Ereignisse in Judäa, speziell in Jerusalem, seien von diesen Personen in Gang gesetzt worden. Mit 5,11 wird dies anders. Motor der folgenden Ereignisse ist Antiochus, mit krassen Bildern und Begriffen wird er charakterisiert: »Wütend wie ein wildes Tier« (V. 11), »Frechheit« (V. 15), »blutbefleckte Hände« (V. 16), er »raffte mit unreinen Händen zusammen« (V. 16).

Vor dem historischen Hintergrund, der Forderung nach Begleichung der Tributzahlung und der Ahndung des antiseleukidischen Aufstands in Jerusalem, ist das Verhalten des Königs, die Eroberung Jerusalems, schlüssig. Doch beurteilt der Verfasser des 2 Makk dessen Verhalten nicht unter diesem Aspekt, sondern aus dem Blickwinkel der Betroffenen. In seinen Augen war die Tat des Antiochus maßlos, was sowohl die Zahl der Getöteten und die der in die Sklaverei Verkauften (VV. 13-14) als auch die Summe der aus dem Tempel erbeuteten Talente (V. 21) betraf. Zwar war es im hellenistischen und römischen Einflußbereich üblich, daß derjenige, der eine Stadt im Kampf erobert hatte, mit den Einwohnern und deren Hab und Gut verfahren konnte, wie er wollte, die Massakrierung Nichtkämpfender galt jedoch als unmoralisch. Die VV. 12-14 weisen beide Aspekte aus. Wie V. 14b vermuten läßt, haben die wehrfähigen Männer Jerusalems ihre Stadt verteidigt; die Tendenz des Berichteten aber geht eher dahin, Antiochus als ein grausames Monster zu schildern, das rücksichtslos alle Einwohner abschlachtete. Damit wurde er indirekt zum strafenden Werkzeug Gottes.

Dank der Hilfe des Menelaus konnte sich Antiochus am Tempelschatz vergreifen (VV. 15-16). Wie weit er ging, schildert 1 Makk 1,21-23. Mit der Heliodorgeschichte im Hinterkopf erhebt sich hier jedoch die Frage, wieso Gott diesmal die Schändung des Tempels zuließ. Die theologische Reflexion des Epitomators in den VV. 17-

20 versucht darauf eine Antwort zu geben. Auf seiten der Seleukiden hatte sich nichts geändert. Die Gier und Lüsternheit auf Gold und Geld war geblieben. Geändert hatte sich etwas auf seiten der Juden. Unter Onias III. war das gesamte Volk Israel ein Volk von Gesetzestreuen und Strenggläubigen. Mit Simeon begann der Prozeß der Zersetzung und Aufsplitterung. Die Hinwendung zum Hellenismus legt der Epitomator als Sünde aus (V. 18) und rechnet sie dem Volk als Schuld an. Dies hat Konsequenzen für den Tempel als Ort der Begegnung mit Gott. Weil das Volk durch sein sündiges Tun sein Verhältnis zu Gott zerstörte, läßt Gott die Zerstörung des Ortes zu, an dem ihn die Menschen suchen und finden konnten. Deshalb der Satz V. 19: »Aber der Herr hat nicht das Volk erwählt wegen des Ortes, sondern den Ort wegen des Volks«. In diese Trostlosigkeit hinein formuliert V. 20 bereits einen Hoffnungsschimmer: Wenn Versöhnung mit Gott geschieht, die allerdings als ihre unabdingbare Voraussetzung die Umkehr des Sünders beinhaltet, dann wird auch der Tempel in alter Pracht wiedererstehen.

4.4. 5,21-26 Jerusalem in der Hand der Seleukiden

Systematisch ging Antiochus daran, seine wiedergewonnene Oberherrschaft über Judäa und auch Samaria (vgl. V. 23) zu festigen. Bei seinem Abzug ließ er mehrere Befehlshaber zurück. In Jerusalem war es Philippus, den der Verfasser des 2 Makk als ›Barbar‹ bezeichnet. Mit diesem pejorativen Begriff wurden von griechischer Seite aus Nichtgriechen und das hieß in ihren Augen unkultivierte und brutale Menschen bezeichnet, hier allerdings wird ein Hellenist damit betitelt. Auf dem Garizim, einem Berg bei Sichem, der das kultische Zentrum von Samaria war, stationierte Antiochus ebenfalls einen Befehlshaber, den Andronikus. V. 23b erweckt den Anschein, als sei Menelaus dem Philippus ebenbürtig. Nominell war Menelaus noch Hoherpriester, tatsächlich lag jedoch die Macht in Jerusalem in den Händen von Nichtjuden, in diesem Fall in denen des Philippus. Anfang 167 v.Chr. entsandte Antiochus IV. Apollonius, den Anführer der Mysier, mit einem großen Heer nach Jerusalem, der die Stadt durch Täuschung (V. 25) am Sabbat einnahm, weil er wußte, daß sich die Juden am Sabbat nicht verteidigen würden (vgl. 1 Makk 2,29-38). Er richtete unter den Bewohnern ein Blutbad an (V. 26), ließ, wie in 1 Makk 29-35, wo dasselbe Ereignis berichtet wird, nachzulesen ist, die Mauern der Stadt schleifen und eine Militärfestung, die sogenannte Akra, errichten. Er schuf damit einen Stützpunkt seleukidischer Herrschaft in Judäa. In der Festung war das nichtjüdische Besatzungkorps stationiert, wurden Geiseln gehalten, Waffenvorräte gesammelt, von hier aus operierten die seleukdischen Truppen. Mit der Freiheit und Selbstverwaltung der Stadt Jerusalem und dem Land Judäa hinsichtlich politischer *und* religiöser Belange war es vorbei.

5. *5,27* Judas Makkabäus

Die Wüste – Ort der Entbehrung und der Kargheit, Ort der Unberührtheit und der Reinheit, Ort der Sammlung, Zufluchtsstätte. Hierhin zieht sich Judas Makkabäus mit den Seinen zurück.

Abrupt wechselte V. 27 das Thema. Nicht Jerusalem und sein Ergehen scheint von Interesse zu sein. Plötzlich geht es um eine Person, die bisher keine Rolle spielte. Der Schauplatz verlagert sich von der Stadt in die Wüste. Es wird kaum etwas erläutert. Nicht, warum plötzlich über Judas Makkabäus gesprochen wird (zur Erläuterung des Beinamens ›Makkabäer‹ vgl. die Kommentierung zu 1 Makk 2,1-14), wer seine Gefährten waren, warum sie in die Wüste gegangen sind – 1 Makk 2,28ff ist da konkreter.

Trotzdem bildet der Satz eine Art Gelenk zwischen dem vorhergehenden Bericht und dem nachfolgenden. 5,20 hatte Hoffnung formuliert. Mit der Nennung des Judas wird dieser Hoffnung Nahrung gegeben. Endlich erscheint der, von dem 2,19 bereits sprach.

Welche Rolle spielt der Verweis auf die Reinheit des Judas und seiner Gefährten? Eigentlich ist der Satz eine chronologische Vorwegnahme, da Judas laut 1 Makk 2,29ff erst nach dem Religionsedikt des Antiochus die Stadt verlassen hat. Denn erst dann war die Lage so, daß nur das Verlassen der Stadt vor Verunreinigung schützen konnte. In bezug auf die folgenden Ereignisse schien dem Verfasser des 2 Makk die Abwesenheit des Judas von Jerusalem unter dem Aspekt des Erhaltes der kultischen Reinheit wichtig, da er sich somit nicht der Gefahr aussetzte, im Zuge des Religionsverbots in der Stadt unrein zu werden. Die Bewahrung seiner Reinheit konnte ein zusätzliches Argument dafür sein, daß die Wiedereinweihung des Jerusalemer Tempels rechtmäßig war, war sie doch von einem rein Gebliebenen vorgenommen worden.

6. *6,1-11* Das Verbot der jüdischen Religion

Mit der Errichtung der Akra und der Stationierung der seleukidischen Truppen war ein großer Schritt Richtung Totalhellenisierung Jerusalems getan. Nach wie vor aber waren Tora und Kult in Kraft; sie bildeten den Gegenpol zur hellenistischen Strömung und störten somit die komplette Umwandlung der Stadt in eine griechische Polis. So setzte die Partei der Hellenisten alles daran, bei Antiochus IV. ein Verbot der jüdischen Religion zu erwirken. Der Seleukidenkönig schickte einen seiner Kommissare, den Athener Geron, mit einem doppelten Auftrag nach Jerusalem und nach Samaria, nämlich die Tora abzuschaffen und den Tempel dem Zeus zu weihen (V. 1). Anstelle des Namens Geron steht in der Einheitsübersetzung »einen alten Athener«; es besteht innerhalb der Forschung keine Einigkeit darüber, ob 2 Makk 6,1 den Namen des königlichen Kommisars überliefert und das griechische Wort ›geronta‹ mit dem Eigennamen ›Geron‹ zu übersetzen ist oder aber, wie die Einheitsübersetzung sich entscheidet, als Adjektiv wiederzugeben ist und dann ›alt‹ bedeutet. Die besondere Vorliebe des Autors von 2 Makk für die Nennung von Eigennamen wie sie u.a. in 2 Makk 5,22f begegnet scheint meines Erachtens eher dafür zu sprechen, in V. 1 an die Verwendung des Eigennamens zu denken.

Drei gewichtige Punkte umfaßte das Religionsverbot: Der Jerusalemer Tempel wurde dem Gott Zeus geweiht (V. 1), die Einhaltung der Sabbate und Festtage, die Ausübung der jüdischen Religion und das Bekenntnis zu ihr waren verboten (V. 6), die Juden wurden dazu verpflichtet, an der heidnischen Opferpraxis teilzunehmen (V. 7) – die Nichteinhaltung wurde mit dem Tode bestraft (V. 9). Die Durchsetzung des Religionsverbots wurde zügig vorangetrieben. VV. 4-5 berichten ausführlich von der Schändung des Tempels durch griechische Mahlgelage, bei denen zwecks Unterhaltung Prostituierte anwesend waren. Das, womit der Brandopferaltar besudelt wurde, war u.a. das Fleisch von Schweinen, Pferden, Eseln, Panthern, Füchsen und Hasen, die aus der Sicht der Juden unrein waren (vgl. Lev 11,1-47). Was für die Juden in Jerusalem galt, sollte auch für die Juden in anderen griechischen Städten gelten, so daß sich das Verbot der Religion auf ganz Judäa bezog. Die Initiative für die Ausweitung des Religionsverbots läßt die Einheitsübersetzung auf die Bewohner von Ptolemais zurückgehen. Genausogut ließe sich im griechischen Text der Eigenname Ptolemaios lesen. Besagter Ptolemäus wird bereits in 4,45 und später in 8,8 genannt. Er ist Befehlshaber von Koilesyrien und Phönizien. Mit ähnlicher Begründung wie in V. 1 bei ›Geron‹ ist auch hier meines Erachtens dem Eigennamen der Vorzug zu geben.

Die Konsequenz der in V. 9 formulierten Drohung zeigen die folgenden VV. 10-11: zwei kurze Märtyrerberichte illustrieren die Grausamkeit der Verfolgungen. In 1 Makk 1,60f; 2,29-38 finden sich Parallelberichte zu den Martyrien aus 2 Makk, so daß wir für alle Textstellen eine gemeinsame Überlieferung vermuten dürfen. 2 Makk 6,10 und 1 Makk 1,60f berichten von jüdischen Frauen, die ihre Söhne gegen die seleukidische Anordnung haben beschneiden lassen. Anders als 1 Makk gibt 2 Makk die Zahl der Frauen mit zwei an und berichtet darüber hinaus auch über die Todesart, den Sturz von der Mauer. In 1 Makk wurden die Kinder ihren Müttern an den Hals gehängt, in 2 Makk an die Brüste. Der Verweis auf die Stadt (V. 10b) läßt vermuten, daß die Exekution in Jerusalem stattfand. Aus anderen Quellen wissen wir, daß der Mauersturz eine Hinrichtungsart speziell für Frauen war.

Direkt im Anschluß berichtet 2 Makk 6,11 vom Martyrium einer Gruppe von Juden, die sich in einer Höhle versteckt hatten, um den Sabbat zu begehen. Gegenüber dem Bericht in 1 Makk 2,29-38 ist 2 Makk sehr knapp, bietet aber interessante Details: Mit dem Hinweis auf das Verbrennen wird die Todesart genannt; Philippus, der von Antiochus IV. eingesetzte Befehlshaber in Jerusalem, wird als verantwortlich für die Tötung gezeichnet. 1 Makk hingegen legt den Schwerpunkt auf die Betonung der Weigerung der Juden, sich am Sabbat zu verteidigen, um vor diesem Hintergrund die Entscheidung des Mattatias plausibel zu machen, am Sabbat zu kämpfen (1 Makk 2,39-41). Aus diesem Grund stehen die beiden Märtyrerberichte in 1 Makk nicht zusammen, sondern werden unterbrochen durch den Bericht über den Aufstand des Mattatias (1 Makk 2,1.28), weil die Aussageintention der gesamten Perikope

1 Makk 29-41 ohne vorab erfolgte Nennung des Mattatias nicht zu erzielen gewesen wäre.

7. *6,12-17* Reflexion des Epitomators

Warum läßt Gott es zu, daß einzelne Gesetzestreue den Märtyrertod erleiden? Zur Beantwortung dieser Frage, die nach Meinung des Epitomator seine Leser bewegen *muß*, wenn sie das Vorangehende intensiv gelesen haben, schiebt er eine geschichtstheologische Reflexion des Leidens ein, die das Verhalten Gottes erläutern soll. Folgende Grundaussagen werden in den VV. 12-17 gemacht:

1. Der Epitomator nimmt die Konzeption des Erziehungsleidens auf: Leiden geschieht zur Erziehung des Volkes (VV. 12.16). Dabei greift er zurück auf eine Traditionslinie, die aus dem Bereich des weisheitlichen Schrifttums stammt, so z.B. Weish 11,9f; 12,2.22.

2. Gott ist der gerechte Richter, der die Sünder nach ihren Taten bestraft. Dabei räumt er den Israeliten die Chance ein, die Strafe ›rechtzeitig‹ zu erleiden, um durch das Leiden zu Gerechten zu werden (V. 13). So entgehen sie dem endgültigen Vernichtungsgericht, das die anderen Völker mit voller Härte treffen wird (V. 14).

3. Gott ist ein barmherziger Gott, der sein auserwähltes Volk nicht im Stich läßt (VV. 13.16). Die Bestrafung Israels, nämlich Verfolgung und Tod durch die Seleukiden, wird als kurzfristige erzieherische Maßnahme interpretiert. Das Erziehungsleiden hat nämlich nur dann Sinn, wenn berechtigte Hoffnung auf Gottes Erbarmen besteht. Diese Hoffnung beinhaltet zwei Aspekte, zum einen den Willen Gottes, Israel zu retten, zum anderen die Bereitschaft des Sünders umzukehren.

Die theologischen Erläuterung des Epitomators haben an dieser Stelle ihren rechten Ort. So wird die Unbarmherzigkeit der Aussagen in den VV. 10-11 gemildert und die nachfolgenden Märtyrerberichte über das Martyrium des Eleasar (6,18-31) und das der sieben Brüder und ihrer Mutter (7,1-42) vorbereitet.

8. *6,18-31* Das Martyrium des Eleasar

Die Berichte über die Martyrien des Eleasar und der sieben Brüder und ihrer Mutter (7,1-42) sind Beispiele für das Leiden von Gesetzestreuen. In beiden Erzählungen führt die Weigerung, Schweinefleisch zu essen, zum Martyrium. Jeder gesetzestreue Jude wußte, daß er die Reinheitsgebote der Tora brach (vgl. Lev 11,7; Dtn 14,18), wenn er Schweinefleisch aß. Daß ein solcher Gesetzesbruch keineswegs als Bagatelle aufgefaßt, sondern als Abfall vom Glauben und Preisgabe der Erwählung gewertet wurde, zeigen die Berichte über Eleasar, die sieben Brüder und ihre Mutter, die lieber den gewaltsamen Tod erleiden, als hier Kompromisse zu machen.

2 Makk 6,18-31 ist ein durch und durch hellenisierter Märtyrerbericht. Viele Wendungen lassen die hellenistische Sprach- und Vorstellungswelt durchschimmern: »edle Gesichtszüge« (V. 18), »edler Entschluß« (V. 23), »zur Unterwelt (= Hades) schicken« (V. 23), »leuchtendes Beispiel« (V. 18), »mutig und mit Haltung ...eines schönen Todes« sterben (V. 23), »edle Gesinnung« (V. 31), »Denkmal der Tugend« (V. 31). Die Gesetzestreue des Eleasar wird vor allem unter dem Aspekt seiner Würdigkeit, Vortrefflichkeit und Tapferkeit gesehen, der Zweck seines Martyriums liegt darin, der Jugend ein »leuchtendes Beispiel, wie man mutig und mit Haltung für die ehrwürdigen und heiligen Gesetze eines schönen Todes stirbt«, zu hinterlassen (V. 28).

Griechisch gebildete Leser fühlten sich bei diesem Martyriumsbericht an den Bericht über den Tod des Sokrates erinnert, wie er in den platonischen Schriften überliefert ist. Es lassen sich tatsächlich einige Ähnlichkeiten beobachten. Sowohl Sokrates als auch Eleasar sind bereits alte Männer, als ihnen ihre Hinrichtung droht, und beide betrachten die noch wenigen verbleibenden Jahre als etwas, wovon man sich leicht trennen kann (VV. 18.23-25.27; Plato, Apologie 38c). Die Möglichkeit, der Hinrichtung zu entgehen, wird abgelehnt (VV. 21-28; Plato, Apologie 36b-38b), lieber wählt man den Weg in den Hades hinab, als das Gesetz zu mißachten (V. 23; Plato, Criton 54b-d). Beide sind der Überzeugung, daß es zwar möglich ist, sich der menschlichen Bestrafung zu entziehen, nicht jedoch der göttlichen (V. 26; Platon, Apologie 39a-b). In beiden Fällen fühlen sich die Peiniger durch die Reden der Angeklagten verletzt und betreiben die Vollstreckung des Todesurteils (V. 29; Platon, Apologie 38c). Sokrates und Eleasar sterben als leuchtende Beispiele für die Nachwelt (V. 31; Platon, Phaidon 118 Ende).

Im Bericht über das Martyrium des Eleasar scheint aber auch die weisheitliche Konzeption des Erziehungsleidens durch. Hierher gehört die Betonung, daß der Tod Eleasars weder schön noch schmerzfrei war (V. 31). Er wird zu Tode geprügelt, er stöhnt, sein Körper leidet qualvoll unter den Schlägen. Allein seine Gottesfurcht läßt ihn die Pein ertragen, denn er weiß, daß den Gesetzesübertreter auch jenseits des Todes das gerechte Gericht Gottes erwartet (V. 26). Die Ehrfurcht vor Gott, der tragende Grund in seinem Leben, bleibt auch das Fundament bis in den Tod. Damit unterstellt sich Eleasar ganz der Allmacht Gottes und macht so deutlich, daß in Grenzsituationen, wo es um Leben oder Tod geht, menschliche Entscheidungskriterien nicht mehr zählen, sondern allein der Wille Gottes.

So sehr Eleasar als leidender Gerechter und Beispiel für Gesetzestreue hervorgehoben wird, so sehr stellt der Autor auf der anderen Seite die Gruppe an den Pranger, die sich durch ihre Kumpanei mit den Seleukiden besonders hervorgetan hat, die radikalen Hellenisten in Jerusalem. Die Peiniger des Eleasar sind jene, die er von früher her kannte (V. 21). Sie sind derart verhärtet, daß sie sein freiwilliges Martyrium nicht als Infragestellung ihrers eigenen Verhaltens begreifen. Deshalb die in V. 29 berichtete harsche Reaktion.

9. *7,1-42* Das Martyrium der sieben Brüder und ihrer Mutter

Auch im Bericht über das Martyrium der sieben Brüder und ihrer Mutter ist der Anlaß für das Martyrium das Festhalten an den Reinheitsvorschriften der Tora und die entsprechende Weigerung, Schweinefleisch zu essen. Zwar finden sich in 2 Makk 7 – wie in 2 Makk 6, wenn auch ausführlicher – Motive jüdischer *Märtyrererzählungen*, u.a. die Betonung der Standfestigkeit trotz massiver Folter, die gegenseitige Ermutigung zum Durchhalten, das Festhalten an der Treue zu Gott, die Gegenüberstellung von irdischem und himmlischem König, die Androhung des Gottesgerichts für die Peiniger, die Deutung des Leidens als Strafe für die eigenen Sünden. Durch die an Länge zunehmenden Monologe der Brüder, durch die der Erzählablauf zerdehnt wird, verlagert sich aber der Akzent der Geschichte von der für Märtyrerberichte typischen Betonung des Festhaltens am Gesetz immer mehr hin zu einer Art *Lehrerzählung*, für die das Martyrium zum Aufhänger für die Entfaltung einer Lehre von der Auferstehung wird.

Die Kombination von jüdischem Märtyrerbericht und Lehrerzählung ist jedoch ähnlich wie 2 Makk 6,18-31 hellenistisch stilisiert, was u.a. an der gattungsmäßigen Verwandtschaft mit hellenistischen Literaturformen zu erkennen ist. Ein Blick auf hellenistische Vergleichstexte zeigt, daß sich 2 Makk 7 an heidnische Märtyrerakten anlehnt, in denen sich z.B. der Philosoph als unbeugsamer Widerpart des Tyrannen zeigt oder in denen vom exitus illustrium virorum (Tod berühmter Männer) berichtet wird. Konstitutive Elemente dieser hellenistischen Märtyrerberichte sind die mutige Sterbebereitschaft, die Verhöhnung des Tyrannen, die Androhung des Endes des Gottesfeindes und die Hoffnung auf Todesüberwindung in einer jenseitigen Welt sind.

2 Makk ist somit eine Mischform, bestehend aus jüdischer Märtyrer- und Lehrerzählung, durchsetzt mit literarischen Elementen heidnisch-hellenistischer Märtyrerberichte.

Gegenüber der Erzählung vom Martyrium des Eleasar weist der zweite Bericht einige Besonderheiten auf. Während mit Eleasar der Gefolterte und Getötete einen Namen hat und dadurch in der Vorstellung zu einer konkreten Person wird, bleiben die sieben Brüder und ihre Mutter namentlich ungenannt. Die Figuren wirken hier unpersönlicher, stilisierter.

Die Peiniger des Eleasar waren die jüdischen Hellenisten, gegen sie richtet sich das Martyrium des Eleasar. Durch seinen freiwillig auf sich genommenen Tod stellte er sie in ihrem gesetzlosen Verhalten bloß. Der Peiniger der sieben Brüder und ihrer Mutter ist Antiochus IV; die Erzählung stilisiert ihn zur Ausgeburt des Bösen.

Was aber Kap. 7 gegenüber 6,18-31 besonders unterscheidet, ist die Entfaltung einer Lehre von der Auferstehung, die einhergeht mit der Androhung des Gerichts für den Gottlosen.

Die Entwicklung der frühjüdischen Auferstehungsvorstellung

In 2 Makk 7 begegnen wir einer Vorstellung, die im Frühjudentum erst eine kurze Tradition hat. Die hebräische Bibel spricht nur in zwei relativ jungen Texten von einer individuellen Auferstehungshoffnung, in Jes 26,7-21 und Dan 12,1-3.13, wobei der Danieltext aufgrund seiner zeitlichen Nähe zum Makkabäerbuch von besonderem Interesse ist. Welche Grunderfahrungen trugen zum Entstehen der Auferstehungshoffnung bei? Sicherlich nicht die Sehnsucht der Menschen nach einer Verlängerung ihres irdischen Lebens ins Unendliche, sondern die Erfahrungen der Bedrängnis, der Verfolgung, des Scheiterns, des gewaltsamen Todes derjenigen, die an Gott festhielten, einerseits und andererseits die Beobachtung, daß die Unterdrücker, Gewalttäter, Mörder und Gottlosen ein sorgenfreies und üppiges Leben führen konnten. Wo blieb da der Gott Israels, der seinem Volk am Sinai seine Treue verheißen hatte? Wurde nicht die Zusage seiner Treue von den Gewalttätern widerlegt, die mit seinem Volk machten, was sie wollten – bis hin zur Tötung? Nein, heißt die Antwort. Gott bleibt seinem Volk treu, und zwar über den Tod hinaus, weil er derjenige ist, der die Macht über den Tod hat und die Toten zum Leben auferwecken wird. Die Gottlosen werden ihrer endgültigen Bestrafung zugeführt, wie u.a. 2 Makk und spätere Texte zeigen, doch geht es dabei nicht um Vergeltung als solche, sondern um den Gerechtigkeitserweis Gottes, an dem gegen den faktischen Augenschein festgehalten wird. 2 Makk 7 bietet dafür ein eindrückliches Beispiel: Als weltlicher Herrscher eines Großimperiums hat Antiochus IV. die Macht, Menschen, die sich seinen Befehlen widersetzen und sich stattdessen auf die Gebote Gottes berufen, zu töten. Diese Macht scheint Gott ins Unrecht zu setzen. Es hat den Anschein, als würde mit der Tötung der jüdischen Märtyrer auch Gott getötet. Dem wird die Ausage von der Auferstehung der Getöteten entgegengesetzt, und damit wird klar, daß die göttliche Macht und nicht die weltliche das letzte Sagen hat und Gott das Tun der Märtyrer über ihren Tod hinaus ins Recht setzen wird durch die Auferweckung.

Zur Entwicklung einer einheitlichen systematisch-eschatologischen Lehre kommt es im hellenistisch-römischen Zeitalter nicht, doch lassen sich gerade in Schriften wie 4 Esra, der syrischen Baruchapokalypse, bei Pseudo-Philo, Liber Antiquitatum Biblicarum, aber auch in der Offenbarung des Johannes, die nach der Zerstörung des Jerusalemer Tempels durch die Römer 70 n.Chr. entstanden sind, Tendenzen zur Vereinheitlichung von Auferstehungsvorstellungen beobachten, die dann im rabbinischen Judentum weiterentwickelt wurden.

Im hellenistisch-römischen Zeitalter finden sich aber schon einander ähnliche Auferstehungsvorstellungen in bestimmten Schriftgruppen wieder. Zwei Großgruppen lassen sich dabei nennen: Schriften, die der hasidäischen Denkweise nahestehen – dazu gehören Texte der Apokalyptiker, der Essener und der pharisäischen Richtung –, und Schriften des griechisch sprechenden Diasporajudentums – 2 Makk, 4 Makk, Philo und die Weisheit Salomos zählen u.a. dazu –, doch ist eine feinsäuberliche Trennung der beiden Großgruppen – allein aufgrund des Fehlens einer systematisch-eschatologischen Lehre – nicht möglich, dies zeigt das Beispiel von 2 Makk.

Häufig begegnen in den hasidäisch geprägten Schriften folgende Vorstellungen: So verschieden die Ansichten sind, die z.B. die Frage des Zeitpunktes der Auferstehung – direkt nach dem Tod (vgl. TestAss 6,5f) oder in der Endzeit (vgl. Dan 12,13; äthHen 51,1-4) – betreffen, so findet sich doch durchgehend der Glaube an eine jenseitige und endgültige Vergeltung. Dieser kommt in verschiedenen Aspekten zum Ausdruck: Die Auferstehung der Gerechten und Bösen zum Gericht beschreiben Dan 12,2, die Bilderreden des äthHen (z.B. äthHen 51,1-3a) und TestBen 10,8. Die Terminologie von TestBen ist geprägt von Dan 12,2, doch wird statt von Auferstehung zum ›ewigen Leben‹ in TestBen von der Auferstehung zur ›Herrlichkeit‹ gesprochen. Deutlicher als in Dan kommt hier die Verwandlung des Verstorbenen in eine andere Existenz zum Ausdruck. In 2 Makk 12,43-45, aber auch in den pharisäisch geprägten Psalmen Salomos, so PsSal 15,12f, wird eine Auferstehung der Gerechten und der Sünder zum Gericht angedeutet. Des weiteren gibt es die Vorstellung der reinen Heilsauferstehung der Gerechten, die die Sünder zur Strafe ausschließt (2 Makk 7; äthHen 63,10). Während die hasidäisch geprägten Texte schwerpunktmäßig von einer leiblichen Auferstehung sprechen, schlägt sich in Texten der griechisch sprechenden jüdischen Diaspora die vom platonischen Denken geprägte dichotomische Anthropologie nieder, die eine Weiterexistenz der Seele über den Tod hinaus, sei es zum Heil, sei es zur endgültigen Strafe, annimmt, aber nicht von einer Auferstehung der Toten spricht. Beispiele dafür sind 4 Makk, SapSal und Philo. Daneben gibt es in der jüdischen Diaspora aber Texte, die nachhaltig vom jüdisch-palästinensischen Denken geprägt sind. Dort finden wir dann auch die Vorstellung von der leiblichen Auferstehung. So läßt sich für die Eschatologie der Sibyllinischen Orakel jüdisch-palästinensischer Einfluß nachweisen. Die Sibyllinischen Orakel, ein alexandrinisch-jüdisches Dokument, formulieren einen Auferstehungsglauben, eine leibliche Auferstehung zum Gericht über Gute und Böse. Zwar gibt es daneben Aussagen über die Unsterblichkeit des Geistes, doch ist dies nur Hinweis darauf, daß es noch keine festgeprägte Lehre von der Auferstehung gab und die Übergänge zwischen den verschiedenen Vorstellungswelten fließend war.

LITERATUR: *H.C. Cavallin*, Leben nach dem Tode im Spätjudentum und im frühen Christentum. I. Spätjudentum, in: Aufstieg und Niedergang der römischen Welt II. Principat 19.1, 240-345; *U. Kellermann*, Auferstanden in den Himmel. 2 Makkabäer 7 und die Auferstehung der Märtyrer (SBS 95), Stuttgart 1979; *F. Nötscher*, Altorientalischer und alttestamentlicher Auferstehungsglauben, Darmstadt 1980; *K. Wengst*, Ostern. Ein wirkliches Gleichnis, eine wahre Geschichte (Kaiser-Taschenbücher 97), München 1991.

Die Erzählung 2 Makk 7 ist stark schematisiert. In der Schilderung des Handlungsablaufs wiederholt sich zunehmend das Vokabular, so daß das erzählerische Korsett einen schematischen Charakter erhält. Das Geschehen selbst wird immer knapper berichtet, die anfänglich sehr ausführlich beschriebenen Foltermethoden treten zurück und machen Platz für die sich ausweitenden Monologe der Märtyrer. Folgendes Erzählschema läßt sich beobachten: Alle *sieben* Söhnen erleiden das Martyrium um des Gesetzes willen (VV. 2.7-8.11.13.15.18.30). Beim *zweiten, dritten* und *vierten* Sohn wird die Hoffnung auf Auferstehung als Antwort Gottes auf ihr gewaltsames Sterben formuliert, die Ausführungen des *vierten, fünften* und *sechsten* Sohnes betreffen dagegen die Androhung der Bestrafung des Antiochus (VV. 14b.17.19); beim *vierten* Sohn gibt es also eine Schnittstelle, an der zwei gewichtige Aussagen des Märtyrerberichts zusammen genannt werden, die Gerichtandrohung an den König und die Hoffnung auf Auferstehung der Märtyrer. Darüber hinaus bieten die Monologe der Brüder aber auch jeweils Besonderes:

Im Angesicht des qualvollen Todes ihres *ersten* Sohnes und Bruders sprechen sich Mutter und Brüder Trost zu (V. 6), indem sie einen Vers aus dem Moselied Dtn 32 sprechen (V. 36) und so die Hoffnung auf das Erbarmen Gottes äußern. Das Moselied handelt von der Bestrafung des sündigen Israel durch die Heiden, dem neuen Erbarmen Gottes und der göttlichen Strafe für die Heiden und bildet damit auch einen Interpretationsrahmen für die Märtyrerberichte.

Die beim *zweiten* Sohn erstmalig ausgesprochene Hoffnung auf Auferstehung kann vor dem Hintergrund der Zitation des Moselieds in V. 6 als Konkretisierung und Eschatologisierung des dort angesprochenen Erbarmens Gottes angesehen werden.

Die Ausführungen des *fünften* Sohnes betreffen die Zukunft des jüdischen Volkes (V. 16b), und der *sechste* Sohn betont die Auffassung vom Martyrium als Strafe für die eigene Sündhaftigkeit (V. 18).

Die *Mutter* und der *siebte* Sohn sind die eigentlich zentralen Figuren der Erzählung; bei ihnen sind die Monologe besonders breit gestaltet. Die *Mutter* tritt auf als die große Lehrerin; sie bringt die theologischen Argumente für das Bekenntnis der Söhne zur Auferstehung und drückt in ihrem gesamten Verhalten ihre abgrundtiefe Mißachtung der staatlichen Autorität, personifiziert in Antiochus IV., aus (VV. 20-29). Ihr Tod wird zur Nebensache und in V. 41 nur kurz erwähnt.

Im *siebten* Sohn bündeln sich vorher noch einmal alle bisher gemachten Aussagen: Antiochus wird das Gottesgericht angekündigt (VV. 31.34.35.36b.37b), das Martyrium wird als Strafe für die eigene Sündhaftigkeit angesehen (VV. 32.33). Damit einher geht die hier noch einmal aufgegriffene Vorstellung vom Erziehungsleiden (V. 33), wie wir sie aus den Ausführungen des Epitomators 6,12-17 kennen. Vermutlich handelt es sich in V. 33 um einen Eintrag des Epitomators. Die Hoffnung auf Auferstehung wird formuliert

(V. 36), und auch die Situation des Volkes bleibt im Blick, wenn der siebte Sohn um Gnade für Israel bittet (V. 37). Darüber hinaus aber wird in den VV. 37-38 ein neuer Aspekt eingetragen, der des stellvertetenden Leidens, wodurch das Martyrium eine weitere, größere Dimension erhält.

Für die Auswertung von Kap. 7 ergibt sich also folgendes Bild: Bei den Berichten über die Martyrien der ersten sechs Brüder werden fast alle wichtigen Aussagen gemacht:

- Um der Einhaltung der Tora willen wird der Märtyrertod in Kauf genommen,
- das Martyrium wird als Strafe für begangene Sünden gedeutet,
- mit dem Tod verbindet sich die Hoffnung auf die Auferweckung zum ewigen Leben,
- dem Gottlosen wird das Gottesgericht prophezeit.

Aber erst mit dem Monolog der Mutter und dem ausführlichen Bericht über das Martyrium des siebten Sohnes bekommt die Erzählung ihr eigentlich theologisches Gewicht. Die Argumentation der Mutter bietet die theologische Grundlage für das Bekenntnis der Söhne zur Auferstehung. Geliefert wird uns diese Argumentation in doppelter Ausfertigung, VV. 22-23.27-29. In einem ersten Argumentationsgang VV. 22-23 fragt die Mutter nach dem Urstoff, der Entstehung und dem Schöpfer des Lebens. Hier wird schöpfungstheologisch argumentiert. Die verwandte Terminologie und die Vorstellungswelt sind aber nahezu philosophischer Natur. Ein Blick auf V. 21 legt die Vermutung nahe, bei der Unterscheidung zwischen männlichen und weiblichen Attributen an die Stoa zu denken, die ähnliche Aufteilungen kennt. Die schöpfungstheologische Erörterung wird im zweiten Argumentationsgang VV. 27-29 erneut aufgegriffen, die Antwort darauf noch pointierter formuliert als in V. 23: Die vorfindliche Welt und alle Lebewesen, die auf ihr leben, sind Resultat der göttlichen Schöpfung aus dem Nichts. Dieses Wissen nimmt die Angst vor dem Tod. Denn wer Gott zutraut, alles aus dem Nichts geschaffen zu haben, der traut ihm auch die Neuschöpfung aus dem Tod zu. Eine ähnliche Parallelisierung von Totenauferweckung und Schöpfung findet sich in Röm 4,17. Wie bei 2 Makk 7,28 liegt auch dort der Aussagegehalt nicht auf dem Geschehen der Weltschöpfung als solcher, sondern auf der stets präsenten Schöpferkraft Gottes, die Grundlage für den

Glauben an Gottes lebenschaffendes Tun ist. Gegenüber dem irdischen, vergänglichen Leben bedeutet die Tat Gottes Auferweckung zum neuen, ewigen Leben. Dabei wird Leben ganz materialistisch gesehen. Es geht nicht um eine irgendwie geartete geistige Weiterexistenz nach dem Tod, sondern ganz konkret um die leibliche Auferstehung, die in Vorstellungen wie der von der Wiederherstellung der körperlichen Unversehrtheit (V. 11) oder der vom Wiedervereintsein zur »Zeit der Gnade« (V. 29) zum Ausdruck kommen. In 2 Makk 7,28 begegnet erstmalig die Vorstellung von der creatio ex nihilo als griechisch-philosophische Interpretation von Gen 1,1-3. Seitdem findet sie sich häufig in jüdischer, hellenistischer und rabbinischer Lehrtradition.

Anlaß für die erneute Argumentation war das Anliegen des Antiochus, den letzten der sieben Brüder mittels der Mutter zum Gesetzesabfall zu bewegen. Nur zum Schein geht sie auf die Forderung des Königs ein. Allein schon die Tatsache, daß sie Aramäisch zu ihrem Sohn spricht (V. 27), zeigt, daß eine Grenze gezogen wird. Diese ist sprachlicher Natur, Antiochus spricht kein Aramäisch; sie trennt aber auch verschiedene Vorstellungswelten voneinander. Antiochus kann und soll wohl auch kein Verständnis dafür aufbringen, warum alle zum Martyrium bereit sind. Letztlich wird hier also auch eine Trennung zwischen dem Bereich der göttlichen Macht und dem der weltlichen Macht vorgenommen.

Eine genauere Durchsicht der Märtyrererzählung macht deutlich, daß der Gegensatz ›weltliche Macht – göttliche Macht‹ ein beherrschendes Thema ist. Antiochus hat die Macht, Menschen, die sich seinen Befehlen widersetzen, bestialisch umzubringen. Diese Macht scheint Gott selbst ins Unrecht zu setzen, unter Berufung auf dessen Gebot die Märtyrer den Befehl des Königs mißachten. Doch gegen diese offensichtliche, faktische, praktizierte Macht lehnen sich die Märtyrer auf. Sie verhöhnen den Antiochus und drohen ihm das Gericht Gottes an (VV. 9.14.16f.19.27.31.34.35.36.37). Mit ihrem Widerstand artikuliert sich zugleich ihr Zeugnis für die Treue Gottes. Im Angesicht des unmittelbar bevorstehenden Todes sprechen sie von der Auferstehung. Mit der Hinrichtung der Märtyrer hat nicht die weltliche Macht obsiegt. Die Auferstehung wird die Antwort Gottes auf das an den Gerechten begangene Unrecht sein. Gott läßt nicht zu, daß sie durch den gewaltsamen Tod ins Unrecht gesetzt werden, vielmehr wird er sie über den Tod hinaus durch die Auferstehung ins Recht setzen. Die Macht der Mächtigen wird gebrochen durch die Ohnmacht der Gefolterten, und darin erweist sich, daß Gott der Herr ist – eine Interpretation, die auch für die Deutung des Todes Jesu Relevanz hat.

In einem Punkt geht der Monolog des siebten Sohnes über das bisher Gesagte hinaus. In den VV. 37-38 scheint eine weitere Deutekategorie, die des leidenden Gerechten, auf. Zwar betont der Text, daß die Märtyrer um ihrer eigenen Sünden willen leiden, also nicht stellvertretend als Sündlose für die Sünden anderer, zwar ist also offensichtlich, daß das Leiden der Märtyrer zur Tilgung ihrer eigenen Sünden dient, doch deutet sich der Gedanke des stellvertretenden Leidens dort an, wo der jüngste Bruder in V. 37f Fürbitte für Israel hält. Obwohl 2 Makk 7 gerade aufgrund der hellenistischen Stilisierung nicht ohne weiteres mit den Liedern vom leidenden Gottesknecht in Jes 52,13 – 53,12 verglichen werden kann, gibt es gewisse Berührungspunkte mit dieser Tradition, so z.B. in der Selbstbezeichnung der Märtyrer als »seine Diener/Knechte« (V. 33), im Gegenüber von Gottlosem und leidendem Gerechten, insbesondere aber darin, daß im Leiden die Hoffnung auf die (endzeitliche) Aufhebung des Leidens ausgesprochen wird. Allerdings geht es nicht an, in 2 Makk 7,37f (neben Jes 52,13 – 53,12) den ältesten und einzigen vorchristlichen Beleg für die Vorstellung des stellvertretenden Sühnetodes und der Sühnkraft des Martyriums anzusehen, der zu *dem* hermeneutischen Kriterium für das urchristliche Verständnis des Todes Jesu geworden wäre. Denn zum einen ist der Gedanke der Stellvertretung hier nur angedeutet, zum anderen gehört 2 Makk 7 nicht in die Tradition der kultischen Sühne. Es fehlt jegliche Opferterminologie und auch das Blutmotiv. Vielmehr weisen die Stichworte, mit denen die Frucht des Märtyrertods angedeutet wird, in den Bereich der Gebetsfrömmigkeit. 2 Makk 7 stellt also die Fürbitte der Märtyrer in den Mittelpunkt. Diese bringt die geschichtliche Wende für das unterdrückte Volk und ermöglicht die Hineinnahme in ein heiles Gottesverhältnis. Gott gewährt auf die Fürbitte hin Sühne. Auch im Neuen Testament findet sich das Motiv der Fürbitte. Im lukanischen Doppelwerk wird das Sterben Jesu als Tod des Gottesknechts interpretiert, doch ohne Verwendung juristischer oder kultischer Sühneterminologie. Dafür wird umso stärker der Aspekt der Fürbitte betont. Innerhalb der Passionsgeschichte begegnet die Fürbitte Jesu für den im Glauben versagenden Petrus (Lk 22,32) sowie für Jesu Feinde (Lk 23,34). Die Antwort Jesu auf die Bitte des mitgekreuzigten Verbrechers »Jesus, denk an mich, wenn du in dein Reich kommst« (Lk 23,42) setzt die Möglichkeit der Fürbitte des Märtyrers voraus. Im »Amen, ich sage dir: Heute noch wirst du mit mir im Paradies sein« (Lk 23,43) ermöglicht die Fürbitte des Märtyrers Jesus dem Mitgekreuzigten in der Stunde seines Sterbens Sühne und öffnet somit den Weg zum Heil.

Die Martyrien nehmen innerhalb des 2 Makk einen breiten Raum ein, und darin scheint eine besondere Absicht zu liegen. Zur Erhellung dieser Absicht ist es allerdings unerheblich, ob die Märtyrererzählungen ursprünglich zum Werk des Jason gehörten oder einer jüngeren Überlieferungsschicht zuzurechnen sind. Viel wichtiger ist, daß sie in der uns vorliegenden Fassung des 2 Makk für die Geschichtsentwicklung eine entscheidende Funktion haben. Das Leiden der Märtyrer steht nämlich an der Wende zum Heil. Kompositorisch wird es mit den Siegen des Judas Makkabäus verbunden. Es zeigt sich, daß der Freiheitskampf der Makkabäer nur deshalb erfolgreich ist, weil sich nach dem Tod der Märtyrer der Zorn Gottes, von dem 7,37f spricht, in Erbarmen wandelt, vgl. 8,3. So bezieht sich auch die Bitte der Aufständischen in 8,3, daß Gott auf das »unschuldig vergossene Blut hören« möge, auf die vorangehenden Martyriumsberichte. Und die Bitte der Freiheitskämpfer um das Erbarmen Gottes knüpft an die der Märtyrer an, die durch ihren Tod die Erfüllung der Bitte erhofften. Judas Makkabäus bringt demnach nur noch äußerlich zur Geltung, was bereits durch die Fürbitte der Märtyrer erreicht wurde, die politische Wende, die Wende zum Heil für Israel. Die Sichtweise des Judas Makkabäus unterscheidet sich hier von der im 1 Makk. Nach 1 Makk 3,8 ist es nämlich eindeutig Judas Makkabäus, der die Wende bewirkt!

2 Makk 7,42 schließt das Kapitel ab, gehört aber zum eigentlichen Martyriumsbericht nicht mehr dazu. Es handelt sich nämlich um eine Schlußnotiz des Epitomators, mit der er die Bericht über die Entweihung des Tempels, die Ausbreitung der Gesetzlosigkeit, die Verfolgung und die Martyrien beendet.

2 Makk 7 ist der einzige Text aus den Makkabäerbüchern, der in der Liturgie der Kirche zur Sprache kommt. Dabei kommt nicht das gesamte Kapitel zum Vortrag, sondern ausgewählte Verse: *2 Makk 7,1-2.9-14 ist Lesungstext am 32.Sonntag i.J.* Waren die in den Makkabäerbüchern geschilderten Martyrien der eigentliche Anlaß zur Aufnahme der beiden Bücher in den biblischen Kanon, so präzisiert die Auswahl der Verse aus dem 7. Kapitel die Bedeutung, die die Makkbäerbücher für den Christen haben. Eine kurze Schilderung von Situation und Anlaß für die Martyrien bieten die VV. 1-2. Die VV. 9-14 aber betonen das Festhalten der Märtyrer am Glauben trotz der ihnen widerfahrenen Folter, das deshalb möglich ist, weil sie auf die Auferweckung hoffen. Die Märtyrer haben demnach Vorbildcharakter für die Standfestigkeit im Glauben. (Zum Martyrium im jüdischen Selbstverständnis vgl. bes. *V. Lenzen*, Leben und Sterben im Namen Gottes. Studien über die Heiligung des göttlichen Namens [Kiddusch HaSchem], München 1995.)

10. *8,1-7* Der Beginn des Aufstands

Jetzt erst, ungefähr auf der Hälfte des 2 Makk, wird von dem Beginn des makkabäischen Aufstandes gegen die Seleukiden berichtet – 1 Makk setzte schon im zweiten Kapitel damit ein. 8,1 schließt an 5,27 an, doch bedurfte es zum theologisch rechten Verständnis der Makkabäererhebung der zwischengeschalteten Märtyrerberichte.

Die Gruppe der Aufständischen war relativ klein, doch setzte sie sich aus Personen zusammen, auf die Verlaß war, aus Verwandten des Judas und gesetzetreuen Juden (V. 1). Wir hatten bereits bei der vorangehenden Kommentierung des 7. Kapitels bemerkt, daß es eine kompositorische Verknüpfung von Märtyrerleiden und Siegen des Judas gibt. Das Gebet in den VV. 2-4 legt noch einmal nahe, daß das Blut der Märtyrer und die blasphemischen Reden der Gottlosen Gott dazu gebracht haben, Judas unbesiegbar zu machen. In V. 5 wird es dann ganz deutlich: Die in 7,37 formulierte Bitte um Gnade für Israel hat sich jetzt erfüllt. Gottes Zorn ist vorbei und er hat sich seines Volkes erbarmt. Von den Erfolgen des Makkabäers wird in den VV. 5-7 nur summarisch berichtet. In 1 Makk 2,42-48; 3,10-25 werden sie ausführlicher dargestellt; es handelt sich um Racheaktionen gegen abtrünnige Juden und die Feldzüge gegen Apollonius und Seron. Beide Berichte enden mit der Feststellung, daß sich der Ruhm des Judas über die ganze Welt verbreitete (1 Makk 3,26; 2 Makk 8,7b).

11. *8,8-36* »Mit Gottes Hilfe«. Der Sieg des Judas über Nikanor

8,8-36 berichtet von der ersten größeren Schlacht des Judas gegen das seleukidische Heer. Welche historischen Hintergründe waren der Anlaß für diese kriegerische Auseinandersetzung? Im Frühjahr 165 v.Chr. war Antiochus IV. mit seinem Heer nach Osten gezogen und hatte für die Zeit seiner Abwesenheit seinen Verwandten Lysias als Reichsverweser über den westlichen Teil des Seleukidenreiches eingesetzt. Gleichzeitig oblag diesem die Erziehung von Antiochus‹ Sohn, dem späteren Antiochus V. Vor dem Hintergrund des Ziels einer Absicherung der seleukidischen Grenze nach Ägytpen hin, lag es im Interesse des Lysias, die in Judäa entstandenen Unruhen zu beseitigen. Der von ihm ernannte Statthalter von Zölesyrien, Ptolemaios Makron (V. 8), ein Kenner der seleukidisch-ägyptischen Schwierigkeiten, da er selbst lange Jahre in ägyptischen Diensten stand, bevor er die Fronten wechselte, wurde mit dieser Aufgabe betraut. Die Berichte des Kommandanten der Akra, Philippus (V. 8), mögen der Auslöser dafür gewesen sein, jetzt nun endlich militärisch gegen den Aufstand der Makkabäer vorzugehen. Mit der Leitung der Operation beauftragt wurde Nikanor (V. 9). Ihm zur Seite stand Gorgias.

Ein Blick auf den Parallelbericht in 1 Makk 3,38 – 4,25 zeigt, daß dort viel ausführlicher über die kriegerischen Handlungen berichtet wird als in 2 Makk – außerdem ist es in 1 Makk Gorgias, der den Oberbefehl hat, und Nikanor wird ihm als Hilfe beigestellt. An den historischen Einzelheiten ist 2 Makk nicht so interessiert. In dem Bericht der VV. 8-36 kommt es auf etwas ganz anderes an. Der Kampf gegen Nikanor dient nicht dem Aufweis der Kampftüchtigkeit des Judas und seiner Anhänger, sondern dem Erweis der Allmacht und Hilfe Gottes. Die kurzen Erzählungen über die Kämpfe werden mit theologischen Deutungen durchsetzt. Zunächst: Nikanor schien sich seines Sieges sicher zu sein, sonst hätte er kaum Sklavenhändler zu sich bestellt, die die gefangenen Juden zu einem für die damaligen Verhältnisse sehr niedrigen Preis kaufen sollten.

Aus dem Erlös sollten dann die noch offenen restlichen Kriegsschulden aus dem Friedensvertrag von Apamea 188 v.Chr an die Römer gezahlt werden (VV. 10-11). Doch wie V. 11b schon andeutet, konnte der Plan des Nikanor nicht aufgehen, da Gott sein Vorhaben nicht ungestraft lassen würde.

Judas und die Seinen rüsteten sich zum Kampf. Nur die, die fest auf Gott vertrauten, blieben bei der Truppe (V. 13), so daß sich bei der Entschiedungsschlacht 6.000 Juden und 20.000 Seleukiden gegenüberstanden, Zahlen, die realistischer erscheinen als die in 1 Makk 3,39 genannten. Aus dem Verkauf ihres restlichen Besitzes finanzierten die Makkabäer die Ausrüstung der Kämpfer. In einem Bittgebet rufen sie Gott um Rettung an. Dabei ist der Hinweis auf den Väterbund fast schon im Sinne einer ›Verpflichtung‹ Gottes zu werten, seinem mit Israel eingegangenen Bund treu zu bleiben. V. 15 nimmt traditionelle Formulierungen jüdischer Gebete auf, die auf Dtn 28,20; 1 Sam 12,22; Jes 43,7; Jer 14,7; Ez 36,22; Dan 9,19 und 2 Chr 7,14 basieren.

Die eigentlich theologische Zurüstung der Kämpfenden geschieht in den VV. 16-21a, wo Judas Makkabäus seinen Gefolgsleuten Mut zuspricht, indem er auf die Allmacht Gottes verweist (V. 18), an die frevelhaften Taten der Heiden erinnert (V. 17) und auf Gottes helfendes Handeln in der Geschichte Israels abhebt (VV. 10-20). Die dort angeführten Beispiele, der Kampf gegen Sanherib und die Schlacht gegen die Galater in Babylonien, lassen sich nur teilweise verifizieren. Das erste Beispiel hat die Niederlage Sanheribs vor den Mauern Jerusalems 701 v.Chr. vor Augen, 2 Kön 19,35-36; Jes 37,36-37 berichten darüber. Die Galaterschlacht läßt sich allerdings nicht genau ausfindig machen. Es gibt zwar einen Bericht über die sogenannte Elefantenschlacht, in der Antiochus I. 275 v.Chr. die Galater besiegt hat, doch nicht in Babylon, sondern bei Kaysari in Kapadozien. Mit der Unterstützung von Galatern hat Seleukus IV. 240-238 v.Chr. gegen seinen Bruder Antiochus Hierax in Babylonien Krieg geführt, aber die Berichte treffen nicht ganz genau das in V. 20 Gemeinte, so daß sich in diesem Fall keine konkrete Aussage machen läßt.

Der Sinn dieser Zurüstung erhellt sich, wenn Dtn 20,1-9 als Vergleichstext herangezogen wird. Dort nämlich werden Kriegsansprachen überliefert. In dem mehrschichtigen Traditionskörper gibt es u.a. auch eine Kriegspredigt des Priesters (VV. 2-4). Elemente, die in Dtn 20,1-9 vorhanden sind, finden sich auch im vorliegenden 8. Kapitel, allerdings müssen wir hierfür noch über die VV. 16-20 hinaus die VV. 13.21-22 hinzunehmen: In Dtn 20,1 und in 8,16 werden die Israeliten ermahnt, sich nicht vor den übermächtigen Feinden zu fürchten, da Gott mit ihnen ist bzw. sie auf die Allmacht Gottes vertrauen können (vgl. 8,18). Der Ansprache des Priesters Dtn 20,2-4 vor dem Beginn der Schlacht korrespondiert mit der Rede des Judas zu seinen Mitstreitern VV. 18-20, wobei keineswegs intendiert ist, Judas quasi priesterliche Funktion beizulegen. Mit den Parallelen aus Dtn 20,1-9 wird relativ frei umgegangen, es gibt keine sklavische Orientierung am Dtn-Text und natürlich keine literarische Abhängigkeit. Dazu durchbricht die Makkabäerpassage zu häufig das im Dtn-Text vorfindliche Schema, u.a daran zu erkennen, daß die in den VV. 19-20 gewählten Beispiele keine Parallelen in Dtn haben und die Kampfparole »Mit Gottes Hilfe« (V. 23), die aus Ps 3,9 stammt, eher eine Analogie in der Kriegsrolle aus Qumran hat, wo sie als eine der Standartenaufschriften für die aus dem Kampf zurückkommenden Söhne des Lichts fungierte (1QM 4,14). Die Entlassung der Kriegsuntauglichen Dtn 20,5-8 wird auch in 8,13 aufgegriffen; der Rückzug der Feiglinge wird in V. 13 als Zeichen mangelnden Vertrauens auf die Hilfe Gottes gewertet. Wie in Dtn 20,9 wird auch in 8,21-22 am Ende der Ansprache davon berichtet, daß die Truppenführer an die Spitze der Kämpfenden gestellt werden. Schwierigkeiten bereitet die Aufzählung der Truppenführer. Genannt werden Judas‹ Brüder Simeon, Josef, Jonatan und Eleasar. Aus 1 Makk 2,2-5 wissen wir aber, daß die fünf Brüder Johanan, Simeon, Judas, Eleasar und Jonatan hießen. Möglicherweise trug Johanan noch den Beinamen Josef, so daß sich von daher der Name Josef in V. 22 erklärt. Eleasar (V. 23) wird vermutlich später eingefügt sein, um die Fünfzahl zu komplettieren.

Eine kurze Gegenüberstellung der beiden Texte wirft ein Licht auf die theologische Einstellung des Verfassers von 2 Makk. Sie trifft sich mit dem Anliegen des Deuteronomisten, welches speziell Dtn 20,3.8 zum Ausdruck bringt, daß nämlich Mut Gottvertrauen, Furcht aber Unglauben bedeutet. Genau darum geht es auch in 2 Makk. Deshalb läßt der Verfasser Judas die Kämpfenden ermutigen, sich auf den allmächtigen Gott zu verlassen, »der unsere

Angreifer und die ganze Welt mit einem einzigen Wink vernichten kann« (V. 18).

Was Judas in seiner Ansprache ankündigte, erfüllt sich im Kampf. V. 24 berichtet vom Kampfesgeschehen kaum etwas. Wichtiger ist der Hinweis, daß dank Gottes Hilfe das Heer des Nikanor besiegt wurde. Am Sieg über Nikanor wird der Wandel vom Zorn Gottes zu seinem Erbarmen offenkundig (V. 27b), die Gnade Gottes wird hier sichtbar und erfahrbar, die Bitte der Märtyrer (7,37) ist jetzt erfüllt worden. So feiern die Makkabäer den Sabbat und preisen Gott für seine Taten (VV. 26-28), die Beute verteilen sie an Bedürftige (VV. 28.30) und halten einen Sühngottesdienst ab (V. 29).

Bevor das Schicksal des Nikanor erzählt wird, werden in den Textablauf Passagen eingeschoben, die von weiteren Kämpfen der Makkabäer gegen seleukdische Truppen berichten. Die Notizen sind äußerst knapp und über einige der in den VV. 30-33 Genannten ist nichts herauszufinden. Timotheus und Bakchides (V. 30) werden auch in 1 Makk erwähnt. 1 Makk 5,6-8 beschreibt den Sieg des Judas über die ammonistischen Truppen unter der Führung des Timotheus, in 10,24-28 erfahren wir, daß Timotheus im Kampf gegen die Truppen des Judas den Tod findet. Bakchides ist ein Feldherr des Königs Demetrius I., der gegen Judas antritt, 1 Makk 7,8-20. Phyllarches und Kallisthenes (VV. 32-33) sind ansonsten nicht bekannt. Vermutlich hat der Epitomator an dieser Stelle die Vorlage des Jason stark verkürzt.

Nikanor ereilt die göttliche Vergeltung. Das, was er den Juden antun wollte, erfährt er nun am eigenen Leib. Wie ein entlaufener Sklave muß er nach Antiochia fliehen. Ähnlich wie Heliodor (3,36-39) muß auch er die Größe Gottes verkünden (V. 36).

12. *9,1-29* Der Tod Antiochus' IV.

Antiochus IV. stirbt Ende 164 v.Chr., noch bevor es zur Wiedereinweihung des Jerusalemer Tempels kommt; dies ist gegenüber dem Bericht über den Tod des Antiochus in 1 Makk 6,8-16, wo er erst nach der Restituierung des Jerusalemer Heiligtums zu Tode kommt, historisch richtig. Was beide Textpassagen allerdings miteinander verbindet, ist die Darstellung der Todesursache, Antiochus stirbt infolge einer schweren Krankheit. Ekelhaft und ausführlich beschreibt 2 Makk 9,9 sein Sterben. Der Tod des Gottlosen durch Würmerfraß wird in der vor- und nachchristlichen Literatur häufiger bezeugt; das uns bekannteste Beispiel ist der Tod des Herodes Agrippa, den Apg 12,23 berichtet. Andere Beispiele finden sich u.a. bei Herodot, Pausanias, Justin, Lactanz, Eusebius und Flavius Josephus. Aufgrund der geschilderten Symptome läßt sich allerdings nicht feststellen, an welcher Krankheit Antiochus IV. gestorben ist.

Auch im zweiten Einleitungsbrief des 2 Makk wird der Tod des Antiochus erwähnt. Dort stirbt er allerdings nicht an einer tödlichen Krankheit, sondern kommt im Tempel der Nanäa zu Tode (1,13-16). Mit dieser gegenüber Kap. 9 differierenden Darstellung verfolgt der zweite Einleitungsbrief eine bestimmte Intention. Der Tod des Seleukidenkönigs wird deshalb anders dargestellt, damit er ganz in das Bild des Tempelschänders Antiochus paßte: Er, der den Tempel der Nanaä berauben wollte, wurde in diesem umgebracht.

Der Bericht über den Tod des Antiochus ist die Erfüllung des von den Märtyrern angekündigten Gottesgerichts für Antiochus (7,36). Was ging dem Gericht voraus? Antiochus IV. befand sich nach seinen erfolglosen militärischen Aktionen in Persien auf dem Rückzug, als ihn auch noch die Nachricht von der Niederlage seiner Truppen in Judäa erreichte (VV. 1-3). In seiner Wut sollte Jerusalem als Sündenbock für alle seine Mißerfolge dienen. Antiochus‹ Drohung, die Stadt in einen Friedhof zu verwandeln, war unmittelbarer Auslöser für das Herbeikommen des Gottesgerichts (V. 4). Wichtigste Aussage der gesamten Schilderung ist: Es gibt ein gerechtes Gericht Gottes, V. 18., und dieses Gericht trifft den, der sich gegen Gott und sein Volk wendet (V. 4). Für den seleukidischen König hatte diese Aussage eine tödliche Konsequenz. Die erste Bestrafung durch Gott, die schwere Krankheit, die Antiochus plötzlich überfiel, eröffnete ein letztes Mal die Chance umzukehren. In seiner Vermessenheit wies der Seleukide diese Chance zurück; die in V. 8 gewählten Formulierungen zur Bezeichnung seiner Sinnesart erinnern an Ps 65,8 und Jes 40,12. Jetzt aber zeigte sich, daß es ein ›zu spät‹ der Umkehr gab (V. 13). Unter dem Eindruck der nicht nachlassenden Schmerzen kündete Antiochus umfangreiche Wiedergutmachungen an, die nicht nur die Situation der Juden betrafen, sondern gleichzeitig ihn selbst miteinbanden: 1. Antiochus bekannte sich zu Gott als dem Herrn (V. 12), 2. er faßte eine Konversion zum Judentum ins Auge (V. 17a), 3. ähnlich wie Heliodor (3,36) wollte auch er die Macht Gottes verkünden (V. 17b), 4. Jerusalem sollte in den Rang einer freien Stadt erhoben werden, was vermutlich positive Folgen für die Frage der Besteuerung der Tempeleinkünfte hatte (V. 14), 5. die Gleichstellung der Bewohner Jerusalems mit denen Athens zielte insbesondere auf die Gleichstellung hinsichtlich der Autonomie und einer eigenen Verfassung für die Stadt Jerusalem, wie es eben auch für Athen gebräuchlich war (V. 15), 6. der Tempel sollte wieder instandgesetzt und ausgeschmückt werden (V. 16). Sein Tod jedoch zeigte, daß seine gesamten Beteuerungen nicht gefruchtet haben. Vielmehr wurde sein Sterben als gerechte Wiedergutmachung für das Leid angesehen, das er anderen zugefügt hatte (V. 28).

Der Brief, den der Seleukidenkönig an die Juden richtete (VV. 19-27), unterbricht die Gerichtsschilderung kurz vor ihrem eigentlichen Ende, dem Bericht über den Tod des Antiochus; er ist als Einschub zu werten. Inhaltlich geht es vor allem um die Regelung der Nachfolge. Antiochus IV. bestimmt seinen Sohn Antiochus V. zu seinem legitimen Nachfolger und empfiehlt ihn dem Wohlwollen der jüdischen Bürger. Die briefliche Regelung der Nachfolge ist nichts Ungewöhnliches. Bereits Antiochus III., auf den V. 23 anspielt, hat vor zwei seiner Feldzüge die Nachfolge geregelt, 210 v.Chr designierte er seinen Sohn Antiochus, der aber vor ihm 193 v.Chr starb, 189 v.Chr. bestimmte er seinen Sohn Seleukus zum Thronfolger.

So sehr der Brief auch den Eindruck von Echtheit erweckt, haben wir es hier doch mit einer geschickten Fälschung zu tun, für die echte seleukidische Königsbriefe, in denen es um die Empfehlung eines Thronprätendenten ging, Modell gestanden haben werden. Gestört wird nämlich der Eindruck der Echtheit durch folgenden Elemente: Das Präskript des Briefes, Adressat, Name des Königs, Titel, Ergänzung zum Königstitel und Gruß differieren von denen seleukidischer Briefe, wo die Reihenfolge Titel, Name des Königs, Adressat, Gruß üblich ist. Ein viel gewichtigerer Unterschied läßt sich aber aufgrund inhaltlicher Beobachtungen aufzeigen, denn das Bekenntis zu einem einzigen Gott, die sich auf Gott gründende Hoffnung des Königs und die ausführliche Erörterung seines

Gesundheitszustandes vor einem breiten Empfängerkreis sind für einen echten Königsbrief unmöglich.

Als Antiochus IV. starb, war sein Sohn Antiochus V. noch unmündig. Aus 1 Makk 6,14.55 und JosAnt XII 9,6 wissen wir, daß Antiochus IV. seinen »Milchbruder« (2 Makk 9,18) Philippus, der mit ihm zusammen aufgezogen worden war, zum Regenten des Reiches und zum Vormund seines Sohnes Antiochus eingesetzt hatte, doch befand sich der junge Antiochus in der Hand des Kanzlers Lysias, so daß Philippus keinen Zugriff auf ihn hatte. Philippus, der mit der seleukidischen Ostarmee gegen Lysias anrückte, um seinen Anspruch durchzusetzen, unterlag bei der kriegerischen Auseinandersetzung der beiden Konkurrenten. Nach 9,29 gelang ihm die Flucht nach Ägypten, JosAnt XII 9,7 berichtet, daß Philippus von Antiochus V. hingerichtet wurde – letzeres scheint die historisch richtigere Version zu sein.

13. *10,1-9* Die Reinigung des Tempels

»Als der Allherrscher zürnte, lag der Ort verlassen da; als aber der große Herr sich wieder versöhnen ließ, wurde er in aller Pracht wiederhergestellt« (2 Makk 5,20b). Die Zeit des Zorns ist vorbei, Israel hat sein sündiges Tun bereut, die Bitte der Märtyrer (7,37) hat sich erfüllt: Gott ist seinem Volk wieder gnädig. So können die Makkabäer dank Gottes Hilfe Jerusalem und den Tempel wieder in Besitz nehmen (V. 1).

Die Erzählung über die Reinigung des Heiligtums markiert den ersten großen Einschnitt im 2 Makk. Hier gipfeln die Ereignisse um die Zerstörung des Tempels, die Verfolgung der Rechtgläubigen, die Martyrien, die Erfolge des Judas und den Tod des Verfolgers Antiochus. Daß der Bericht über die Reinigung gerade an dieser Stelle erscheint, liegt in einer bewußten Parallelisierung der beiden Hauptteile des Buches 4,1 – 10,8 und 10,9 – 15,36 begründet: Beide Teile enden nämlich jeweils mit dem Tod des Verfolgers (Antiochus/Nikanor) und der sich daran anschließenden Festlegung eines regelmäßig zu begehenden Feiertages (Chanukkafest/Nikanortag).

Die VV. 1-8 lassen sich in zwei Anschnitte gliedern. Die ersten vier Verse beschreiben die Reinigung des Tempels, die VV. 5-8 die Einführung des Chanukkafestes. In 1 Makk 4,36-61 existiert ein

Parallelbericht zur Reinigung und Wiedereinweihung des Tempels, der aber viel ausführlicher ist als die Überlieferung in 2 Makk. Trotzdem läßt sich erkennen, daß beide Textüberlieferungen in entscheidenden Partien übereinstimmen, so daß eine gemeinsam zugrundeliegende Quelle, möglicherweise eine Judasvita, angenommen werden kann.

Was sind die entscheidenden Aspekte der Tempelreinigung? Zunächst: Möglich war sie nur, weil Gott es so wollte und den Makkabäern beistand; sie sind lediglich seine Erfüllungsgehilfen (V. 1). In einem ersten Arbeitsgang werden die von den Heiden errichteten Bauwerke zerstört, die heidnischen Altäre und die in der Stadt erbauten umfriedeten heiligen Bezirke (V. 2). Dann erst erfolgt die Reinigung des Tempels und die Errichtung des Brandopferaltars, die Darbringung des Brandopfers, die Ausstattung mit Räucherwerk, Leuchter und Schaubroten (V. 3). Warum der Neubau des Brandopferaltars notwendig war, erfahren wir aus 2 Makk nicht, dazu bedarf es der Hinzuziehung des Berichts in 1 Makk, wo der Bau des neuen Altars ausführlich beschrieben wird (1 Makk 4,43-47). Notwendig war er deshalb, weil Antiochus auf dem Brandopferaltar einen kleinen heidnischen Altar hatte aufstellenlassen (»Greuel der Verwüstung«, 1 Makk 1,54).

Nach oder während des Opferns beten die Opfernden zu Gott und bitten um die Befreiung vor zukünftigem Unglück (V. 4). Das vergangene Leid wird als Züchtigung betrachtet, ein Gedanke, der in der Vorstellung vom Erziehungsleiden bereits angesprochen wurde, vgl. 6,12-16; 7,33.

Die Reinigung des Tempels (V. 5) erfolgt am Jahrestag seiner Schändung (167 v.Chr.), am 25. Kislew (= Dezember). Uneinigkeit herrscht in der Forschung über das Jahr seiner Reinigung. Der Text in 2 Makk gibt einen Zeitraum von zwei Jahren zwischen Entweihung und Reinigung an, anders 1 Makk, das drei Jahre als Zwischenzeit ansetzt. Nach 2 Makk wäre die Reinigung im Dezember 165 v.Chr. erfolgt, gemäß der Zeitangabe in 1 Makk im Dezember 164 v.Chr. Da es keine zwingenden Argumente für die eine oder andere Datierung gibt, ist eine eindeutige Festlegung nicht möglich.

Zur Erinnerung an die Reinigung des Tempels soll ein Fest dienen, das in der späteren Tradition Chanukka genannt wurde. Seine Liturgie ist deutlich angelehnt an die des Laubhüttenfestes (VV. 6-8), wobei – zumindest hier im Text – auch Elemente aus heidnischen Riten eingeflossen sind: Die mit grünen Blättern umwundenen Stäbe (V. 7) erinnern an die Thyrsosstäbe aus dem Dionysoskult. Die Titulierung des Festes, Erinnerung an die Reinigung des Tempels, differiert von der in 1 Makk. Dort wird Chanukka als Feier der Altarweihe eingeführt.

In V. 8 wird der Beschluß formuliert, das Chanukkafest alljährlich zu begehen; er bezieht sich nicht nur auf die in Judäa lebenden Juden. Mit der Wendung »das ganze jüdische Volk« wird die Diaspora miteinbezogen. 2 Makk dokumentiert hiermit nochmals seinen Anspruch, die jüdische Diaspora enger an das palästinensiche Judentum zu binden.

V. 9 bildet die Schlußnotiz des Epitomators zu dem gesamten Abschnitt 8,1 – 10,9.

Das Chanukkafest

Chanukka ist das jüngste der jüdischen Feste. Übersetzt bedeutet der Begriff ›Weihe'. Und wie wir aus den Makkabäerbüchern gesehen haben, bezieht sich das Fest der Weihe auf die Wiedereinweihung des unter Antiochus IV. geschändeten Jerusalemer Tempels. Chanukka und mit ihm zusammen das Purimfest sind diejenigen jüdischen Festtage, die sich konkret auf historisch-politische Ereignisse späterer biblischer Zeit beziehen. Beiden Ereignissen liegt die Abwendung der Gefahr der Vernichtung des jüdischen Volkes zugrunde: Das Purimfest erinnert an die drohende Vernichtung durch die Perser, nachlesbar im Buch Ester, mit dessen Lesung es eröffnet wird. Das Chanukkafest erinnert an die drohende Assimilation an die hellenistische Welt und die Rettung von Gesetz, Tempel und Kult.

1 Makk berichtet ausführlich über die erstmalige Feier: Nach Reinigung und Wiederaufbau des Brandopferaltars brachten Judas und seine Brüder am 25. Kislew 148, also im Dezember 167 v.Chr., auf dem neuen Brandopferaltar zum ersten Mal wieder gesetzmäßige Opfer dar. Der 25. Kislew wurde als Tag der Feier gewählt, weil er der Jahrestag der Entweihung war. Acht Tage wurde die Altarweihe gefeiert, und per Volksbeschluß wurde die jährliche Feier der Weihe festgelegt.

Das von Judas und den Seinen eingeführte Fest war ein reines Tempelfest. Die Feier der Altarweihe ging über eine Oktav, dadurch wurde sie mit anderen alten Festen, z.B. dem Laubhüttenfest, auf eine Stufe gestellt. Durch die häufigen und aufwendigen Opfer war es auch im äußeren Ritus an den Tempel gebunden. Etabliert haben wird sich das Fest unter der Regierung der Makkabäer Jonatan oder Simeon, also dann, als auch das Hohepriesteramt in der Hand der Makkabäer war.

Die strikte Bindung des Chanukkafestes an den Tempel hätte nach dessen Zerstörung im Jahre 70 n.Chr. eigentlich seine Auslöschung bedeuten müssen. Doch wird es im heutigen Judentum weiter gefeiert. Der Grund dafür liegt in dem relativ bald nach der Einführung des Festes zugewachsenen Ritus vom Anzünden des Chanukkaleuchters, der sich auf die Legende vom Lichtwunder gründet. Diese erzählt, daß bei der Wiedereinweihung des Tempels für die Lampe im Heiligtum der Ölvorrat eines Tages acht Tage lang reichte. Das Lichtwunder wird insbesondere in der rabbinischen Tradition hervorgehoben, es verdrängt die eigentliche Ausrichtung des Festes auf die Feier der Wiedereinweihung. Diese einseitige Betonung ermöglichte es jedoch, daß Chanukka unabhängig vom Tempel als Festzentrum gefeiert werden konnte, da das Anzünden des Chanukkaleuchters auch außerhalb des Tempels zuhause möglich war.

In Erinnerung an das Lichtwunder werden beim heutigen Chanukkafest acht Tage lang Kerzen auf den achtarmigen Chanukkaleuchter gesteckt, und zwar jeden Tag eine Kerze mehr und diese werden mit einer Kerze, welche der neunte Amrn des Leuchters trägt, alle entzündet.

LITERATUR: *J.B. Bunge*, Untersuchungen zum zweiten Makkabäerbuch. Quellenkritische, literarische, chronologische und historische Untersuchungen zum zweiten Makkabäerbuch als Quelle syrisch-palästinensischer Geschichte im 2. Jh. v.Chr, Bonn 1971, 489-526; *E. Kitov*, Das jüdische Jahr I, Zürich 1987, S. 36-73; *Philo-Lexikon. Handbuch des jüdischen Wissens*, Königstein/Ts., 3. Auflage 1982, 127-128; *S. Ph. de Vries*, Jüdische Riten und Symbole, Reinbek 1990, S. 111-114.

VI. 10,10 – 15,36: Die erneute Bedrohung des Tempels und seine Verteidigung

1. *10,10-38* Die Kämpfe gegen die Idumäer und gegen Timotheus

Mit V. 10 stellt der Epitomator sein Programm für die nächsten Kapitel vor. In Kurzform werden die kriegerischen Auseinandersetzungen der Juden mit den Seleukiden genannt. Dabei berichten die VV. 11-38 drei Geschehenszusammenhänge: Die Amtsenthebung des Ptolemais Makron als Statthalter von Koilesyrien (VV. 12-13), die Kämpfe des Judas gegen Gorgias und die Idumäer (VV. 14-23) und die kriegerische Auseinandersetzung mit Timotheus (VV. 24-36).

Als Anitochus V. Eupator die Herrschaft von seinem verstorbenen Vater übernahm, war er noch ein Kind und somit auf die tatkräftige Unterstützung seines Vormunds Lysias angewiesen. Deshalb ernannte er ihn zum Reichsverweser und zum Befehlshaber über Koilesyrien und Phönizien (V. 11). Die Absetzung des Ptolemais Makron hatte vermutlich mit der stärker auf Konfrontation mit den Juden ausgerichteten seleukidischen Politik zu tun. Ausgangspunkt für die Denunziation des Ptolemais war seine Vergangenheit. Ursprünglich war er unter den Ptolemäern Statthalter von Zypern gewesen. Sein Seitenwechsel zu Aniochus IV. erfolgte im Jahr 168 v.Chr. Dieser wurde jetzt als Vorwand benutzt, seine Haltung als verräterisch einzustufen. Dahinter stand eher die Mißbilligung seiner friedlichen Gesinnung gegenüber den Juden, die wohl Lysias bewogen, seine Amtsenthebung zu betreiben. Für Ptolemais Makron war der einzige Ausweg aus dieser verfahrenen Situation der Selbstmord (VV. 13-14).

Der Nachfolger des Ptolemais, Gorgias, versuchte, durch Befestigung der Küstenstädte das Vordringen der Juden einzudämmen. Dieser Vorsichtsmaßnahme schlossen sich die Idumäer an; gleichzeitig hatten sie die Tore ihrer Städte für die Anhänger des Menelaus geöffnet, die nach der Eroberung Jerusalems durch Judas und der Reinigung des Tempels aus der Stadt vertrieben worden waren (VV. 14-15).

Die Makkabäer rüsteten sich zum Kampf, indem sie Gott um Beistand baten (V. 16). Nur so konnten sie die Idumäer besiegen (V. 17). Die VV. 18-22 werfen ein unrühmliches Licht auf zwei Makkkabäerbrüder: Die Flucht einer Anzahl von Idumäern in gut befestigte Burgen machte eine Belagerung notwendig, die Judas, da er an anderer Stelle gebraucht wurde, seinen Brüdern Simeon und Josef (Johanan), aus 8,30 bereits bekannt, übertrug. Das Verhalten von Simeons Soldaten, die sich von den Belagerten mit einer hohen Summe (70.000 attische Drachmen sind ca. 300 kg Silber) haben bestechen lassen, damit einige von diesen entweichen konnten, wirft auch auf Simeon ein schlechtes Licht. 1 Makk hätte eine derartige peinliche Situation nicht geschildert, da es ja die Legitimation der Makkabäerherrscher hätte infrage stellen können. Anders 2 Makk, welches kein Interesse an der Dynastie der Makkabäer bekundet und so auch keine Notwendigkeit sah, Rücksicht zu nehmen. Der habgierige Verrat der jüdischen Soldaten blieb nicht ungestraft; Judas klagte sie an, ließ sie töten und eroberte die zwei belagerten Burgen (VV. 21-23).

War bisher die Erfüllung der Bitte um den Beistand Gottes an den Erfolgen der Makkabäer abzulesen, wird der folgende Abschnitt wesentlich prägnanter. Auch die drohende Auseinandersetzung mit Timotheus (V. 24) läßt die Makkabäer sich zu Gott wenden und ihn um Hilfe anflehen (VV. 25-26). Die Erfüllung der Bitte ist aber hier nicht nur am Sieg ablesbar, vielmehr wird während der Schlacht das Erscheinen einer Vison beschrieben, so daß deutlich wird, wem die Juden ihren siegreichen Kampf zu verdanken haben. Ähnliche Schilderungen sind bereits aus 3,25-26 und 5,2-3 bekannt.

Timotheus flüchtete mit den übrig gebliebenen Soldaten nach Geser, ca. 30 km nordwestlich von Jerusalem gelegen, wo sein Bruder Chäreas Kommandant war (V. 32). Zur Eroberung der Stadt wandte Judas eine Taktik an, die des öfteren im AT bezeugt ist (vgl. Ri 9,43-44; 1 Sam 13,17-18; 2 Sam 18,2): Er verteilte seine Leute auf drei Gruppen, denen unterschiedliche Aufgaben bei der Eroberung der Stadt zufielen (VV. 35-36). Die Erstürmung der Stadt gelang, und Timotheus, sein Bruder Chäreas und ein nicht weiter identifizierbarer Apollophanes fanden dabei den Tod (V. 37).

Timotheus ist tot, in Kap. 12 erscheint er aber wieder recht lebendig und verwickelt in Scharmützel mit den Makkbäern. Insgesamt begegnet er dreimal im 2 Makk, in 8,30-33, in 10,24-38 und in 12,10-12.17-31. Zwar könnte es sich bei dem Timotheus aus Kap. 10 und bei dem aus Kap. 12 um zwei verschiedene Personen handeln, da von Timotheus aber immer in Zusammenhang mit Kämpfen der Seleukiden gegen die Makkabäer gesprochen wird, scheint es sich doch um ein und dieselbe Person zu handeln. Wie ist aber dann die Schwierigkeit zu lösen, daß Timotheus seit Kap. 10 eigentlich tot, in Kap. 12 aber wieder lebendig ist? Bereits in 8,30-33 ist die Erwähnung des Timotheus ziemlich unvermittelt und kontextlos. Ähnliches gilt für die Passagen in den Kapiteln 10 und 12. Anders als im 1 Makk, wo die kriegerischen Auseinandersetzungen der Makkabäer mit den Seleukiden breit und detailliert berichtet werden, erweckt 2 Makk den Eindruck, daß das Interesse an historischen Begebenheiten zugunsten theologischer Aussagen in den Hintergrund rückt und eher summarisch und in der Abfolge teils historisch ungenau wiedergegeben wird. Nur so läßt sich erklären, warum der verstorbene Timotheus in Kap. 12 wieder auftaucht. Letztlich zielt auch die Aussageintention des Kap. 10 auf eine theologische: Die Siege der Makkabäer sind allein deshalb möglich, weil sie Gott um Beistand gebeten haben und er ihnen diesen gewährt, denn er ist seinem Volk wieder gnädig gestimmt (V. 26).

2. *11,1-12* Der erste Feldzug gegen Lysias

Die Schlappe gegen Timotheus konnten und wollten die Seleukiden nicht hinnehmen. Umgehend zog der zum Reichsverweser von Antiochus V. eingesetzte Lysias ein gigantisches Heer zusammen mit dem Ziel, aus Jerusalem eine Griechenstadt zu machen, den Tempel zu besteuern und das Hohepriestertum käuflich zu machen; eine Politik, die eine gänzliche Mißachtung der Erfolge des Judas bedeutete (VV. 2-3). Nach 2 Makk 11,2.4 zog Lysias mit 80.000 Soldaten, seiner gesamten Reiterei und 80 Kriegselefanten gegen die Makkabäer; die im Parallelbericht 1 Makk 4,26-35 überlieferten Zahlen sind im Vergleich zwar geringer (60.000 Soldaten und 5.000 Reiter), die Relation der Zahlen zueinander ist aber ziemlich gleich. Die auch sonst vorhandenen Unstimmigkeiten zwischen 1 Makk 4 und 2 Makk 11 haben zeitweise die Vermutung geschürt, es würde nicht über ein und denselben Feldzug berichtet, vielmehr handele es sich in 2 Makk 11 neben dem in 1 Makk 4 genannten ersten und in 1 Makk 6 / 2 Makk 13 erwähnten zweiten Lysiasfeldzug um einen weiteren dritten. Jedoch scheinen die beobachtbaren Differenzen in 1 Makk 4 und 2 Makk 11 die Annahme eines dritten Lysiasfeldzugs nicht zu rechtfertigen, zumal auch die Berichte in 1 Makk 6 und 2 Makk 13 über den zweiten Feldzug Unterschiede erkennen lassen. Schwierigkeiten bereitet allerdings die Tatsache, daß 1 Makk 4 den ersten Feldzug noch vor dem Tod Antiochus IV. ansiedelt, 2 Makk 11 allerdings nach dessen Tod, da Lysias erst von Antiochus V. zum Reichsverweser und Oberbefehlshaber eingesetzt wurde. Die hier dargelegte Schwierigkeit hängt vermutlich mit den unterschiedlichen Quellen zusammen, die 1 Makk und 2 Makk benutzt haben. Doch erscheint es trotz der Abweichungen und Unterschiede geraten zu sein, davon auszugehen, daß es sich bei dem in 1 Makk 4 und 2 Makk 11 erwähnten Feldzug um ein und denselben handelt. Ohne auf die Kommentierung des 11. Kapitels zu weit vorgreifen zu wollen, lassen die dort verwandten Urkunden den Rückschluß zu, daß der erste Feldzug des Lysias zur Zeit Antiochus IV. stattgefunden haben muß, mithin 1 Makk die historisch richtigere Datierung überliefert.

Wie nun ging der Feldzug von statten? Für seinen Marsch gen Jerusalem wählte Lysias die Küstenstraße und drang auf ihr weit bis in den Süden vor, um die Grenze des idumäischen Verwaltungsbezirks zu erreichen und erst dann nach Osten oder Nordosten in das Innere des Landes abzubiegen Richtung Bet-Zur, ca 28 km südlich von Jerusalem gelegen, welches von Judas stark befestigt war. Daß Lysias gerade den Weg durch das Gebiet der Idumäer gewählt hatte, hing sicherlich mit dem Vorgehen des Judas zusammen, der idumäische Städte, in die hellenistische antikmakkabäische Reformjuden geflüchtet waren, erobert und besetzt hatte, so auch Bet-Zur. Ein derartiges Vorgehen auf seleukidischem Gebiet konnte Lysias nicht hinnehmen, wenn er nicht sein Gesicht verlieren wollte. Es kam zur Schlacht, aus der die Makkabäer siegreich hervorgingen und Lysias die Flucht antrat. Warum allerdings Lysias aufgrund der Niederlage bei Bet-Zur sein gesamtes Unternehmen, die Einnahme Jerusalems, aufgab, ist verwunderlich. Auch wenn das Heer des Lysias Verluste erlitt (vgl. V. 11), so war die Niederlage bei Bet-Zur keineswegs umfassend. Sein Rückzug aber mag durch zwei Punkte bedingt gewesen sein: Die Auseinandersetzung mit den Juden zeigte ihm deutlich, daß sich die Makkabäer auch auf eine Auseinandersetzung mit der Spitze des seleukidischen Staates einließen, fortan hatte er also mit einem ernstzunehmenden Gegner zu rechnen. Des weiteren war es Lysias nicht daran gelegen, seine noch ungefestigte Position im Reich durch eine schwere Niederlage gegen die Makkabäer auf's Spiel zusetzen. Vielmehr zeigte er sich als besonnener Mann (vgl. 11,13) und schwenkte auf eine friedlichere Politik gegenüber den Juden um, um dann, zu gegebener Zeit, zum entscheidenden Gegenschlag ausholen zu können (vgl. 13,1-26).

Aus der Sicht des Verfassers des 2 Makk stellt sich der Sieg der Makkabäer bei Bet-Zur als Tat Gottes dar. Die Bitte des Volkes um einen Engel zur Rettung (V. 6) wird erhört. Der Reiter, der ihnen im weißen Gewand, dem ›Bekleidungsstück‹ der Engel, erscheint und sie bei ihrem Kampf begleitet, ist der visionäre Aufweis der Gebetserhörung, die deshalb gewährt wird, weil Gott ein barmherziger Gott ist (VV. 9.10).

3. *11,13-38* Friede zwischen den Juden und den Seleukiden

Ein Kurzbericht über die Friedensverhandlungen des Lysias mit Judas leitet den folgenden Abschnitt ein. Warum Lysias zu Friedensverhandlungen bereit ist, wurde bereits im vorangehenden Kapitel erörtert. Die VV. 13-15 geben aber interessante Einblicke darein, wie der Autor des 2 Makk die Juden als Verhandlungspartner der Seleukiden darstellt: Mit der Betitelung der Juden als ›Hebräer‹ (V. 13) wird besonders das religiöse Moment betont; sie siegten als Volk Gottes und mit der Hilfe Gottes. Die VV. 14-15 machen deutlich, daß die Juden von Lysias und Antiochus V. nicht mehr als Aufrührer angesehen werden, sondern als Verhandlungspartner ernstgenommen und akzeptiert werden.

An die Kurzeinleitung schließen sich vier Briefe an (Brief 1: VV. 16-21; Brief 2: VV. 22-26; Brief 3: VV. 27-33; Brief 4: VV. 34-38), die allesamt aufgrund ihrer formalen Gestaltung und ihres seleukidischen Kanzleistils als echt angesehen werden müssen – ganz im Gegensatz zu dem in 9,19-27 überlieferten Brief Antiochus' IV., der eine Fälschung ist. Die Reihenfolge der überlieferten

Briefe in den VV. 16-38 stimmt so jedoch nicht. Bei flüchtigem Hinsehen erwecken die Briefe zunächst alle den Eindruck, als seien sie in der Zeit Antiochus‹ V. verfaßt worden. Eine genauere Sichtung der Inhalte aber zeigt, daß der Schein trügt. Die Briefe müssen von unterschiedlichen Königen stammen und zu unterschiedlichen Zeiten geschrieben worden sein. Die Lösung dieses Problems und auch die Festlegung der ursprünglichen Reihenfolge der Briefe hängt entscheidend an der Datierung der Urkunden. Mit einem Datum versehen sind drei der vier Briefe: der 1., der 3. und der 4. Brief, doch sind die Daten nur von bedingtem Nutzen. Alle drei Briefe tragen dasselbe Jahresdatum, das Jahr 148 der seleukidischen Ära. Die Schriftstücke aus der königlichen Kanzlei (Brief 1 und 3) richten sich an der im Westteil des Seleukidenreiches üblichen Jahreszählung aus, die im Herbst 312 v.Chr. begann. Mithin werden Brief 1 und 3 zwischen Herbst 165 und Herbst 164 v.Chr entstanden sein, also zur Zeit der Herrschaft Antiochus ,IV. Der 4. Brief, der der römischen Gesandten, trägt bis auf den Tag genau dasselbe Datum wie Brief 3. Da beide Briefe eine sehr unterschiedliche Situation voraussetzen, können sie zwar im selben Jahr geschrieben worden sein, aber kaum an ein und demselben Tag. Wahrscheinlich wurden hier Tag und Monat von einem auf den anderen Brief in mechanischer Weise übertragen. Auch für den ersten Brief ist die Monatsangabe problematisch. Der Monatsname an dessen Ende ist in den Handschriften uneinheitlich überliefert, so daß sich keine gesicherten Erkenntnisse gewinnen lassen.

Einzig der im 3.Brief genannte 30. Xantikos, der Endtermin einer den Juden eingeräumten Frist, dessen Wahrnehmung ihnen Straffreiheit garantiert, kann als relativ gesichert gelten. Der 15. Xantiokos als Zeitpunkt der Abfassung des Briefes würde dann allerdings nicht stimmen, da die Frist von zwei Wochen, die zur Einhaltung des Termins zur Verfügung steht, zu knapp bemessen ist, zumal wenn man bedenkt, daß der Brief auch noch einen Weg von Antiochia bis nach Judäa zurücklegen mußte. Als gesichert können somit nur die Jahresangaben und vermutlich der 30. Xantikos gelten.

Die ursprüngliche Reihenfolge der vier Briefe war: 3, 1, 4, 2, wobei die ersten drei Briefe aus der Zeit Antiochus‹ IV. stammen, Brief 2 von Antiochus V. Für diese Reihenfolge lassen sich auch inhaltliche Kriterien geltend machen. Antiochus IV. schreibt an die

Gerusie in Jerusalem (Brief 3), die offizielle politische und religiöse Vertretung der hellenistischen Reformpartei (V. 27), und antwortet in seinem Brief auf einen Vorschlag des Menelaus, den dieser ihm persönlich am Hof in Antiochia unterbreitet hatte (V. 28). Es geht um eine Amnestie ursprünglich abtrünniger, dem Seleukidenhof und Menelaus feindlich gesinnter Juden, denen innerhalb einer Frist die Rückkehr nach Jerusalem ermöglicht wird (VV. 30-31). Mit dem Angebot der freien Religionsausübung (V. 31) sollten möglichst viele der Rebellen auf die Seite der Seleukiden gezogen werden. Jedoch zielte der Amnestieerlaß nicht auf die Anhänger des Judas. Am ehesten könnten die ehemaligen Weggefährten des früheren Hohenpriesters Jason im Blick sein, die sich an dem Überfall Jasons auf Jerusalem beteiligt hatten. Ursprünglich waren sie also Feinde des Reiches, nachdem sie aber offenbar mit Menelaus und der Gerusie Frieden geschlossen hatten, war es für die Seleukiden opportun, sie in die Reihe der Mitstreiter aufzunehmen. Die Vorbereitungen zum ersten Lysiasfeldzug liefen auf Hochtouren, und Antiochus IV. war daran gelegen, sich rechtzeitig der Loyalität seiner Anhänger zu versichern. Wer aber bis zum 30. Xantikos, der von ihm eingeräumten Frist, sein Angebot nicht annahm, zählte automatisch zur Gegenseite. Der Feldzug diente dann dazu, die abtrünnigen Juden niederzuzwingen.

Die Schlappe, die Lysias beim Kampf gegen Judas erlitt, bewirkte zunächst eine Kehrtwendung innerhalb der seleukidischen Politik. Man war nicht auf Konfrontation, sondern auf Konsens aus. Lysias reagiert auf einen ›Forderungskatalog‹ der Juden (Brief 1), den ihm zwei Unterhändler, Johanan und Abschalom, übermittelt haben (V. 17). Eine genauere Indentifizierung der beiden Abgesandten ist leider nicht möglich. Eventuell könnte es sich bei Johanan um den mit »Gaddi« bezeichneten Bruder des Judas handeln (1 Makk 2,2), Abschalom könnte mit dem in 1 Makk 11,70; 13,11 genannten Anhänger der Makkabäer identisch sein. Die Forderungen der Makkabäer werden nicht näher bezeichnet, möglicherweise hatten sie die umfassende freie Ausübung der jüdischen Religion sowie die Räumung der Akra verlangt. Der Brief deutet an, daß die Verhandlungen noch in vollem Gange sind, und es hat den Anschein, als wolle sich Lysias beim König zugunsten der Makkabäer verwenden (VV. 18-20).

Ziemlich unvermittelt überliefert Kap. 11 einen Brief römischer Gesandter an das jüdische Volk (Brief 4), in dem es darum geht, daß sie Kenntnis von den Vorschlägen des Lysias erhalten möchten, um sich für die Belange der Juden am seleukidischen Hof, wohin sie sich gerade begeben wollten, einzusetzen (VV. 34-37). Die Namen der beiden Gesandten Quintus Memmius und Titus Manius sind woanders nicht belegt. Ein Vergleich mit verschiedenen Handschriften weist zumindest auf die Möglichkeit, daß anstelle von Titus Manius auch Manius Sergius hätte stehen können, da der Name Titus Manius nicht eindeutig überliefert ist. Dafür spräche, daß ein Manius Sergius Mitglied der römischen Gesandtschaft war, die vor dem Orientfeldzug Antiochus‹ IV. nach Syrien geschickt worden war.

Der Brief der Römer setzt den Brief des Lysias voraus, vgl. V. 35. Die Römer wünschen, bevor sie zu Antiochus IV. kommen, über die Situation in Judäa informiert zu sein. Daß sich die Römer in die Angelegenheiten des seleukidischen Staates einmischen und auch noch Partei ergreifen für die abtrünnigen Untertanen, liegt auf der Linie der römischen Politik gegenüber den Seleukiden. Es geht ihnen um eine Schwächung des seleukidischen Königs durch Unterstützung reichsinterner Opposition und letztlich um die Stärkung der eigenen Machtposition im Vorderen Orient.

Ob der Forderungskatalog der Juden, den Lysias Antiochus IV. unterbreiten wollte, vom König selbst noch geprüft und beschieden wurde oder aber sein plötzlicher Tod dies verunmöglichte, ist aufgrund der Quellenlage nicht eindeutig zuklären. Möglicherweise aber gibt der Brief seines Sohnes und Nachfolgers Antiochus' V. darüber Auskunft (Brief 2). Wie bereits festgestellt, ist der Brief Antiochus‹ V. an Lysias (VV. 22-26) als einziger undatiert. Inhaltlich ähnelt er durchaus dem Brief seines Vaters (vgl. Brief 3): In beiden Schreiben geht es darum, den Juden bezüglich der Ausübung ihrer Religion Konzessionen zu machen (V. 25, vgl. V. 31). In einem entscheidenden Punkt sind sie jedoch sehr verschieden. Während es Antiochus IV. darum ging, die Zugeständnisse auf diejenigen zu beschränken, die zum Einlenken gegenüber den Seleukiden bereit waren, garantierte Antiochus V. Religionsfreiheit und Leben nach der Tora bedingunslos allen Juden (V. 24: »die Juden«, V. 25: »dieses Volk«). Zwischen beiden Schreiben passierte der Mißerfolg des

Lysias, der Antiochus V. zu der Erkenntnis bewog, daß eine umfassende Befriedung der Juden allein durch die Gewährleistung der Religion, der Ausübung des Gesetzes und des Kultes und der Rückgabe des Tempels möglich schien. Damit stellte er die Privilegien wieder her, die den Juden von Antiochus III. um 200 v.Chr. zugestanden wurden. Bezüge auf konkrete Ereignisse fehlen gänzlich in dem Brief des neuen Seleukidenkönigs, er hat deshalb eher programmatischen Charakter und gehört von seiner Diktion her ganz an den Anfang der Regierungszeit Antiochus‹ V. Eventuell stellte er eine für die Juden bestimmte Proklamation des Königs dar, die dieser kurz nach dem Tod seines Vaters Anfang 163 v.Chr. verfaßt hatte mit dem Ziel, in Judäa endgültig für Ruhe zu sorgen.

4. *12,1-9* Judenpogrome in Jafo und Jamnia

Beide Seiten, die seleukidische und die jüdische, erfüllten zunächst den jeweiligen Teil ihres Abkommens (V. 1). Erste Störungen gingen aber, wie V.2 zeigt, von den seleukidischen Befehlshabern aus. Der Vers dient der Überleitung zu neuen Kampfberichten. Die genannten seleukidischen Kommandanten sind großteils unbekannt. Daß Apollonius und Nikanor mit Beinamen versehen werden, dient der Unterscheidung von anderen, gleichnamigen Männern. Apollonius aus V. 2 ist nicht identisch mit dem Mysarchen Apollonius aus 2 Makk 5,24 und 1 Makk 1,29, und auch Nikanor unterscheidet sich von dem Nikanor, der ab 14,1 eine große Rolle spielen wird. Einzig der ›wiedererstandene‹ (vgl. 8,30.32; 10,24.32) Timotheus ist bereits bekannt.

Jafo war eine alte Philisterstadt, in der Juden nicht als Bürger, sondern als ortsansässige Fremde lebten. Anläßlich eines Volksfestes, zu dem auch eine Seefahrt gehörte und zu der Bürger und Fremde eingeladen waren, entlud sich der Judenhaß und endete in der Versenkung der mit den Juden besetzten Schiffe (VV. 3-5). Dies konnte nicht ungesühnt bleiben. Judas erschien als das Werkzeug des rächenden Gottes (VV. 5-6) und übte Vergeltung. Da die Stadt sehr stark befestigt war, war eine Erstürmung nicht möglich; die Zerstörung der Schiffe und des Hafens war für Jafo allerdings ein herber Schalg, da mit war ihre wirtschaftliche Hauptschlagader des Außenhandels vernichtet (VV. 6b-7). Mit Jamnia, 17 km südlich von Jafo gelegen, verfuhr Judas ebenso, als er von beginnenden Pogromen hörte (VV. 8-9).

5. *12,10-31* Feldzüge des Judas jenseits des Jordan

In dem folgenden Abschnitt findet sich eine Zusammenstellung mehrerer Feldzüge des Judas, die teilweise ein wenig unvermittelt nebeneinanderstehen. Doch gibt es einige Elemente, die die verschiedenen Scharmützel miteinander verbinden: 1. Judas bewegt sich aus judäischem Gebiet fort und begibt sich in das Gebiet jenseits des Jordans. Dort sind Juden ansässig, und es gilt, sie vor den Übergriffen der Seleukiden oder proseleukidisch gesonnener Einwohner zu schützen (VV. 18.30). 2. Judas zieht hinter Timotheus her, der darauf aus ist, die in der Diaspora lebenden Juden zu verfolgen (VV. 17.30). 3. Die erfolgreichen Kämpfe des Judas sind nicht denkbar ohne die helfende Hand Gottes (VV. 11.15.16.22.28). 4. Die Gegner zeichnen sich dadurch aus, daß sie Gott lästern (V. 14).

Judas befand sich bereits jenseits des Jordans. Die Formulierung »von dort« (V. 10) bezieht sich nicht auf Jamnia (VV. 8-9), sondern wird einen Ort in Transjordanien meinen. Anders als in 1 Makk 5,25; 9,35 sind die nabatäischen Araber viehzüchtende und in Zelten wohnende Hirten, den Juden gegenüber feindlich eingestellt. Erst der Sieg der Juden läßt sie umdenken (VV. 10-12).

Die Städte im transjordanischen Gebiet waren gut befestigt, dies läßt sich an der Beschreibung der Befestigungsanlagen Kaspins ablesen (VV. 13-14). Nicht ohne weiteres ließ sich die Stadt, die wahrscheinlich mit dem heutigen 15 km östlich des Sees Gennesaret gelegenen Khisfin zu identifizieren ist, einnehmen. Deshalb auch die Anrufung Gottes als desjenigen, »der Jericho zur Zeit Josuas ohne Rammböcke und Belagerungsmaschinen zu Boden geschmettert hatte« (V. 15). Eingenommen wurde Kaspin dann auch nicht mit Rammböcken, sondern mit dem »Mut von Löwen« (V. 15), da die Makkabäer auf Gottes Hilfe vertrauten. Der sich mit dem Blut der Getöteten anfüllende See, von dem V. 16 spricht, muß nicht unbedingt ein natürliches Gewässer sein. Es kann sich genausogut um eine künstlich angelegte große Zisterne handeln, die zur Wasserversorgung der Stadt erbaut worden war. Bekannt ist das Motiv des Wassers, das sich nach einem Blutbad rot färbt, aus 2 Kön 3,22-23; Ex 7,17-21.

Die Tubianer-Juden waren den Seleukiden ein Dorn im Auge. Sie stammten ursprünglich von ptolemäischen jüdischen Militärsiedlern ab, die sich im Gebiet um Charax (V. 17) angesiedelt hatten. Jenseits des Jordans bildeten sie antiseleukidische jüdische Stützpunkte, die die Seleukiden gern beseitigt gesehen hätten; deshalb die Aktion des Timotheus. Die Tubianer-Juden verfügten über eine eigene Reiterei und trugen vielfach griechische Namen. Die beiden Offiziere Sosipatros und Dositheos, in der Einheitsübersetzung werden die Namen lateinisch wiedergegeben: Sosipater und Dositheus (VV. 19.24.35), die Judas im Kampf gegen Timotheus tatkräftig unterstützten, sind Tubianer-Juden. Timotheus wollte gegen die Tubianer vorgehen (V. 18), mußte aber vor dem nachrückenden Judas nach Nordwesten ausweichen. Er ließ einzig eine Garnison in einem nicht weiter bestimmten befestigten Ort zurück, die aber dem Ansturm der Juden nicht gewachsen war (V. 19).

Zur kriegerischen Auseinandersetzung mit Timotheus kam es in der Gegend von Karnajim. Timotheus mußte geahnt haben, daß seine Chancen nicht sonderlich gut standen, deshalb brachte er seinen Troß nach Karnajim in Sicherheit (V. 21). Die Stadt lag etwa 40 km östlich des Sees Gennesaret in einem Weidegbiet. Die genannten Engpässe, die eine Belagerung der Stadt erschwerten, könnten entweder der Fluß Jarmuk und seine Nebenflüsse oder aber die in 1 Makk 5,37.40-43 erwähnten Schluchten sein. Der Kampf mit Timotheus endete siegreich für die Makkabäer dank einer himmlischen Erscheinung, die die Feinde in Angst und Schrecken versetzte (V. 22). Die Erscheinung selbst wird nicht genauer beschrieben, doch läßt ein Vergleich mit der in 9,5 beschriebenen Vision den Rückschluß zu, daß es sich hier ebenfalls um einen himmlischen Reiter gehandelt haben könnte. Timotheus hatte Geiseln bei den Tubianern genommen (vgl. 1 Makk 5,13), und mit diesem Faustpfand in der Hand erreichte er seine Freilassung bei den Offizieren Sosipater und Dositheus (VV. 24-25).

Nachdem das Heer des Timotheus aufgerieben war, konnte Judas gen Karnajim ziehen, wo sich ein Heiligtum der Göttin Astarte befand – Atargatis ist die aramäische Form der seleukidischen Göttin Astarte.

Die Belagerung Efrons, eine Stadt 8 km östlich des Jordans und 30 km von Skythopolis entfernt gelegen, ähnelt derjenigen Kaspins. Hier wie dort sind die Mauern mächtig, die Verteidigungswaffen zahlreich, die Einwohner kulturell und ethnisch durchmischt (V.27). Und auch hier ist es Gott, der den Juden zum Sieg verhilft (V. 28).

Letzte Station auf dem Weg des Judas durch Transjordanien war Skythopolis, das heutige Bet-Schean, 110 km von Jerusalem entfernt. Die dort lebenden Juden aber waren in der Stadt wohl gelitten, so daß Judas nach Jerusalem ziehen konnte, um dort das Wochenfest zu begehen (vgl. Ex 34,22-24; Dtn 16,9-12).

6. *12,32-45* Der Kampf gegen Gorgias und das Sühnopfer für die gefallenen Juden

Das in Jerusalem gefeierte Wochenfest war nur eine kurze Ruhepause in der Auseinandersetzung mit den Seleukiden. Gegner der erneuten Kämpfe ist der schon in 10,14 erwähnte Gorgias, Statthalter Idumäas (V. 32).

Die Kampfberichte der VV. 33-37 sind sehr knapp und setzen teils unvermittelt ein. So ist der Subjektwechsel in V. 33 abrupt und hart. Daß Gorgias handelndes Subjekt ist, läßt sich nur dem Zusammenhang entnehmen. Auch die Nennung Esdris (V. 36) kommt plötzlich und voraussetzungslos. Man gewinnt den Eindruck, daß eine vorhandene Vorlage stark gekürzt wurde.

Disostheus aus V. 35 ist nicht identisch mit dem Offizier Disostheus, da er besonders eingeführt wird und auch nur ein einfacher Reitersoldat ist. Daß er zu den »Leuten Bakenors« zählte, wie die Einheitsübersetzung wiedergibt, ist in den verschiedenen Handschriften nicht hundertprozentig belegt. Es gibt auch Textzeugen, die Disostheus als »einen der Tubianer« bezeichnen.

Im seleukidischen Heer gab es thrakische Söldner, die insbesondere in der Kavallerie mitkämpften (V.35b). Durch das Eingreifen eines thrakischen Reiters schlug der Versuch des Disostheus fehl, Gorgias lebend zu fangen. Dieser entfloh nach Marescha, eine Festung 20 km westlich von Hebron gelegen. Sie schützte den Zugang zur philistäischen Küstenebene.

Die Auseinandersetzung mit dem seleukidischen Heer schien kräftezehrend zu sein (V. 36). Nur mit Gottes Hilfe war ein Sieg möglich. Mit Gebet und Psalmengesängen versicherte sich Judas der Unterstützung Gottes.

In 12,32-45 wird die Frage der Auferstehung erneut aufgegriffen. Anders als in Kap. 7, wo es um die Entfaltung einer Lehre von der Auferstehung geht, wird hier ausgewiesen, daß die Auferstehungshoffnung Relevanz für die Toten, vor allem aber auch für die Lebenden hat. Welchen Anlaß gab es, die Auferstehungsthematik erneut aufzugreifen? Es kann sein, daß sich hinter dem Abschnitt VV. 32-45 das Problem verbirgt, was mit denjenigen frommen Juden geschehen soll, die kurz vor ihrem Tod noch sündigten, aber keine Möglichkeit zur Befreiung von ihrer Schuld mehr hatten und demnach der Auferstehung verlustig gingen. Die Antwort darauf gibt der Abschnitt; Judas wird mit diesem Problem konfrontiert und führt es einer Lösung zu: Der Kampf mit Gorgias hatte auch Verluste auf jüdischer Seite ergeben. Wegen des Sabbats konnten die Toten erst einen Tag später bestattet werden. Dabei entdeckte man bei den gefallenen Juden Amulette, die diese unter ihrer Kleidung getragen hatten (VV. 39-40). Vermutlich wird des sich dabei um aus Holz geschnitzte kleine Figuren gehandelt haben, die die Götter Jamnias, Melkart und Horon, darstellten. Getragen wurden sie auf der Brust als Schutz gegen Stichverletzungen. Erworben haben werden die Soldaten die Anhänger wahrscheinlich bei ihrem Feldzug gegen Jamnia. Laut Dtn 7,25 war es aber verboten, fremde Götter, die mit Gold oder Silber überzogen waren, zu besitzen.

Dergestalt ist die Ausgangslage. Die VV. 40-45 interpretieren die Ausgangslage und bieten eine Lösung an: 1. Der Tod der Amulett tragenden Juden wird als Strafe für ihre Sünde gesehen (VV. 40-41). 2. Der von Judas abgehaltene Bittgottesdienst dient dazu, um die Vergebung der Sünden zu bitten und den Vorfall paränetisch zu verwerten (V. 42b). 3. Judas veranstaltet eine Sammlung für ein Opfer in Jerusalem, weil eine umfassende Sühne nur im kultischen Rahmen möglich ist (V. 43). Die Punkte 1-3 haben Auswirkungen auf die Auferstehungsvorstellung: Auferstehung ist nur für diejenigen möglich, die ohne Sünde sind (V. 45). Wer, weil er bereits tot ist, sich nicht mehr entsühnen kann, bedarf der Mittler bzw. Fürsprecher; im konkreten Fall hier übernimmt Judas diese Funktion (VV. 42.43.45). Die Möglichkeit zur Befreiung von der Sündenschuld und somit auch die Auferstehung des Entsühnten sind demzufolge an das Fürbittgebet (des einzelnen oder einer Gruppe) und an die durch ein Sündopfer vollzogene kultische Sühne gebunden.

7. *13,1-26* »Gottes Sieg«. Der zweite Feldzug gegen Lysias

Im Spätsommer des Jahres 163 v.Chr. kam es zum zweiten Mal zu einer kriegerischen Auseinandersetzung der jüdischen Truppen mit dem seleukidischen Heer unter Führung des Lysias (V. 1). Antiochus V. war zu diesem Zeitpunkt gerade zwölf Jahre alt, so daß entgegen der Diktion der VV. 1-2 Lysias die Initiative zu dem Feldzug ergriffen und Antiochus mitgenommen hatte. Aufgrund dieser Tatsache ist es kaum wahrscheinlich, daß Lysias und Antiochus jeweils mit einem großen Heer anmarschiert kamen, wie V. 2b in der Einheitsübersetzung glauben machen will. Ein Vergleich mit griechischen und lateinischen Textzeugen läßt anstelle der Übersetzung »jeder führte...«, die die Einheitsübersetzung bietet, die Übersetzung« der (= Lysias) herausführte...« zu, die meines Erachtens bei Berücksichtigung des jungen Alters Antiochus' V. richtiger ist.

Aus welchem Grund zog Lysias ein zweites Mal gegen die Makkabäer? Der Text in Kap. 13 gibt darüber keine Auskunft, doch besitzen wir eine Parallelüberlieferung in 1 Makk 6,18-54, die hierfür zu Rate gezogen werden kann. 1 Makk 6,18-27 beschreibt die Belagerung der Akra durch Judas. Die dort eingeschlossenen Seleukiden wandten sich vermutlich mit einem Hilferuf an Lysias. Dieses Vorgehen des Judas zusammen mit dessen Straffeldzügen gegen die Idumäer mögen der Auslöser für den Entschluß des Lysias gewesen sein, erneut die Juden anzugreifen. Hinzu kam, daß dem Reichsverweser an der endgültigen Lösung der jüdischen Frage gelegen war, um den Rücken frei zu haben für die zu erwartende Auseinandersetzung mit seinem Konkurrenten Philippus, den Antiochus IV. kurz vor seinem Tod zum Regenten und Vormund seines Sohnes Antiochus V. ernannt hatte und der das im Osten des Reiches stehende Heer befehligte.

Lysias' Unmut über die erneute notwendige Maßnahme gegen die Juden entlud sich über dem Hohenpriester Menelaus, der vermutlich wegen der Erfolge des Judas sein Hohepriesteramt nicht mehr effektiv ausüben konnte (V. 3). Möglicherweise gab ihm Lysias die Schuld für die Belagerung der Akra, da er weder die Hellenistenpartei gegenüber den Makkabäern hatte stärken können noch die Makkabäer derart hatte beschwichtigen können, daß sie auf eine Belagerung verzichteten. Parallel zu den VV. 3-8, die die Hinrichtung des Menelaus überliefern, gibt es einen Bericht über den gewaltsamen Tod des Hohenpriesters in JosAnt XII 9,7. Während der Makkabäertext den Tod des Menelaus noch vor dem zweiten Lysiasfeldzug erfolgen läßt, setzt Josephus die Hinrichtung an das Ende des Feldzuges nach dem Friedensschluß zwischen Seleukiden und Juden (Ende 163 v.Chr.). Dies dürfte historisch zutreffender sein, zumal es 2 Makk nicht darum geht, den Tod des Menelaus in der Folge des militärisch-politischen Scheiterns der Seleukiden anzusiedeln, sondern deutlich zu machen, daß seine Exekutierung die gerechte Strafe Gottes für seine begangenen Taten ist. Dabei wird Antiochus V. – unwissentlich – zum Handlanger des strafenden Gottes. Der Gott beigelegte Titel »der höchste König über allen Königen« (V. 4) ist eigentlich ein Titel der persischen Großkönige, der aber deshalb hier passend ist, weil Gott dem Seleukidenkönig sein Verhalten eingibt. Menelaus kommt in Boröa zu Tode; Boröa ist der hellenistische Name für Aleppo. Sein Tod in dem etwa 25 m hohen, mit heißer Asche angefüllten Turm entspricht ganz dem Gesetz der Vergeltung, insofern er, der gegen die Asche des Altares gefehlt hatte, in glühender Asche umkommt (VV. 5-8).

Das seleukidische Heer war gewaltig; den Seleukiden lag also an einer endgültigen Klärung der jüdischen Frage. Eine Besonderheit stellten die Sichelwagen dar, die persischen Ursprungs waren. Die Räder dieser zweirädrigen Kriegswagen waren mit sichelartigen Messern bestückt, um die feindlichen Fußtruppen von den auf den Wagen postierten Bogenschützen fernzuhalten (V. 2).

An einer Darstellung der historischen Begebenheiten des Lysiasfeldzuges ist 2 Makk nicht interessiert, wie es bereits das Programm des Epitomators in 2 Makk 2,28-31 für das gesamte Werk geltend macht. Vielmehr geht es auch hier um theologische Aussagen, so daß deshalb der Bericht über den Feldzug geschönt und, was die eigentlichen Kampfhandlungen betrifft, episodenhaft (VV. 15-17) oder äußerst knapp (VV. 18-22) geschildert wird. Die Auseinandersetzung bewegt sich zwischen den zwei Polen weltlicher und himmlischer Herrscher, wobei Judas als verlängerter Arm Gottes fungiert. Antiochus ist der Barbar (V. 9), ein ruchloser Heide (V. 11), der die wichtigsten Säulen der jüdischen Lebensordnung, das Gesetz, den Tempel, die Stadt, das Vaterland und die Verfassung (VV. 10.14) umstürzen will. Die Bedrohung wird als massiv beschrieben und in ihrer Konsequenz gewichtiger gewertet als die Taten Antiochus‹ IV. (VV. 9.11). Gott ist der »barmherzige Herr« (V. 12), der »Schöpfer der Welt« (V. 14), derjenige, der mit »seiner schützenden Macht« (V. 17) beisteht. Beide werden zueinander in Beziehung gesetzt. Dreitägiges Fasten und Flehen des Volkes ruft die Hilfe Gottes herab; Judas und die Seinen werden zum Medium der göttlichen Hilfe, und Antiochus erkennt, daß gegen die Juden, denen Gott beisteht, nichts auszurichten ist (V. 23). Die Parole »Gottes Sieg« (V. 15), mit der die Makkabäer in den Kampf ziehen, erinnert an eine ähnliche Losung vor einer Schlacht in 2 Makk 8,23. Sie drückt das grenzenlose Vertrauen der Juden in die Macht Gottes aus.

Die historische Realität sah allerdings anders aus. Zunächst gelang Judas ein erfolgreicher Überfall auf das Lager des seleukidischen Königs, in dessen Verlauf der Leitelefant des Königs getötet wurde – in 1 Makk 6,42-47 ist es Eleasar, der im Kampf den Elefanten tötet und dabei selbst zu Tode kommt. Doch folgt man der Überlieferung in 1 Makk 6,42ff, die eher die tatsächlichen Geschehnisse wiedergibt, dann war die Schlacht gegen die Seleukiden für die Juden eine Schlappe; Antiochus drang sogar bis nach Jerusalem vor und belagerte den Tempel (1 Makk 51-54). Zudem mußte auch Bet-Zur nach Belagerung durch die Seleukiden aufgegeben werden, 2 Makk 13,18-22. Die knappen, kurzen Sätze dieser Perikope vermitteln den Eindruck des hastigen Darüberhinwegeilens. Die Niederlage der Makabäer soll nur kurz gestreift werden, die ausdrückliche Erwähnung des Verrates militärischer Geheimnisse durch den jüdischen Soldaten Rhodokus – der Name ist vermutlich persischen Ursprungs – dient dazu, die Makkabäer als an dieser Situation unschuldig erscheinen zu lassen. Ein ähnliches Phänomen konnten wir schon in 10,20-22 beobachten. Niederlagen waren nie Schuld der Makkabäer, sondern geschahen nur bei Verrat aus den eigenen Reihen.

Daß es trotz der militärischen Erfolge der Seleukiden zu einem für die Juden überaus günstigen Friedensschluß kam, in dem ihnen alle ihre Ansprüche, die sich vermutlich, wie man aus V. 14 rückschließen könnte, auf Gesetz, Tempel, Stadt, Land und Verfassung bezogen, zugestanden wurden, hängt weniger mit den Juden selbst zusammen als mit der innenpolitischen Entwicklung: Während der Abwesenheit des Königs hatte Philippus in Antiochia die Macht an sich gerissen und seine Ansprüche geltend gemacht, daß er vom sterbenden König Antiochus IV. zum Reichsverweser (anstelle des Lysias) und zum Vormund Antiochus' V. eingesetzt worden sei. Um den dadurch ausgebrochenen Machtkampf für sich entscheiden zu können, drängte Lysias den König zu einem Frieden mit den Juden, so daß ein Zweifrontenkrieg vermieden werden konnte. Nach 2 Makk ist es allerdings der König, der als der Entscheidungsträger dargestellt wird und nach Abschluß des Friedensvertrags dem Tempel huldigt und für Judas einen Empfang gibt. Diese tendenziöse Darstellung paßt natürlich eher in das Bild vom weltlichen Herrscher, der sich letztlich doch der himmlischen Macht beugen muß (VV. 23-24).

Vor seinem Abmarsch nach Ptolemais schuf Antiochus V. eine neue Verwaltungseinheit, die von Ptolemais, dem heutigen Akko, im Norden bis hin zur ptolemäischen Grenze im Süden – die Stadt der Gerrener ist Gerar, südöstlich von Gara – reichte. Zum Verwaltungsbeamten setzte er Hegemonides ein (V. 24). Er stammte aus Dyme in Achaia und hatte bereits unter Antiochus IV. ein höheres Amt am seleukdischen Hof inne.

In Ptolemais galt es, die dortigen Einwohner, die sich schon früher durch ihre antijüdische Haltung auszeichneten, von der Notwendigkeit des Friedensvertrags mit den Juden zu überzeugen. Diese Aufgabe fiel Lysias zu (VV. 25-26).

Wie der Machtkampf zwischen Lysias und Philippus ausging, wird an dieser Stelle verschwiegen. Aus 9,29 aber existiert eine verfrühter Hinweis darauf, daß Philippus unterlag und genötigt war, sich nach Ägypten abzusetzen.

8. *14,1-14* Das Machtstreben des Hohenpriesters Alkimus

Im Herbst 162 v.Chr. gelang es Demetrius I., dem Sohn Seleukus' IV., aus Rom zu fliehen. Dorthin war er als Geisel gebracht worden, nachdem er zugunsten seines Onkels Antiochus IV. auf den

Seleukidenthron hatte verzichten müssen. Er landete in Tripolis, der Hafenstadt der Phönizier und nahm den Kampf mit seinem Vetter Antiochus V. auf, aus dem er siegreich hervorging. Antiochus und Lysias ließ er daraufhin ermorden (VV. 1-2).

Nach der Ermordung des Menelaus durch Antiochus V. war Alkimus 163/162 v.Chr. vom König zum Hohenpriester eingesetzt worden. Da Alkimus im Gegensatz zu Menelaus aus priesterlichem Geschlecht war, hofften Antiochus und Lysias möglicherweise, mit seiner Ernennung die aufgebrachten religiösen ›Fanatiker‹ besänftigen zu können. Hinsichtlich der Hasidäer ging ihre Rechnung zunächst auch auf (vgl. 1 Makk 7,13).

In Folge des Thronwechsels sah sich Alkimus noch im selben Jahr veranlaßt, dem neuen König Demetrius I. seine Aufwartung zu machen, sich dessen Gunst zu versichern und sich in seinem Amt bestätigen zu lassen, da allein der seleukidische König das Recht hatte, den Hohenpriester zu ernennen oder aber abzusetzen. Alkimus ging auf die damals übliche Art und Weise vor, indem er dem König Geschenke überreichte (V. 4); die erwähnten Ölzweige waren vermutlich aus Gold und stellten Huldigungsgeschenke des Tempels an den Herrscher dar.

Schwierigkeiten bereitet V. 3. Alkimus wird in die Handlung eingeführt, die Einheitsübersetzung charakterisiert ihn als jemanden, der sich »schon vor der Zeit der Religionsvermischung freiwillig unrein gemacht hat«. »Vor der Zeit der Religionsvermischung« bedeutet aber, daß sich Alkimus bereits während der Regierungszeit Antiochus IV. im Amt befunden haben muß und seine Unreinheit allein darin bestanden haben kann, daß er mit den Hellenisten paktierte. Gegen diese Sichtweise lassen sich einige Argumente ins Feld führen: Wir wissen, daß die Hasidäer die Ernennung des Alkimus durch Antiochus V. akzeptiert haben; dies hätten sie wohl kaum getan, wenn sich Alkimus in irgendeiner Weise verunreinigt hätte. Zudem kann der Kontakt zu den Hellenisten keine derartige Verunreinigung des Hohenpriesters bewirken, daß dieser niemals mehr vor den Altar hätte treten können. Des weiteren gibt es keine textlichen Zeugnisse dafür, daß Alkimus schon zu Zeiten Antiochus' IV. das Amt des Hohenpriesters innehatte. Eine Lösungsmöglichkeit bietet ein Blick in den griechischen Text. Meines Erachtens liefert die Einheitsübersetzung eine interpretierte Übersetzung, die die Deutung des Verses erschwert. Hilfreicher ist ein wörtliche Übersetzung. Anstelle von »vor der Zeit der Religionsvermischung«, wie es in der Einheitsübersetzung steht, müßte es wörtlich heißen: »in den Zeiten der Uneinigkeit«. Diese Übersetzung ermöglicht viel eher ein Verständnis des Satzes: Die Anerkennung des Alkimus seitens der Hasidäer führte zu Unstimmigkeiten bzw. Uneinigkeiten zwischen den Makkabäern, die den Kampf gegen die Partei der Hellenisten und somit auch gegen ihr Haupt, den Hohenpriester, fortsetzten und den Hasidäern, die meinten, daß mit der Besetzung des Hohenpriesteramtes durch einen Aaroniden die Ausübung der Religion garantiert sei und sie nun in Ruhe leben könnten. Daß sie sich darin gravierend getäuscht hatten, zeigte alsbald die weitere Entwicklung, die in 1 Makk 7,12-18 nachgelesen werden kann. Alkimus ließ nämlich 60 Hasidäer hinrichten, und mit dieser Tat hat sich Alkimus so verunreinigt, daß er den Opferaltar nicht mehr betreten konnte. Bei den Hasidäern bewirkte das ruchlose Tun des Alkimus, daß sie sich wieder den Makkabäern zuwandten, die Zeiten der Uneinigkeit somit vorbei waren. Nicht umsonst sagt 2 Makk 14,6, daß bei den Leuten des Judas Hasidäer mitkämpfen.

Vor dem Hintergrund dieser Ereignisse ist es umso verständlicher, daß Alkimus sich eilends zu Demetrius I. begab, um sich seiner Stellung zu versichern. Um die Gunst des Demetrius zu gewinnen, ging er taktisch vor. Er überreichte dem neuen König Geschenke, ohne damit gleich Forderungen zu verbinden, sondern wartete die Wirkung seiner Geschenke ab (V. 4). Seine Rechnung ging auf. Demetrius ließ Alkimus zu sich kommen, um ihn nach der Situation in Judäa zu befragen. Erst dann erhob der Hohepriester Anklage. Die Anklage richtete sich gegen Judas und die Seinen – Judas ist in den Augen des Alkimus sogar der Anführer der Hasidäer (V. 6). Ein weiterer Punkt der Anklage war, daß Judas den Alkimus aus dem Hohenprieseramt vertrieben haben soll (V. 7). Alkimus rückte sich gegenüber Demetrius ins rechte Licht, indem er seine (angebliche) Fürsorge für das Volk (V. 8b), seine Loyalität gegenüber dem König (V. 9) und sein Wunsch nach Frieden in Judäa, der nur ohne Judas möglich sein würde (V. 10), betonte. Hinter dieser vordergründigen Argumentation verbarg sich das Bestreben des Alkimus, in Jerusalem wieder an die Macht zu kommen, dafür benötigte er die militärische Unterstützung der Seleukiden. Von Alkimus und den judenfeindlichen Kräften in der eigenen Regierung bedrängt, entschloß sich Demetrius zur Beseitigung des Judas. Er beauftragte damit schriftlich und somit ganz offiziell den Nikanor (VV. 11-13). Nikanor wurde zum Befehlshaber über Judäa ernannt. Daß er als Kommandant der Elefantentruppe bezeichnet wird (V. 12), dient der Unterscheidung gegenüber zwei weiteren Personen namens Nikanor, nämlich dem Patroklussohn in 8,9 und dem aus Zypern in 12,2.

9. *14,15-25* Nikanor und Judas

Nikanor und Judas ist auch ein Thema des 1 Makk, und ein vergleichender Blick in beide Textüberlieferungen läßt erkennen, daß 1 Makk 7,26-50 und 2 Makk 14,12 – 15,39 gleich aufgebaut sind:

- Demetrius beauftragt Nikanor, gegen Judäa zu ziehen und die Juden zu vernichten (7,26;14,12-13).
- Nikanor bietet Judas Friedensverhandlungen an – in 1 Makk nur pro forma, in 2 Makk tatsächlich (7,27-28; 14,18-22).
- Nikanor will Judas in seine Gewalt bringen (7,29-30; 14,28-30).
- Nikanor betritt den Tempel und verlangt die Auslieferung des Judas (7,33-35; 14,31-33).
- Nikanor droht die Zerstörung des Tempels an (7,33-35; 14,31-34).
- Die Tempelpriester flehen Gott um Hilfe an – in 1 Makk bitten sie um die Vernichtung der Feinde, 7,37-38, in 2 Makk um den Erhalt der Reinheit des Tempels, 14,34-36.
- Judas ermutigt seine Männer vor dem Kampf mit dem Hinweis auf das Eingreifen Gottes gegen Assurs König Sanherib, den Feind des jüdischen Königs Hiskia (vgl. 1 Kön 19,35). 1 und 2 Makk sind hier fast wörtlich identisch (7,41; 15,22).
- Der Kampf zwischen Nikanor und Judas (7,39-43; 15,25-28).
- Sieg des Judas und Tod des Nikanor (7,43; 15,29-30).

Die Parallelität beider Berichte läßt darauf schließen, daß hier eine gemeinsame Quelle zugrundeliegt, vermutlich die Judas-Vita. Allerdings ist der Bericht in 2 Makk wesentlich ausführlicher als der in 1 Makk. Grund hierfür ist die Absicht des Verfassers, den zweiten Höhepunkt des Buches, die Einrichtung des Nikanortages als machtvoller Demonstration der Reinerhaltung des Tempels, ausführlich vorzubereiten.

Der Anmarsch des Nikanor verhieß nichts Gutes, und so bereiteten sich die Juden durch Buße und Gebet auf den Kampf vor (V. 15). Die ungewöhnliche Form des Gebets erinnert an an 2 Kön 21,7; Dtn 28,9; 29,12-14; 32,9; 2 Sam 7,24. Der erste Zusammenstoß des seleukidischen Heeres mit jüdischen Truppen unter Führung von Judas‹ Bruder Simeon endete im Rückzug des Simeon (V. 17). Judas und sein Heer erwarteten Nikanor bei Dessau, einem nicht weiter zu lokalisierenden Ort. Es kam – noch – nicht zur offenen Schlacht, vielmehr entschloß sich Nikanor zu Friedensverhandlungen, die er durch seine Unterhändler vorbereiten ließ. Die Namen der Unterhändler (V. 19) legen die Vermutung nahe, daß Poseidonius ein Heide, Theodotus und Mattatias hellenistische Juden mit griechischen bzw. hebräischen Namen waren.

Das geschilderte Szenarium der Friedensverhandlungen zwischen Nikanor und Judas (VV. 18-22) ist auch uns heutigen Lesern nicht fremd: der Ausschluß der Öffentlichkeit von den entscheidenden Verhandlungen, das Vier-Augen-Gespräch der Entscheidungsträger, das tiefe Mißtrauen der Verhandlungspartner bis zur Unterzeichnung des Friedensvertrags, der politische Realismus, der aus einstigen Gegnern Partner, manchmal sogar Freunde werden läßt. Über den Inhalt der Friedensverträge erfahren wir nichts. Einzig die Entlassung der heidnischen Anhänger des Nikanor (V. 23) mag eine Bedingung der Verträge gewesen sein.

Daß Judas tatsächlich eine Familie gegründet hat, ist zwar höchst wahrscheinlich, wenn auch nicht weiter belegt (V. 25). Ob dies aber auch Anraten des Nikanor geschah, ist weniger wahrscheinlich. Die VV. 23-25 dienen eher dem Zweck, eine idealtypische Situation zu beschreiben, die für die folgende Entwicklung den Szenenhintergrund abgeben soll.

10. *14,26-36* Der Bruch zwischen Nikanor und Judas

Es hätte sich so schön weiterentwickeln können, das Verhältnis zwischen Judas und Nikanor, doch der innenpolitische Querulant Alkimus, dem es nicht um das Wohl des Volkes, sondern um die eigene Machtposition ging, zerstörte die ›Idylle‹. Alkimus verschaffte sich die zwischen Judas und Nikanor abgeschlossenen Verträge. Dies konnte er nur in seiner Funktion als Hoherpriester, weil er ansonsten keinen Zugang zu den Jerusalemer Archiven erhalten hätte. Da er aber, wie 14,7 informiert, unter Judas sein Amt als Hoherpriester verloren hatte, hat möglicherweise Nikanor mit einer vertraglichen Klausel die Wiedereinsetzung des Alkimus in das hohepriesterliche Amt erreicht. Geschickterweise verleumdete Alkimus nicht den Judas bei Demetrius, sondern den Nikanor, indem er ihm Illoyalität unterstellte. Demetrius war so genötigt zu reagieren. Alkimus beschuldigte Nikanor, Judas zu seinem Nachfolger bestimmt zu haben – zu seinem eigenen oder zu Alkimus'? Viel gewichtiger ist jedoch, daß die Verleumdung beinhaltete, Nikanor habe sich Rechte angemaßt, die nur dem König zustehen. Fazit: Demetrius mußte reagieren und ordnete die Beseitigung des Judas an (VV. 26-27).

Das Ergebnis des Gewissenskonflikts, in dem Nikanor sich jetzt befand, war, daß er eine offene Konfrontation mit Judas mied und stattdessen versuchte, den Makkabäer mit Hilfe einer List aus dem Weg zu schaffen. Der Text schweigt sich darüber aus, welcher Art die List sein sollte, er ist vielmehr daran interessiert aufzuzeigen, daß Judas das veränderte Verhalten des Nikanor bemerkte und seine richtigen Schlüsse daraus zog, indem er sich mit seinen Leuten vor Nikanor versteckte (VV. 28-30).

Judas hatte sich dem Zugriff des Nikanor entzogen, dieser vermutete ihn im Tempel und forderte die Auslieferung des Judas, die ihm, allein schon weil Judas nicht dort war, verweigert wurde. Nikanors Schwur gegen den Tempel muß vor dem Hintergrund einer doppelten Wut gesehen werden: Zum einen ist er wütend ob seines Mißerfolgs, zum anderen richtet sich seine Wut gegen Alkimus, der ihn in diese mißliche Situation gebracht hat. Sein Schwur wirkt wie eine Neuauflage der Tat Antiochus‹ IV., der im Zuge der Religionsverfolgung den Brandopferaltar hat einreißen und den Tempel dem Zeus Olympios hat weihen lassen (VV. 31-34a). Rettung in dieser Situation kann es allein von Gott geben, deshalb wenden sich die Priester betend an Gott. Sie preisen seine Allmacht, sie benennen den Tempel als Ort der Gegenwart Gottes – der Begriff »wohnen« wird häufig für die Anwesenheit Gottes unter seinem Volk verwandt (vgl. Ex 25,9; Jos 22,19; 2 Sam 7,6; 1 Chr 6,17; Ps 26,8) – und sie bitten um die Bewahrung der Unbeflecktheit des Tempels in Ewigkeit (VV. 34b-36). Die Formulierung dieser Bitte wäre zur Zeit der Religionsverfolgung nicht möglich gewesen, da Israel sich versündigt hatte. Jetzt aber, da Israel umgekehrt ist und entsühnt wurde, ist sie zulässig.

11. *14,37-46* Der Freitod des Rasi

Die Drohung des Nikanor gegen den Tempel genügte noch nicht, um den Umschwung im Verhalten des Seleukiden zu verdeutlichen. Die Perikope über den Freitod des Rasi zeichnet in krassen Farben den Judenhaß des Nikanor nach und zeigt noch einmal, wem Nikanor wirklich dient.

Rasi, dessen Name wohl persischen Ursprungs war, war Mitglied des Ältestenrates, der sich vermutlich nach der Einnahme Jerusalems durch Judas neu konstituiert hatte. V. 37 gibt Rasi den Beinamen »Vater der Juden«. »Vater« ist ein Ehrentitel, der denen verliehen wurde, die sich um das Wohl anderer Menschen besonders verdient gemacht hatten, vgl. Ps 68,6; Ijob 29,16. Neben dem ihm beigelegten Ehrentitel wird Rasi zusätzlich als strenggläubiger Jude geschildert, der auch zur Zeit der Religionsverfolgung Antiochus IV. zum Gesetz hielt und immer bereit war, für die Einhaltung der Gebote den Tod in Kauf zu nehmen (V. 38).

Nikanor wollte an Rasi ein Exempel statuieren, um die Juden einzuschüchtern. Deshalb befahl er, Rasi in dessen Haus zu verhaften (VV. 39-40). In hellenistischer Zeit baute man häufig einstöckige Häuser mit einem Turm, weil die im Turm liegenden Zimmer gut zu belüften waren. Umgeben war dieses Haus von einer Mauer (VV. 41-43). Um sich der Schmach der Verhaftung zu entziehen, wählte Rasi den qualvollen Freitod, da er, wie V. 38 bezeugt, sich »bis zum äußersten mit Leib und Leben« für das Judentum einzusetzen gedachte.

Es hat den Anschein, als wolle die Erzählung den Freitod rechtfertigen und glorifizieren, und dieser Eindruck hat zu Mißverständnissen geführt: Die Erzählung vom Freitod des Rasi war eines der Hauptargumente, die Kanonizität und Inspiriertheit von 2 Makk in Frage zu stellen; die Donatisten hingegen zogen die Erzählung zur Legitimation des Freitods heran, wogegen sich Augustinus entschieden gewandt hatte.

Doch ist die ›Rechtfertigung‹ des Freitods nicht die Kernaussage des Textes. Wir haben hier eine sehr außergewöhnliche Erzählung vorliegen. Die Hauptaussage der gesamten Perikope ist der Glaube an die leibliche Neuschöpfung durch Gott nach dem Tod (V. 46), eine Vorstellung, die uns bereits aus 2 Makk 7 bekannt ist. Damit gehört dieser Text in die Reihe der Auferstehungstexte und der Martyriumsberichte des 2 Makk (6,18-31; Kap.7; 12,38-45; 15,12-16). Rasi setzt, wie bei den Martyrien der sieben Brüder (Kap. 7) und des Eleasar (6,18-31) Leib und Leben für das Gesetz ein. Sein Tod ist ähnlich grausam und ausführlich beschrieben wie das Martyrium der sieben Brüder. Wie Eleasar und die sieben Brüder ist auch Rasi ein Opfer der verfolgenden Seleukiden. Im Unterschied aber zu den Martyriumsberichten wählt Rasi den Freitod. Der Freitod ist zwar bei den Semiten ungewöhnlich, kann aber in Ausnahmefällen als ehrenhafter Ausweg aus drohendem, schmachvollem Tod durch Feindeshand gewertet werden.

Aufgrund der Ähnlichkeit zu den Martyrien wird hier der Freitod des Rasi als eine Art Martyrium gedeutet. Dabei ist das Entscheidende aber nicht eine damit verbundene mögliche Legitimation des Freitods, sondern die Gewißheit der leiblichen Auferweckung derjenigen, die um des Gesetzes willen sterben (V. 46).

12. *15,1-5* Die Heiligung des Sabbats

Wir erinnern uns: Nikanor und Judas hatten sich entzweit; Judas und seine Anhänger hatten sich rechtzeitig vor dem Zugriff durch die Soldaten des Nikanor aus Jerusalem abgesetzt und waren, wie 15,1 informiert, in die Gegend von Samaria gezogen. Nikanor beschloß, Judas am Sabbat anzugreifen in der Hoffnung, die Juden hielten das Sabbatgebot und verzichteten an diesem Tag auf ihre Vertreidigung. Der Hinweis auf das Vorhaben des Nikanor bildet aber nur die Grundlage für ein sich darauf aufbauendes Streitgespräch über die Heiligung des Sabbats zwischen Nikanor und jenen Juden, die gezwungenermaßen in dessen Heer mitmarschierten. Vordergründig sind die Kontrahenten des Streitgesprächs Nikanor, der Heide, und die mit ihm gekommenen Juden. Eine genauere Sichtung des Textes läßt jedoch die eigentlichen Kontrahenten erkennen. In den VV. 2-5 sind folgende Gegenüberstellungen zu beobachten: »wildes Tier/Barbar« (für Nikanor) – »der, der die ganze Welt überblickt« (für Gott), »der dreimal Verfluchte« (für Nikanor) – »der lebendige Herr« (für Gott), »der Herrscher auf Erden« (Nikanor) – »der Herrscher im Himmel« (Gott), »die Waffen am Sabbat ergreifen« (wie Nikanor es vorhat) – »den Sabbat halten« (wie es von Gott angeordnet ist). Der eigentliche Gegensatz ist hier also nicht Heide – Jude, sondern Heide – Gott. Gleichzeitig wird offenbar, wer der eigentliche Herr ist – nicht Nikanor, der sich als der Herrscher auf der Erde sieht, sondern Gott. Nikanor widersetzt sich dem Sabbatgebot und zieht deshalb als Folge seines Verhaltens das Scheitern seines Tuns nach sich (V. 5b). Daß die Gegenüberstellung Heide – Gott an der Sabbatfrage aufgehängt wird, wirft noch einmal ein besonderes Licht auf die theologische Position des Verfassers, bei der die Prägung durch die hasidäisch-palästinensische Frömmigkeit durchscheint: Der Einhaltung des Sabbatgebots ist strikt zu befolgen, von den Makkabäern bereits in 6,6; 8,26f und 12,38 berichtet. Die Entweihung des Sabbats ist nicht einfach Gebotsübertretung, sondern richtet sich gegen Gott selbst, der die Übertretung nicht ungestraft läßt.

13. *15,6-24* Die Zurüstung der Juden durch Judas

Bevor es zum Bericht über den Kampf gegen Nikanor kommt, widmet der Autor des 2 Makk einen längeren Abschnitt der Ermutigung der gesetzestreuen Juden durch Judas. Aus seinem eigenen Vertrauen und seiner Hoffnung auf Gott schöpfend spricht Judas dem Volk Mut zu, indem er auf die Hilfe Gottes in der Vergangenheit verweist (V. 8), an die ruchlosen Taten der Heiden erinnert (V. 10) und die Seinen durch die heilige Schrift stärkt (V. 9). Der Wendung »Gesetz und die Propheten« als zusammenfassender Ausruck für die Bibel ist hier erstmalig gebraucht – im Neuen Testament begegnet sie häufiger (vgl. u.a. Mt 5,17; 7,12; Apg 13,15).

Ein besonderes Augenmerk verdient die in den VV. 12-16 geschilderte Traumvision, deren Bedeutung nicht nur in der geistig-seelischen Vorbereitung des Volkes auf die kommende Auseinandersetzung mit Nikanor liegt, sondern dazu verwandt wird, Judas in einer besonderen Funktion erscheinen zu lassen: In der geschilderten Vision treten zwei bereits verstorbene Personen auf, der

Hohepriester Onias III., Vater des von Jason aus dem Amt verdrängten Hohenpriesters Onias IV., dem Gründer des Tempels in Leontopolis, und der Prophet Jeremia, die beide als himmlische Fürbitter für das bedrängte Gottesvolk auftreten. Onias trägt teils die Züge des Märtyrers Eleasar aus 2 Makk 6 (vgl. 6,18.31 »edle Gesichtszüge«, »edle Gesinnung« mit 15,12 »edler Mann«; 6,23.28 mit 15,12 »gerechter Mann«; 6,23-28 mit 15,12 »besonnen im Reden«, »von Kindheit an in allem aufs Gute bedacht«). Wenn wir zudem Dan 9,26; 2 Makk 3f und aethHen 90,8 mit berücksichtigen, wo jeweils geschildert wird, daß Onias, weil er gesetzestreu blieb, ermordert wurde, dann läßt sich schlußfolgern, daß Onias hier in 2 Makk 15,12-16 als Märtyrer gesehen wird. Die Traumvision geht von der postmortalen himmlischen Erhöhung des Märtyrers Onias aus, so daß der vorliegende Text, auch wenn das Stichwort ›Auferstehung‹ fehlt, mit zu den Auferstehungstexten des 2 Makk zählt.

Gemäß V. 13 wird auch beim Propheten Jeremia eine himmlische Existenz angenommen, die in der Beschreibung seiner Person als Lichtgestalt zum Ausdruck kommt. Eine spätere, jüdisch-christliche Überlieferung, die in Vita Prophetarum 14 nachlesbar ist, berichtet sogar vom Märtyrertod des Jeremia in Ägypten, so daß es nicht abwegig scheint, in 2 Makk 15,12-16 neben Onias auch für Jeremia anzunehmen, daß hier die Vorstellung von der postmortalen himmlischen Erhöhung eines Märtyrers aufgenommen wurde.

Möglicherweise hat die Wahl der beiden Gestalten Onias und Jeremia nicht nur mit der besonderen Vorliebe des Verfassers für beide Personen zu tun. Es könnte auch sein, daß sich in Onias als dem Vertreter des Gesetzes und in Jeremia als dem Vertreter der Prophetie konzentriert, was bereits einige Zeilen vorher globaler als das »Gesetz und die Propheten« (V. 9) bezeichnet wurde: Onias und Jeremia werden zu *den* Repräsentaten der ganzen Heiligen Schrift, deren eigentliche Aufgabe darin besteht, fürbittend vor Gott für das Volk Israel einzutreten und somit zum Mittler zwischen Gott und Volk zu werden – daß sie damit in besonderer Weise ihrem Status als Märtyrer entsprechen, läßt sich bereits an 7,37, der Fürbitte des letzten der sieben Brüder, zeigen.

Judas nun wird in diese Vision hineingenommen, indem berichtet wird, daß ihm Jeremia ein goldenes Schwert überreicht, verbunden mit dem Auftrag, die Feinde Gottes zu besiegen (VV. 15-16). Geste und Worte des Propheten wirken wie ein Berufungswort mit symbolischer Handlung. Daß Judas diese ›Berufung‹ annimmt, zeigt die folgende Entwicklung.

Es stand viel auf dem Spiel. »Die Stadt, die Religion und das Heiligtum« waren in Gefahr (V. 17). Die Worte des Judas gaben den Kämpfern Zuversicht, die Auseinandersetzung mit Nikanor zu wagen. Das war mit Sicherheit nicht einfach, zumal das Kräfteverhältnis zwischen Juden und Seleukiden ungleich verteilt war. Wenn wir den Parallelbericht über die Schlacht gegen Nikanor aus 1 Makk 7,39-46 hinzuziehen, läßt sich zumindest annähernd der historische Ablauf beschreiben: Judas zog sich vor Nikanor in die nördlich von Jerusalem gelegene, unzugängliche Gophnitis zurück, so daß Nikanor ohne Zwischenfall das obere Bet-Horon besetzen konnte, um die gefährliche Straße gegen Überfälle des Judas zu sichern und in Ruhe das Eintreffen von Verstärkung aus Syrien abwarten zu können. Nach der Vereinigung beider Truppen fühlte sich der Seleukide so stark, daß er Jerusalem bedrohen konnte. In welch angespannter und verängstigter Lage sich die heilige Stadt befand, läßt 2 Makk 15,17-19 unschwer erkennen. Aufgrund der massiven Bedrohung war Judas gezwungen, sich mit 3.000 Mann aus seinem Schlupfwinkel herauszuwagen und die Schlacht auf offenem Feld, die er sonst gern umgang, zu wagen. 8 km von Jerusalem entfernt bei der Ortschaft Adasa trafen die Heere aufeinander, und wie in 1 Makk schon mehrfach berichtet, wandte Judas jene erfolgreiche Taktik an, bei der mit der Tötung des Heeresführers – hier Nikanor – zu Beginn eines Kampfes die Schlachtabfolge aus dem Takt gebracht wurde und die feindlichen Truppen durcheinander gerieten.

An den historischen Begebenheiten ist das 2 Makk nicht so interessiert wie das 1 Makk. Vielmehr geht es dem Verfasser des 2 Makk um eine theologische Deutung der Auseinandersetzung mit Nikanor. Deshalb auch wird der Bericht vom Kampf gegen Nikanor von langer Hand vorbereitet. Gebete und Vision stimmen nicht nur die betroffenen Juden, sondern auch den Leser auf die kommende Auseinandersetzung ein. Judas war durch die Verleihung des goldenen Schwerts in die Vision hineingenommen worden. Mit der Annahme des Schwertes sagte er Ja zu dem ihm erteilten Auftrag. Doch beschränkte sich seine Funktion nicht allein auf die Erfüllung des

Auftrags, die Feinde Gottes zu besiegen. Kurz vor der Schlacht sprach Judas ein Gebet (VV. 22-24), welches in ganz ähnlicher Formulierung auch 1 Makk 7,41-42 überliefert. In seinem Gebet erinnerte Judas an die Hilfe Gottes für König Hiskija bei der Auseinandersetzung mit den Assyrern (vgl. auch 2 Makk 8,19). Gleichzeitig flehte er Gottes Unterstützung gegen die Lästerer und für das heilige Volk herab – der Verweis auf den Engel V. 22 paßt in die Diktion jener Visionen des 2 Makk, die von himmlischen Reitern berichten (vgl. u.a. Kap. 3). Mit diesem Gebet übernimmt Judas die Funktion von Onias und Jeremias. Damit ist er mehr als nur Heerführer; er wird zum Mittler zwischen Gott und Volk.

14. *15,25-36* Nikanors Tod und die Feier des Nikanortages

Judas wußte, »daß es nicht auf die Waffen ankommt, sondern daß denen der Sieg zufällt, die Gott für würdig erachtet« (15,21). Mit dieser Zuversicht ziehen die Juden in den Kampf gegen Nikanor. Ein eigentliches Kampfgeschehen wird in den VV. 25-30 nicht berichtet. Von 1 Makk 7,45 her läßt sich jedoch vermuten, daß die Schlacht bei Adasa stattfand. Die Gegenüberstellungen »Trompetengeschmetter/Kampflieder« – »Beten/Flehen« (VV. 25-26) und »mit den Händen kämpfen« – »im Herzen beten« (V. 27) geben nicht nur einen Einblick in die literarischen Anstrengungen des Verfassers, die beiden kämpfenden Parteien durch wenige, aber prägnante Formulierungen zu charakterisieren, sondern teilen darüber hinaus dem Leser mit, wer diejenigen sind, die »Gott für würdig erachtet« (V. 21). Der Sieg der Juden über die Truppen des Nikanor ist von V. 27b her als Offenbarung Gottes zu interpretieren. Ob sich allerdings hinter der Formulierung »sichtbar offenbarte« eine vom Epitomator nicht verwandte Epiphanierzählung verbarg, kann nicht mit Sicherheit gesagt werden. Die Gegenwart Gottes bei der Nikanorschlacht läßt sich nämlich nur indirekt aus dem erzielten Ergebnis – Sieg der Juden – ablesen. So ist zwar die Deutung des Siegs als Offenbarung möglich, doch muß diese Offenbarung keineswegs an eine Vision gekoppelt gewesen sein.

Ausführlich erfahren wir über das Schicksal des toten Nikanor. Noch einmal wird der anfängliche Gegensatz Nikanor – Gott (vgl. VV. 1-5) aufgegriffen. War aber in den VV. 1-5 das Ende der ruchlosen Taten des Nikanor nur angedeutet, aber noch nicht endgültig abzusehen, wird jetzt offensichtlich, wer obsiegt hat. Der tote Nikanor hat keine Chance mehr, sich als »Herrscher auf der Erde« (15,5) zu fühlen.

Mit seinem Körper verfuhr Judas ganz vom Standpunkt des Vergeltungsdenkens aus: Er ließ seinen Kopf abschlagen und ihn an die Akra hängen, den Arm, den er gegen den Tempel ausgestreckt hatte, hängte Judas vor dem Tempel auf, die Zunge, mit der Nikanor den Schwur gegen den Tempel gesprochen hatte (vgl. 14,33), wurde herausgeschnitten und den Vögeln zum Fraß vorgeworfen (V. 33). Neben der Absicht, Vergeltung an Nikanor zu üben, diente die Maßnahme des Judas der Abschreckung; zugleich war sie auch sichtbares Zeichen der Hilfe Gottes. Deshalb sollten alle Zeugen sein, das jüdische Volk, die Priester und die seleukidische Besatzung der Akra (V. 31). Die Juden stimmten den Lobpreis Gottes (V. 34) an, denn das gesteckte Ziel, die Rettung des Tempels, war erreicht. Ein zweites Mal hatte Gott den Tempel gerettet und zum Gedenken an diese Tat wurde durch einen öffentlichen Beschluß aller die jährliche Feier des Nikanortages auf den 13. Adar (= März) festgesetzt.

Der Nikanortag wird einen Tag vor dem Mordechai-Tag begangen. Mordechai-Tag ist ein anderer Name für das aus Est 9,31 bekannte Purimfest. Daß hier anstelle der bekannteren Wendung ›Purimfest‹ die Formulierung ›Mordechai-Tag‹ gewählt wird, mag damit zusammenhängen, daß der Autor des 2 Makk Ähnlichkeiten zwischen Judas und Mordechai festzustellen meinte: Wie Mordechai half auch Judas dem Volk aus der Bedrängung, wie unter dem Befehl des Mordechai die Juden eine große Anzahl Feinde (Est 9,1-19) töteten, so taten dies auch die Anhänger des Judas unter dessen Befehl. Während allerdings das Purimfest noch im heutigen Judentum begangen wird, endete die Feier des Nikanortages mit der endgültigen Zerstörung des Tempel 70 n.Chr.

Mit dem Sieg über Nikanor hatte Judas zwar nicht seine schwerste Schlacht gewonnen, wohl aber seine bedeutenste, wie die Einsetzung des Nikanortages erkennen läßt. Zum einen hatte Judas einen Sieg über den Hohenpriester Alkimus und die Partei der hellenistischen Juden errungen, weil er den von Alkimus bei Demetrius ›bestellten‹ Strafexpediteur Nikanor besiegt und demzufolge die Pläne des Alkimus vereitelt hatte. Zum anderen mußte die Einführung des Nikanortages wie eine Provokation auf die Seleukiden wirken, weil sie in diesem symbolhaften Akt so etwas wie den Versuch einer Loslösung aus dem seleukidischen Reichsverband sehen mußten. Daß dies die Seleukiden nicht ungeschehen hinnehmen konnten, zeigte die weitere historische Entwicklung. Beim Rachefeldzug des Bakchides gegen die Makkabäer, von dem 1 Makk 9,1-12 berichtet, fand Judas den Tod. Daran allerdings ist das 2 Makk nicht interessiert!

15. *15,37-39* Das Nachwort des Epitomators

Die Erzählung ist zu Ende. Dem Vorwort in 2,19-32 entspricht das Nachwort. Mit seinen abschließenden Sätzen rundet der Epitomator seine Kurzfassung ab und begründet gleichzeitig, warum er sein Werk mit der Einsetzung des Nikanortages beschließt. Der Triumph des Judas über Nikanor und die erneute Rettung des Tempels bildeten nach der Reinigung des entweihten Tempels den zweiten Höhepunkt der Erzählung, dem es aus Sicht des Epitomators nichts mehr hinzuzufügen gab.

Den literarischen Wert seiner Epitome versucht er mit Hilfe des Wein-Wasser-Vergleichs (V. 39) zu erläutern: Der Sinn des Vergleichs besteht wohl darin, daß weder allein die Beschreibung reiner Fakten noch eine stilistisch ausgefeilte Erzählung den Leser befriedigen kann, sondern nur beides zusammen ein in sich geschlossenes und abgerundetes Buch ergibt.

Anhang

I. Zur Wirkungsgeschichte der Makkabäerbücher

Im Vergleich mit anderen alttestamentlichen Schriften und Personen hat es zunächst den Anschein, als hätten die beiden Makkabäerbücher keine nachhaltige Wirkungsgeschichte. Im Blick auf die Rezeption der ganzen Bücher mag dieser Eindruck auch stimmen, hinsichtlich einzelner Passagen und Motive muß er allerdings revidiert werden. Die Martyriumsberichte und die Vorstellung von der Auferstehung der Märtyrer sowie der Freiheitskampf der Makkabäer sind diejenigen Motive, die sowohl im Christentum als auch im Judentum eine große Rolle gespielt haben und spielen. Interessanterweise lassen sich bei der Aufnahme und Anwendung der Motive im Judentum und im Christentum nur graduelle Unterschiede feststellen, so daß in der Rezeption dieser Motive eher die Gemeinsamkeit beider Religionen zum Tragen kommt als die Unterschiede. Dieser Beobachtung Rechnung tragend, erscheint es sinnvoll, nicht die christliche von der jüdischen Wirkungsgeschichte abzuheben, sondern sie als eine gemeinsame Tradition zu würdigen.

Im folgenden wollen wir deshalb versuchen, die Wirkungsgeschichte der zwei Motivkomplexe *Martyrium und Auferstehung der Märtyrer* sowie *Freiheitskampf der Makkabäer* durch Judentum, Urchristentum, frühe Kirche, Kunst, Literatur und Musik zu verfolgen. Allerdings kann es dabei nicht um Vollständigkeit gehen. Vielmehr soll hier der Versuch unternommen werden, einige Bereiche, die besonders wichtig und/oder besonders prägnant sind, ausführlicher darzustellen, andere aber nur schlaglichtartig zu beleuchten.

1. Martyrium und Auferstehung der Märtyrer

1.1. Die Rezeption von 2 Makk 6 – 7

Die Märtyrererzählungen aus 2 Makk 6 – 7 wurden sowohl in 4 Makk als auch in rabbinischen Quellen übernommen.

Im *vierten Makkabäerbuch* läßt sich beobachten, daß die Martyriumsberichte ganz in den Dienst der Aussageintention des Buches gestellt wurden: Das 4 Makk wurde zwischen 90 – 100 n.Chr. geschrieben. Es richtete sich an Juden, die in der Diaspora lebten und deren Alltag durch die andauende Konfrontation mit der heidnischen Umwelt geprägt war. Daß dies häufig zur Anpassung an fremde Sitten führte, schmerzt den Verfasser besonders. Anliegen seines Buches ist es deshalb, die Diasporajuden zu verstärkter Gesetzesobservanz anzuhalten – »Gehorcht dem Gesetz und übt auf jede Weise Frömmigkeit« (4 Makk 18,1). Um bei ihnen Gehör zu finden, versucht der Verfasser, mit Hilfe philosophischer Argumentation die jüdische Lebensweise als rational vertretbar und begründbar erscheinen zu lassen. Dabei stellt er eingangs seines Buches die philosophische Frage, ob die »gottesfürchtige Urteilskraft souveräne Herrscherin ist über die Leidenschaften« (1,1). Zur Beantwortung seiner Frage greift er auf das Martyrium des Eleasar (2 Makk 6,18-37) und das der sieben Brüder und ihrer Mutter (2 Makk 7) zurück. Sie läßt er zum beispielhaften Erweis dafür werden, daß ihre Standhaftigkeit und Treue gegenüber der Tora, die sie den gewaltsamen Tod in Kauf nehmen lassen, die Gültigkeit der These von der Überlegenheit der Vernunft über die Begierden belegt (18,2). Dabei ist innerhalb des Buches ein Wandel der Argumentationsform zu erkennen. Während die Kapitel 1 – 3 in philosophisch-lehrhafter Manier unter Verwendung von Elementen aus der stoischen und platonischen Tugendlehre die Eingangsfrage erörtern, tritt in den Kapiteln 4 – 18, in denen die Martyrien ausführlich geschildert und mit einem religiösen Kommentar versehen werden, deutlicher die jüdische Denkweise des Autors in Erscheinung. Mit 4 Makk besitzen wir ein beredtes Zeugnis dafür, wie sich hellenistisches Denken und jüdische Frömmigkeit miteinander verbinden, wobei die hellenistische Form dem jüdischen Anliegen des Verfassers dienstbar gemacht wird.

Im Zusammenhang mit der Aufnahme der Märtyrererzählung aus 2 Makk 7 greift 4 Makk auch die Frage nach dem jenseitigen Geschick der Märtyrer auf. Jedoch handelt es sich hier nicht um eine Übernahme der in 2 Makk 7 konzipierten Lehre von der Auferstehung der Märtyrer, sondern um eine charakteristische Umwandlung: Die Rede von der leiblichen Auferstehung in 2 Makk wird entsprechend dem hellenistischen Denken zur Unsterblichkeit und Unvergänglichkeit der Seele uminterpretiert. Trotz dieser griechischen Interpretation der jüdischen Auferstehungslehre findet sich nirgends in 4 Makk eine dezidierte Verneinung der leiblichen Auferstehung, es wird nur unterlassen, von ihr zu sprechen. Die Übernahme der griechisch-philosophischen Auffassung von der Unsterblichkeit der Seele könnte viel mehr als eine Art Zugeständnis des Verfassers an die soziokulturellen Determinaten seiner Adressaten gewertet werden. Dann ist die besondere Leistung des Autors nicht in der Adaption griechischen Denkens zu sehen, sondern in dessen Rückbindung an die biblische Tradition, die er u.a. dadurch erreicht, daß er am Anfang des 4 Makk die Vernunft als Torabildung definiert und die Unstreblichkeitslehre auf ein alttestamentliches Fundament stellt, was die vielen alttestamentlichen Bezüge in 4 Makk erkennen lassen.

In den *jüdischen Schriften aus früher talmudischer Zeit* finden sich nur sehr wenige Überlieferungen über die Martyrien der sieben Brüder und ihrer Mutter. Dies hängt u.a. damit zusammen, daß die christliche Kirche diese Märtyrer für sich in Anspruch nahm (siehe dazu weiter unten). Erst nach den ersten Christenverfolgungen unter den Römern nehmen jüdische Texte wieder verstärkt Bezug auf die makkabäischen Märtyrer, da ihre Verehrung in der christlichen Kirche in den Hintergrund trat, weil jetzt Glaubenszeugen aus den eigenen Reihen den Märtyrertod erlitten hatten.

Eine sehr ausführliche Rezeption des Martyriums der sieben Brüder und ihrer Mutter findet sich im *Talmudtraktat Gittin 57b* und in dem *Midrasch zu den Klageliedern Echa rabbati* zu Klgl 1,16. Beide Texte sind in Inhalt und Form sehr ähnlich. Wie in 2 Makk 7 wird auch hier an der Erzählung vom Martyrium entlang eine theologische Frage erörtert. Anstelle des Auferstehungsthemas wird jetzt das Problem der göttlichen Verehrung des Kaiserbildes angesichts der monotheistischen Verpflichtung Israels, wie sie im ersten Gebot niedergelegt ist, diskutiert. Das Geschehen ist in die Zeit Hadrians (117-138 n.Chr.) verlagert. Nicht der seleukidische König Antiochus IV. ist der Gegner der gesetzestreuen Brüder und ihrer Mutter, sondern der römische Kaiser. Die Darstellung der Martyrien ist sehr schematisch, das Leiden der Märtyrer ist nur von geringem Interesse; wichtig ist allein ihre Zeugnisfunktion. Und so wird ihr Martyrium zum Prototyp für alle Martyrien um der Tora willen. Die Geschichte aus 2 Makk 7 braucht dann nur auf die jeweilige Bedrängnissituation Israels hin aktualisiert werden.

Auch in der *frühen Kirche* wurde 2 Makk 7 nicht unter dem Blickwinkel der Auferstehungsverheißung überliefert. Vielmehr wurden die sieben Brüder und ihre Mutter als christliche Märtyrer und Heilige verehrt. In Paränesen, Predigten (so z.B. von Augustinus oder Leo dem Großen), Gedichten und Märtyrerakten gedachte man ihres Martyriums und stilisierte sie zum Paradigma für die christlichen Märtyrer; ihnen zu Ehren wurde am 1.August ein besonderer Festtag eingerichtet. Von Gregor von Nazianz (329/30-390) ist uns ein Rede anläßlich ihres Festes überliefert, in der er ihre christliche Verehrung u.a. mit dem Argument rechtfertigt, daß sie »schon vor dem Leiden Christi Zeugnis abgelegt (haben). Was hätten sie erst vollbracht, wenn sie nach Christus verfolgt worden wären und seinen Tod für uns hätten nachahmen können?« (Or 15,1)

Ihren Vorbildcharakter bewahren die makkabäischen Märtyrer über viele Jahrhunderte. Noch im Hirsauer Passionale und im Zwiefaltener Martyriologium aus dem 12. Jahrhundert werden sie neben christlichen Märtyrern dargestellt.

Nicht bei allen altkirchlichen Texten ist einzig 2 Makk 7 die Grundlage für die Rezeption der Märtyrererzählung. Auch die weite Verbreitung und Kenntnis des vierten Makkabäerbuches wird das Ihrige dazu beigetragen haben. Daneben muß man mit einer Verselbständigung des Erzählstoffes rechnen. So sind z.B. in die Schlußnotizen von jüngeren Handschriften des 2 Makk und des 4 Makk die Namen der sieben Brüder und ihrer Mutter sekundär eingedrungen: Abbin, Gourias, Eusebonas, Marcellus, Antonius, Isleazar und Samonas werden die Brüder genannt, die Mutter heißt entweder Solomones, Schamouni, Aschmunit, Hanna oder Maccabaea. Grundlage für die Namenswahl bei der Mutter ist vermutlich das Wort Haschmunit, die Hasmonäerin.

Eine besondere Verehrung der makkabäischen Märtyrer begegnet in Antiochien, wo man sich im Besitz ihrer Reliquien glaubte. Im 4. Jh. ist über der Grabstätte mit den Reliquien eine christliche Kirche gebaut worden. Später wurden die Reliquien nach Konstantinopel, dann nach Mailand und schließlich nach Rom gebracht, wo sie in der Kirche San Pietro in Vincoli beigesetzt wurden.

Auch nach *Köln* ist wohl ein Teil der Reliquien gelangt. Erzbischof Rainald von Dassel brachte 1164 die Reliquien zweier Makkabäerbrüder und ihrer Mutter Salomone zusammen mit denen der heiligen drei Könige aus Mailand mit und schenkte sie dem Benediktinerinnenkloster zu den Heiligen Makkabäern, welches am Eigelstein an der Ecke zur heutigen Makkabäerstraße lag. Der *Makkabäerschrein,* ein Reliquienbehälter in der Form einer kleinen Kirche, angefertigt im ersten Drittel des 16. Jh., befindet sich seit der Zerstörung des Klosters in St. Andreas und ist dort im südlichen Querschiff aufgestellt. Die auf dem Reliquar dargestellten Szenen aus dem Leben der Makkabäer sind unter zwei Gesichtspunkten von besonderem Interesse: Der Kampf der Makkabäer gegen die Tempelschändung Antiochus' IV. wird kombiniert mit dem Martyrium der sieben Brüder und ihrer Mutter, und zwar dergestalt, daß die Makkabäer mit den Märtyrern in eins gesetzt werden. Darüber hinaus gelten ihr Kampf und ihr Martyrium als alttestamentliches Vorbild für die Tempelreinigung, Gefangennahme und Kreuzigung Jesu. So sind beim Makkabäerschrein auf den Dachschrägen der Längsseiten jeweils zehn Szenen aus dem Leiden Christi und darunter aus dem der Makkabäer und ihrer Mutter abgebildet. An den Schmalseiten werden die Himmelfahrt Christi und die Szene, wie Engel die Makkabäer in einem Tuch emportragen, gegenübergestellt. Es entsprechen einander auch die Szenen der Krönung Marias und der von Engeln gekrönten Salomone, die ihre sieben Söhne mit einem Mantel umhüllt wie eine Schutzmantelmadonna.

1.2. *Das Motiv von der himmlischen Auferstehung der Märtyrer*

Neben der Rezeption von 2 Makk 6 – 7 im Christentum gewinnt das Motiv von der himmlischen Auferstehung der Märtyrer, welches seinen Ursprung in 2 Makk 7 hat, auch unabhängig von der

Koppelung an die Märtyrerberichte des 2 Makk im Judentum – so vor allem in der Weisheit Salomos und den bei Flavius Josephus berichteten zelotischen Martyrien – und im Urchristentum an Bedeutung. Dabei läßt sich beobachten, daß die neutestamentlichen Texte dieses Motiv christologisch ummantelt haben. Richtete sich im Frühjudentum die Hoffnung der Märtyrer auf eine himmlische Gemeinschaft mit Gott, so wird sie jetzt auf die Gemeinschaft mit dem auferstandenen Christus übertragen. Bereits frühe neutestamentliche Texte wie z.B. der *Philipperbrief* weisen diese christologische Umdeutung auf, die für die urchristliche und altkirchliche Märtyrererwartung grundlegend wird. Phil 1,23; 3,10f spiegelt die Erwartungshaltung des Apostels Paulus wider angesichts der Situation, in der er sich befindet: Paulus sitzt in Ephesus im Gefängnis (von wo aus er den Brief an die Gemeinde in Philippi schreibt), ihm soll der Prozeß gemacht werden, und er muß mit der Möglichkeit eines tödlichen Ausgangs des Verfahrens rechnen. In der Beschreibung seines Geschicks stoßen wir auf Vorstellungen, die der Märtyrertheologie entstammen, so z.B. die Opfervorstellung (2,17), der Vergleich des Märtyrerwegs mit dem Wettkampf in der Arena (3,13f), das Motiv der Freude im Leiden (1,18; 4,4) und die Sehnsucht nach himmlischer Gemeinschaft (1,20.23). Die Aussicht auf den Märtyrertod ist für Paulus kein Schrecken. Er weiß, daß dieser Tod Leben bedeutet; Phil 1,2 wertet dieses Leben höher als das irdische. Die VV. 22-23 erwecken sogar den Eindruck, als schiene in ihnen eine Sehnsucht nach dem Martyrium durch, die der Apostel aber um der Gemeinde willen verwirft.

Von der Auferstehung des Märtyrers wird in Kap. 1 nicht gesprochen, dies geschieht erst in 3,10f. Paulus interpretiert sein mögliches Leiden und Sterben als Nachvollzug des Leidens und Sterbens Jesu. Aus der Parallelisierung seines Leidens mit dem der Passion Jesu ergibt sich auch eine Analogie in der Auferstehung. So wie Christus auferstanden ist, wird auch der Apostel auferstehen – nicht erst bei der endzeitlichen Totenauferstehung. Phil 3,10f birgt die Erwartung einer besonderen Märtyrerauferstehung; dafür spricht nicht nur die Analogie, sondern auch die in V. 11 verwandte Wendung »von den Toten«, mit der Paulus ansonsten die vorzeitige Auferstehung Christi, nicht aber die allgemeine Totenauferstehung beschreibt, hier aber wendet er sie auf sich selbst an.

Die Passion Jesu, wie sie im *Passionsbericht des Lukasevangeliums* (Lk 22,1 – 23,56) vorliegt, weist Elemente aus Martyriumsberichten auf, so z.B. die Betonung der Unschuld Jesu durch Pilatus (23,4) und durch einen der mitgekreuzigten Schächer (23,41) oder das Fürbittgebet Jesu in 23,34. In der Kreuzigungsszene begegnet das Motiv der himmlischen Auferstehung des Märtyrers, auch wenn der Begriff ›Auferstehung‹ hier noch nicht fällt. Einer der mitgekreuzigten Verbrecher bittet: »Jesus, denk an mich, wenn du in dein Reich kommst« (23,42). Diese Bitte zielt auf die Gemeinschaft mit Jesus nach dem Tod. Sie setzt das Reich als himmlische Wirklichkeit voraus und birgt die Vorstellung, daß Jesus durch den Tod hindurchgeht und die Herrschaft im Himmel antritt. In der Stunde des Todes ereignet sich für den Märtyrer die himmlische Auferstehung, wie Jesus in seinem Amen-Wort versichert: »Amen, ich sage dir: Heute noch wirst du mit mir im Paradies sein« (23,43); die Bitte des Schächers wird also unmittelbar nach dem Tod erfüllt, wie das betonte ›heute‹ zeigt.

Eine interessante Aufnahme des Motivs von der himmlischen Auferstehung der Märtyrer findet sich in *Offb 20,1-15, der Vision vom tausendjährigen Reich und vom Gericht über alle Toten*, denn dort wird sehr deutlich getrennt zwischen der Auferstehung der Märtyrer und dem Endgericht über die Toten. Mit den Schwierigkeiten, die dieser Text für die Exegese bereitet, brauchen wir uns an dieser Stelle nicht zu befassen. Wichtig sind für uns vor allem die VV. 4-5, die aufgrund ihrer Terminologie in den Kontext der Märtyrertheologie gehören. Die in V.4 geschilderte Thronszene, die im Himmel spielt, läßt den Rückschluß zu, daß für die Märtyrer das Endgericht bereits vorweggenommen wurde. Gleichzeitig ergibt sich aus dem Kontext, daß auch ihre Auferweckung (= die erste Auferstehung, V. 5) als eine vorweggenommene Auferstehung zu verstehen ist. Daß der ›Aufenthaltsort‹ der Märtyrer nicht irgendein Zwischenreich, sondern der Himmel ist, läßt sich auch von Offb 6,9-11 her belegen. Dort wird geschildert, daß die Seelen der – vermutlich alttestamentlichen – Märtyrer am Fuß des himmlischen Altars ruhen.

Mit Offb 20,5 liegt eine der wenigen Stellen vor, die sehr deutlich eine zeitliche Unterscheidung zwischen Auferstehung der Märtyrer und eschatologischem Gericht mit Verdammnis oder Auferstehung der Toten vornimmt. Dabei sagt der Text nichts darüber aus, ob die Auferstehung unmittelbar nach dem Tod des Märtyrers erfolgt. Allerdings findet sich hier eine sehr klare Qualifizierung dessen, was der Autor unter Auferstehung versteht: »Sie (= die Märtyrer) gelangten zum Leben und zur Herrschaft mit Christus für tausend Jahre« (Offb 20,4). Mit der Kennzeichnung der Auferstehung als Leben bewegt sich V. 4 ganz im Vorstellungsbereich von 2 Makk 7: Dort nämlich wird den Gemarterten die göttliche Zusicherung ewigen Lebens als Lohn für ihren gewaltsamen Tod verheißen. Darüber hinaus aber gewährt die Auferstehung Anteil an der Königsherrschaft mit Christus, die vor der Wiederkunft Christi zum Gericht auf Erden im Himmel stattfindet.

In der *alten Kirche* findet sich das Thema der besonderen Märtyrerauferstehung noch relativ häufig bei Ignatius von Antiochien, im 1. Clemensbrief und in den altkirchlichen Märtyrerakten. Im Lauf der Zeit aber geht das Thema in einer allgemeinen christlichen Jenseitshoffnung auf. Daran kann auch der Versuch Tertullians nichts ändern, der das besondere Vorrecht der Märtyrer betont, sofort in das himmlische Paradies eintreten zu können, anstatt in der Unterwelt auf das Endgericht warten zu müssen.

2. Der Freiheitskampf

Der erfolgreiche Widerstand der Makkabäer gegen die seleukidische Fremdherschaft und die Befreiung Israels aus der Hand der Besatzer sind ein weiterer Grund dafür, daß die Makkabäerbücher im Lauf der Jahrhunderte nicht in Vergessenheit geraten sind. Gerade Judas Makkabäus wurde gern als jüdischer Widerstandskämpfer und Freiheitsheld stilisiert, doch wäre es falsch, den Kampf der Makkabäer einzig auf der national-politischen Ebene abzuhandeln und nur die Befreiung von der Fremdherrschaft sowie die Gründung eines ›Staates Israel‹ im Blick zu haben. Dies ist nämlich nur die eine Dimension der Makkabäerbücher. Daneben gibt es eine zweite, die viel gewichtiger und fundamentaler ist: Die Befreiung aus der religiösen und politischen Umklammerung der Seleukiden läßt Israel zu dem werden, was es eigentlich sein soll, nämlich nicht eines anderen Volk, sondern Volk Gottes. Politische und religiöse Befreiung gehören aufs engste zusammen, doch geht es dabei nicht nur um eine Befreiung aus Unterdrückung, sondern gleichzeitig um die Freiheit, sich ganz Gott hingeben zu können. Daß dies allerdings nicht allein Ergebnis menschlicher Bemühungen ist, sondern nur dank der Hilfe Gottes möglich ist, wird in den beiden Makkabäerbüchern immer wieder betont. Nicht Judas Makkabäus und seine Brüder sind die ureigensten Befreier Israels, sondern Gott. Ihm allein verdanken Volk und Land ihre Existenz.

So sehr also die makkabäischen Freiheitskämpfer die Rezipienten der nachfolgenden Jahrhunderte fasziniert haben, wird das rettenden Handeln Gottes nie aus dem Blick verloren. Im *dritten Makkabäerbuch*, einer im Original griechisch abgefaßten Schrift, wird einzig der Aspekt des helfenden und befreienden Eingreifens Gottes hervorgehoben. Mit den Makkabäern und ihrer Geschichte hat das 3 Makk nämlich nichts zu tun; nur das der Erzählung zugrundeliegende Schema von Verfolgung und Errettung verbindet das 3 Makk mit den beiden ersten Makkabäerbüchern.

Der Inhalt des Buches führt in die vormakkabäische Zeit und erzählt von Ereignissen, die unter der Regierung des ägyptischen Königs Ptolemaios IV. Philopator (221-204 v.Chr.) spielen. Nach seinem Sieg über Antiochus III. in der Schlacht bei Raphia (217 v.Chr.) wollte sich Ptolemaios den Zutritt zum Jerusalemer Tempel erzwingen, was dessen Entweihung bedeutet hätte. Durch ein göttliches Strafwunder, das ihn gelähmt und stumm machte, wurde sein Vorhaben vereitelt. Nach Alexandrien zurückgekehrt, versuchte er, für das Fehlschlagen seines Vorhabens an den alexandrinischen Juden Rache zu nehmen, indem er sie durch Verpflichtung zur Teilnahme am Dionysioskult zum Abfall von ihrem Glauben zwingen wollte. Die meisten Juden widersetzten sich der Anordnung des ägyptischen Königs und blieben standhaft im Glauben. Daraufhin plante Ptolemaios die Vernichtung der ägyptischen Judenschaft und ordnete an, die Juden in die Rennbahn von Alexandrien zu treiben, um sie dort von wütend gemachten Elefanten zu Tode trampeln zu lassen. Dreimal wurde der Plan durch göttliches Eingreifen vereitelt, wobei zuletzt anstatt der Juden die Soldaten des Königs von den Elefanten zertrampelt wurden. Die Ereignisse bewirkten einen Sinneswandel bei Ptolemaios. Für die Juden ließ er ein siebentägiges Fest veranstalten, er übergab ihnen einen Schutzbrief und erteilte die Erlaubnis zur Tötung der abgefallenen Juden. Zum Gedenken an ihre wunderbare Errettung beschlossen die Juden, jedes Jahr ein Erinnerungsfest zu feiern.

Wie in den beiden ersten Makkabäerbüchern wird auch in 3 Makk das Schema von Verfolgung und Rettung auf die Bedrohung des Tempels und der Juden und die wunderbarere Errettung durch Gott angewandt. Die Verbindung des 3 Makk zu 1/2 Makk ist demnach nicht nur auf den formalen Aspekt beschränkt, auch die geschilderte Bedrohungssituation ist identisch. So ist z.B. die Erzählung über das Strafwunder, das Ptolemaios IV. im Jerusalemer Tempel widerfährt, in analoger Weise gestaltet wie der Bericht in 2 Makk 3 über das Ergehen des Heliodor bei seinem Versuch, den Jerusalemer Tempel zu plündern. Beide Erzählungen machen deutlich, daß Gott die Bedrohung des Heiligtums nicht ungestraft hinnimmt.

Für die Frage nach dem Anlaß zur Abfassung des 3 Makk bieten sich zwei Lösungsmöglichkeiten an: Das Buch könnte die Festlegende eines von den ägyptischen Juden gefeierten Festes sein. Gestützt werden könnte diese Vermutung mit einem Hinweis auf Flavius Josephus, der ebenfalls über das Vorhaben des ptolemäischen Königs (bei Josephus allerdings Ptolemaios VIII. Physkon) berichtet, die ägyptischen Juden durch Elefanten zu Tode trampeln zu lassen. Die Vereitelung des Plans bildet auch bei ihm den Anlaß zur Feier eines Festes. Das Buch könnte aber auch eine Trostschrift sein, die einer in der Gegenwart des Verfassers bedrängten Judenschaft wieder Mut machen will und gleichzeitig den Verfolgern die göttliche Strafe androht. Infrage kämen dafür der Verfolgung unter Caligula (ca. 40 n.Chr.) oder aber die Bedrängnisse in den Jahren 25/24 v.Chr. zur Zeit des Augustus. Für die Abfassungszeit des 3 Makk würde dies bedeuten, daß das Buch um die Zeitenwende herum entstanden sein müßte. Welche der beiden Lösungen die historisch richtigere ist, soll an dieser Stelle offenbleiben, da eine ausführlichere Diskussion der Problemlage den Rahmen dieser Arbeit übersteigen würde.

Der Freiheitskampf der Makkabäer gegen die syrisch-hellenistische Oberherrschaft wurde und wird bis in die heutige Zeit hinein als Hintergrund für die theologische Deutung politischer Ereignisse genutzt. Ein besonders interessantes Beispiel dafür ist das *Oratorium ›Judas Makkabäus‹ von Georg Friedrich Händel*, welches

1747 in London uraufgeführt wurde. Wir haben hier nämlich nicht nur den gelungenen Versuch einer musikalischen Umsetzung des makkabäischen Freiheitskampfes vorliegen, gleichzeitig läßt sich auch ein sehr behutsamer Umgang mit der Textvorlage beobachten, was die Frage der Anwendung auf die politischen Ereignisse im England der zweiten Hälfte des 18. Jh. angeht. 1745 begann Händel in London mit der Konzeption seines Oratoriums ›Judas Makkabäus‹; für die textliche Ausarbeitung stand ihm der englische Geistliche Thomas Morell zur Seite. Zu diesem Zeitpunkt befand sich England auf der Tiefpunkt der nationalen Krise: Ein Sproß der katholischen Stuarts, Prinz Charles Edward, war, aus dem französischen Exil kommend, auf den Hebriden gelandet und versuchte zunächst erfolgreich von Schottland aus den Kampf gegen die verhaßten Engländer zu führen. 1746 gelang jedoch der englischen Armee unter Führung des Duke of Cumberland, der der Bruder des englischen Königs war, der endgültige Sieg über die rebellischen Stuarts. Die Uraufführung des Oratoriums am 1. April 1747 fiel in die Zeit des Triumphes, und in den Ohren der Zuhörer erklang das Werk als ›Siegesoratorium‹. Die englischen Protestanten hatten im Kampf gegen die Katholiken ihre Nation, ihre Religion und ihre Freiheit verteidigt. Vor dem Hintergrund der Ereignisse der vergangenen eineinhalb Jahre legte es sich dann nahe, die im Oratorium erzählte Geschichte des makkabäischen Freiheitskampfes auf die eigene Situation anzuwenden und Parallelen zwischen den Personen des Oratoriums und denen der realen Geschichte zu ziehen. In Antiochus IV. erkannte man den katholischen Prinz Charles Edward Stuart wieder, dessen Sieg auch ein Sieg über das ›Heiligtum‹ bedeutet hätte, nämlich über den protestantischen Glauben, der immer wieder den Attacken der Stuarts ausgesetzt gewesen war. In den beiden Söhnen des Mattatias, Judas und Simeon, ließen sich die Brüder Frederic Louis, König von England, und William Augustus, Duke of Cumberland, erahnen.

Die Parallelen, dies sei hier eigens noch einmal betont, konnten vom zeitgenössischen Hörer gezogen werden, im Oratorium selber aber waren sie eher angedeutet. Wesentlich dominanter war der subversive Charakter des Werkes, der die Besonderheit der biblischen Vorlage bewahrte. Dazu zwei Beispiele: Die makkabäische Bewegung war eine Widerstandsbewegung, die getragen wurde von den einfacheren Bevölkerungssschichten Israels. Sie richtete sich nicht nur gegen die seleukidische Besatzung, sondern gleichzeitig gegen die mit den Besatzern paktierende jüdische Oberschicht, die es darauf anlegten, den Einfluß von Gesetz und Tempel zugunsten der hellenistischen Lebensweise zurückzudrängen. Ziel des makkabäischen Kampfes war deshalb nicht die Rettung der nationalen Ehre oder die Wiederherstellung eines eigenständigen Staates. Vielmehr ging es den Makkabäern um die Wahrung von Tempel und Tora. Eine Instrumentalisierung des makkabäischen Freiheitskampfes für den Kampf der englischen Oberschicht um den Machterhalt, verbunden mit der Wunschvorstellung von einer Allianz von Thron und Altar war also nicht ohne weiteres möglich.

Durch das gesamte Oratorium hindurch zieht sich die ständige Mahnung des Judas Makkabäus, daß nicht um der nationalen Ehre willen gekämpft wird; so wird falschem kriegerischem Ehrgeiz aus politischer oder nationaler Eitelkeit heraus dezidiert entgegengetreten. Das, was eigentlich zählt, ist der Kampf um die Freiheit – nicht umsonst wird die Arie Nr. 15 ›Come ever – smiling liberty‹ als Duett in Nr. 18 wiederholt.

Durch den Verzicht auf eindeutige Anlehnung an die historischen Gegebenheiten des 18. Jh erhielt das Werk einen überzeitlichen Charakter, der mit dazu beigetragen hat, daß ›Judas Makkabäus‹ auch in den folgenden Jahrzehnten und Jahrhunderten häufig aufgeführt wurde. Auch in Israel wurde das Oratorium oft gespielt, der Chor ›See, the conqu'ring hero comes‹ (Nr. 51) wurde sogar ein Chanukka-Lied.

Im Zuge der nationalen Bewegung des Judentums im 19. Jh. gewannen die Makkabäer an Bedeutung. Es wurden Turnvereine gegründet, die sich ›Maccabi‹ nannten. Diese gibt es bis heute. Sie dienen der Ertüchtigung des im Geist angekränkelten Judentums. Zur Zeit des Naziterrors, des Holocausts und der Entstehung des Staates Israel werden die Makkabäer als heldenhafte Vorbilder hingestellt. Nicht ohne Grund sind die fünf Söhne des Mattatias auf der steinernen Menora vor der Knesset in Jerusalem abgebildet.

Eine besondere Beachtung verdient das Chanukkafest, da wir es dabei mit einer genuin jüdischen Wirkunggeschichte der Makkabäerbücher zu tun haben. Über zweitausend Jahre feiern die Juden in aller Welt das Chanukkafest, welches von Judas Makkabäus ins Leben gerufen wurde. Es überdauerte alle Formen der Unterdrückung des Judentums; auch die endgültige Zerstörung des Tempels 70 n.Chr. bedeutete nicht seine Abschaffung. Anders erging es der Feier des Nikanortages, der in Erinnerung an die (zweite) Rettung des Tempels vor dem Zugriff des Nikanor alljährlich begangen wurde. Die Zerstörung des Jerusalemer Heiligtums machte diese Feier überflüssig. Daß Chanukka diesen tiefen Stich mitten in das Herz des jüdischen Kultes überlebte, obwohl das Fest ursprünglich als Erinnerungsfeier an die Wiedereinweihung des Jerusalemer Tempels durch Judas Makkabäus konzipiert war, verdankt es seiner besonderen Akzentuierung innerhalb der rabbinischen Tradition. Gegenüber den Makkabäern waren die Rabbinen zwar kritisch eingestellt – so fanden nur die Märtyrererzählungen aus 2 Makk im Talmud Aufnahme. Das Chanukkafest aber wurde hochgehalten, und die rabbinische Tradition betonte vor allem das Lichtwunder (vgl. dazu den Exkurs ›Chanukka‹), im Mittelpunkt der Feier stand also das Gedenken daran, daß das Wiederanzünden der achtarmigen Menora ermöglicht wurde.

Im Zuge der nationalen Bewegung erfuhr dann auch das Chanukkafest eine Erweiterung. Neben dem Lichtwunder wurde nun zusätzlich die heldenhafte Seite der makkabäischen Kämpfer betont.

WEITERFÜHRENDE LITERATUR: Art.: *Judah Maccabee*, in: Encyclopaedia Judaica Vol.10, Jerusalem 1971, 379-383; *Art.: Hasmoneans*, in: Encyclopaedia Judaica Vol.7, Jerusalem 1971, 1455-1449 (der interessierte Leser findet in den beiden genannten Lexikonartikeln mannigfaltige Hinweise zur Rezeption der Makkabäerbücher in christlicher und jüdischer Kunst, Literatur und Musik); *E. Bickermann*, Der Gott der Makkabäer. Untersuchungen über Sinn und Ursprung der makkabäischen Erhebung, Berlin 1937, 36-40; *H.-J. Klauck*, 4. Makkabäerbuch (JSHRZ III/6), Gütersloh 1989, 674-676; *G. Neuhaus*, Studien zu den poetischen Stücken im 1. Makkabäerbuch (fzb 12), Würzburg 1974, 197-201; *V. Lenzen*, Leben und Sterben im Namen Gottes. Studien über die Heiligung des göttlichen Namens (Kiddusch HaSchem), München 1995.

II. ZEITTAFEL

Jahr	Ereignisse	1 Makk	2 Makk
187-175	*Seleukus IV. Philopator*		
175-164	*Antiochus IV. Epiphanes*	1,10	4,7
175 – Ende 172/ Anfang 171	*Jason* als Hoherpriester		4,7-28
Ende 172/ Anfang 171	– *Menelaus* wird Hoherpriester – Onias IV. flieht nach Ägypten – Jason flieht ins Ostjordanland		4,23-25 4,26
170	Ermordung Onias‹ III.		4,30-38
Ende 170	1. Feldzug Antiochus‹ IV. nach Ägypten	1,16-19	
169	Antiochus IV. zum ersten Mal in Jerusalem, er betritt den Tempel und raubt ihn aus.	1,20-28	(5,15-21)
168	2. Feldzug Antiochus' IV. nach Ägypten		5,1-14
167	– Apollonius bestraft Jerusalem – Bau der Akra	1,29-32	5,24-26
Herbst 167	Religionsedikt Antiochus' IV.	1,41-64	6 und 7
Dezember 167	Errichtung des »unheilvollen Greuels«	1,54	

Ende 167	Beginn des Makkabäeraufstandes	2,1-28	(5,27)
166	Tod des *Mattatias*	2,39-48	
166-160	*Judas Makkabäus*	3,1-9	5,27; 8,1-7
Ende 166/ Anfang 165	Antiochus IV. zieht mit einem Teil der Truppen nach Persien	3,27-37	
165	Kampf der Makkabäer gegen Gorgias und Nikanor	3,38 – 4,27	8,8-29
Frühjahr 164	1. Feldzug des Lysias	4,28-35	(11,1-12)
Dezember 164	Wiedereinweihung des Jerusalemer Tempels	4,36-61	10,1-8
Ende 164	Tod *Antiochus' IV.*	6,1-17	9; 10,9-13
Ende 164/ Anfang 163 - Herbst 162	*Antiochus V. Eupator*	6,17	10,9-10
Frühsommer 163	Judas belagert die Akra	6,18-27	
Sommer 163	– 2. Feldzug des Lysias – Kapitulation von Bet-Zur	6,28-54	13,1-22
Ende 163	Tod des *Menelaus*	13,1-8	
163/162 – 159	*Alkimus* wird Hoherpriester	7,1-7	14,3-4
Herbst 162 -150	*Demetrius I. Soter*	7,1-7	14,1-4

Herbst 162	Tod *Antiochus‹ V.* und des *Lysias*	7,4	14,2
Frühjahr 160	Kampf des Bakchides gegen Judas	9,1-22	
Frühjahr 160	Tod des *Judas Makkabäus*	9,18-21	
160-143	*Jonatan*	9,23-31	
Frühsommer 159	Tod des *Alkimus*	9,54-57	
157-152	Jonatan residiert in Michmas	9,73	
152	Jonatan wird Hoherpriester	10,15-21	
150	Tod *Demetrius' I. Soter*	10,48-50	
150 – 146/145	*Alexander Balas*	10,51-58	
146/145 – 138	*Demetrius II. Nikator*	11,19	
Ende 145 – 142	*Antiochus VI. Epiphanes Dionysios*	11,54-74	
143	Gefangennahme des Jonatan durch Tryphon	12,39-53	
Ende 143 – 134	*Simeon*	13,1-30	
Ende 143	Tod des *Jonatan*	13,23-30	
142	Tod *Antiochus VI. Epiphanes Dionysios,*		

	Demetrius bleibt weiter König	13,31-42	II.
September 140	Bestätigung Simeons als Anführer, Hoherpriester und Befehlshaber	14,25-49	
140/139	Feldzug Demetrius II. nach Medien. *Demetrius II.* wird gefangengenommen	14,1-3	
138 – 129	*Antiochus VII. Sidetes*	15,1-14	
Anfang 134	Ermordung des *Simeon* und seiner Söhne Mattatias und Judas	16,11-22	
134 – 104	*Johannes Hyrkan*	16,23-24	
124	Abfassung des 1. Einleitungsbriefs		1,1-9

III KARTEN

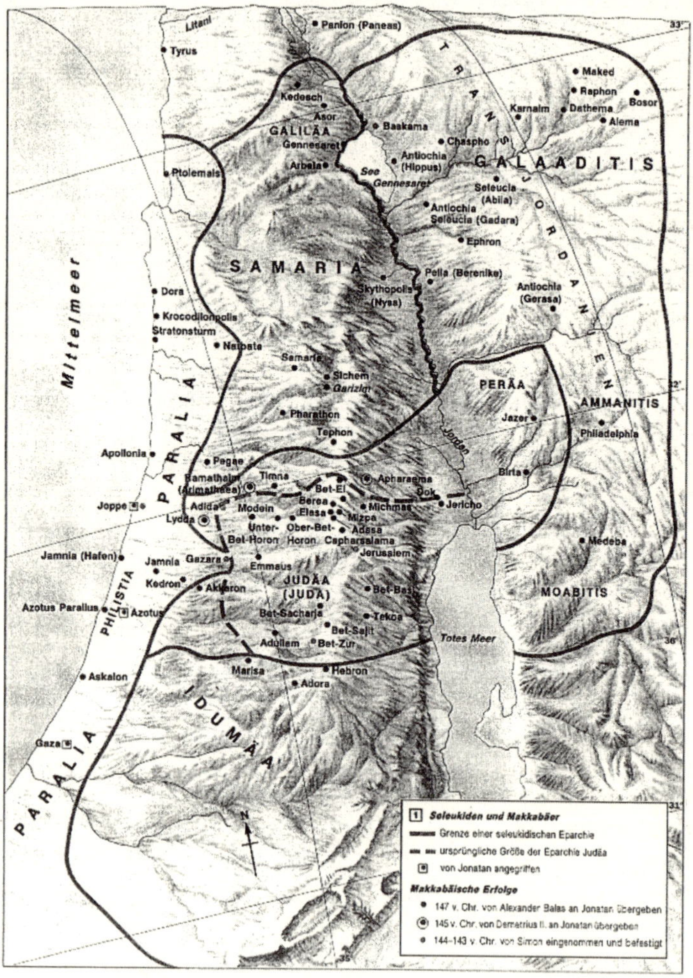

Karte 1: Das Gebiet der Feldzüge der Makkabäer und Seleukiden
Aus: J.*B. Pritchard (Hg.), O . Keel (Bearb.)*, Herders Großer Bibelatlas, Freiburg/Basel/Wien 1989, 147.

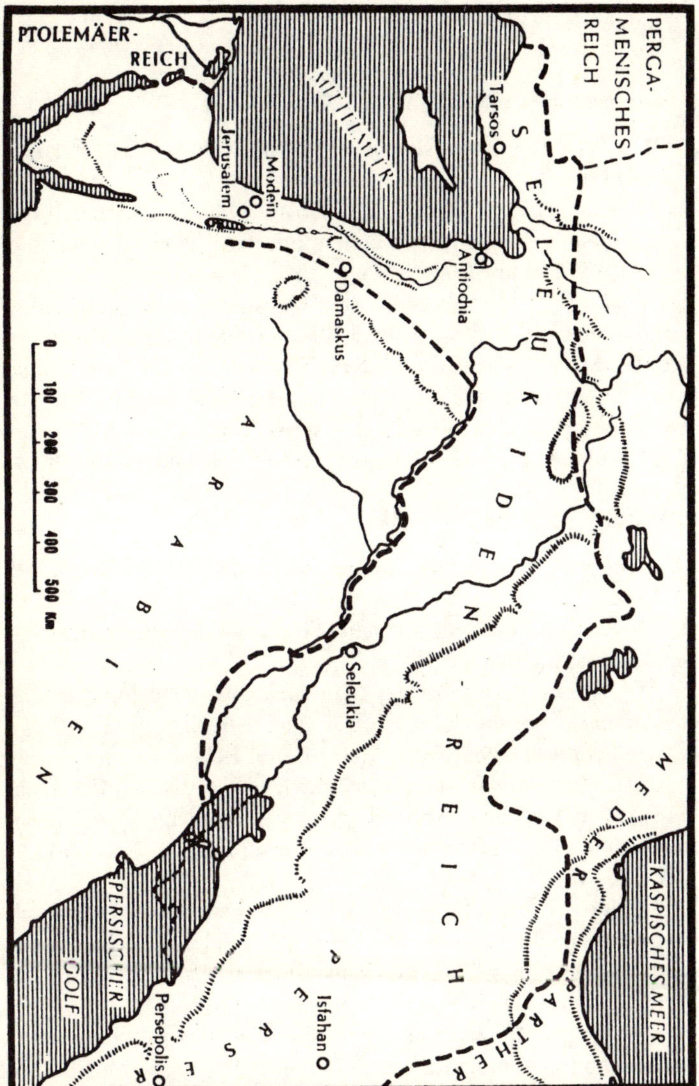

Karte 2: Der Vordere Orient unter den Nachfolgern Alexanders
Aus: E. Bickermann, Der Gott der Makkabäer, Berlin 1937, nach S.16.

IV. LITERATUR

1. Kommentare (in Auswahl)

F.-M. Abel / J. Starcky, Les livres des Maccabeés (JerB) Paris, 3. Aufl. 1961.

W. Dommershausen, 1 und 2 Makkabäer (Die Neue Echter Bibel: Kommentar zum Alten Testament mit der Einheitsübersetzung; Lfg.12) Würzburg 1985.

J.A. Goldstein, 1 Maccabees. A New Translation with Introduction and Commentary (The Anchor Bible 41) New York 1976.

J.A. Goldstein, 2 Maccabees. A New Translation with Introduction and Commentary (The Anchor Bible 42) New York 1983.

Chr. Habicht, 2. Makkabäerbuch (JSHRZ I/3) Gütersloh 1976.

K.-D. Schunck, 1. Makkabäerbuch (JSHRZ I/4) Gütersloh 1980.

2. Monographien (in Auswahl)

D. Arenhoevel, Die Theokratie nach dem 1. und 2. Makkabäerbuch, Mainz 1967.

B. Bar-Kochva, Judas Maccabaeus. The Jewish struggle against the Seleukids, Cambridge1989.

E. Bickermann, Der Gott der Makkabäer. Untersuchungen über Sinn und Ursprung der makkabäischen Erhebung, Berlin 1937.

K. Bringmann, Hellenistische Reform und Religionsverfolgung in Judäa. Eine Untersuchung zur jüdisch-hellenistischen Geschichte (175-163 v.Chr.) (Abhandlungen der Akademie der Wissenschaften, Philologisch-historische Klasse; Folge 3, Nr.132) Göttingen 1983.

J.G. Bunge, Untersuchungen zum zweiten Makkabäerbuch. Quellenkritische, literarische, chronologische und historische Untersuchungen zum zweiten Makkabäerbuch als Quelle syrisch-palästinensischer Geschichte im 2. Jh. v.Chr., Bonn 1971.

G. Delling, Die Bewältigung der Diasporasituation durch das hellenistische Judentum, Göttingen/Zürich 1987.

Th. Fischer, Seleukiden und Makkabäer. Beiträge zur Seleukidengeschichte und zu den politischen Ereignissen in Judäa während der 1. Hälfte des 2. Jahrhunderts v.Chr., Bochum 1980.

M. Hengel, Judentum und Hellenismus. Studien zu ihrer Begegnung unter besonderer Berücksichtigung Palästinas bis zur Mitte des 2. Jh. v.Chr. (WUNT 10), Tübingen, 3.Aufl. 1988.

U. Kellermann, Auferstanden in den Himmel. 2 Makkabäer 7 und die Auferstehung der Märtyrer (SBS 95) Stuttgart 1979.

J. Maier, Zwischen den Testamenten. Geschichte und Religion in der Zeit des zweiten Tempels, Würzburg 1990.

G.O. Neuhaus, Studien zu den poetischen Stücken im 1. Makkabäerbuch (fzb 12) Würzburg 1974.

P. Schäfer, Geschichte der Juden in der Antike. Die Juden Palästinas von Alexander dem Großen bis zur arabischen Eroberung, Stuttgart/Neukirchen-Vluyn 1983.

J. Sievers, The Hasmoneans and their supporters. From Mattathias to the death of John Hyrcanus I (South Florida Studies in the History of Judaism 6) Atlanta 1990.

G. Stemberger, Pharisäer, Sadduzäer , Essener (SBS 144) Stuttgart 1991.

V. Tcherikover, Hellenistic Civilisation and the Jews, Philadelphia 1961.